日本人の死生観 I

霊性の思想史

Kamata Toji
鎌田東二

作品社

『日本人の死生観Ⅰ　霊性の思想史』　目次

日本人の死生観Ⅰ

——霊性の思想史

序章　安部公房と三島由紀夫の比較から始める

「日本人の死生観」を「霊性の思想史」を辿りながら考察するという本書のいわばオーソドックスな構成に、いきなり、奇襲戦術を試み、安部公房と三島由紀夫という超過激文学者の生涯と経歴と思想を検討するところから論述を始めたい。それは、本書を「憂国忌」に仕上げたことと深い関係がある。そこに暗号的に、私の死生観を込めている。

1、安部公房と三島由紀夫の「日常」と「非日常」の交錯と変容

安部公房の世界は「日常の中の非日常」である。ありえないことがさもありえるかのごとく自然に生起して知らず知らず不測の事態に立ち至る。誰にでも起こりそうな非常事態の襲来。それが安部公房の世界だ。

それに対して、三島由紀夫の世界は「非日常の中の非日常」である。ありえないことがありえないように不自然に生起していかにもドラマティックに展開する。出生時の記憶を持つ主人公を描いた『仮面の告白』、然り。二・二六事件の青年将校や特攻隊員の「霊の声」を描いた『英霊の聲』、然り。

二十歳で死んで輪廻転生し続ける主人公を描いた『豊饒の海』四部作、然り。普通ならありえないことが次々と生起してくるその非日常世界の非日常性。

安部公房は、一九二四年（大正十三）三月七日に東京府北豊島郡滝野川町（現・東京都北区西ケ原）で生まれ（本籍は北海道旭川市）、幼少期を満州国奉天市（現・中華人民共和国瀋陽市）で過ごし、一九九三年（平成五）一月二十二日、六十八歳で死去した。対して、三島由紀夫は、一九二五年（大正十四）一月十四日に東京市四谷区永住町（現・東京都新宿区四谷四丁目）で生まれ、生涯を東京都区内で過ごし、一九七〇年（昭和四十五）十一月二十五日、新宿区の自衛隊市ヶ谷駐屯地で自決した。

この二人は、戦後、大岡昇平、島尾敏雄、堀田善衛、井上光晴らと共に「第二次戦後派作家」と呼ばれた。中でも、安部公房と三島由紀夫はもっとも観念的で思想的な小説作法と小説世界を展開した作家であり、近現代の小説世界の枠を大きく広げた思想家でもあった。また二人は共に劇作をものし、まったく対照的でそれぞれに独自な演劇世界を披歴した[1]。

安部公房は、さりげない危機や危険と破局を、そしてその中で滑稽さと哀しさの混じった人間とその世界を描いた。安部の中には、人間と世界（共同体・社会・国家）に対する根深い疑惑と疑義がある。彼の描く世界には、多く、無政府状態や異権力（異次元権力）が発現する。あるモノや事態が、状況とそこにいる人に「刺激」を与え、場とヒトに変容・変身・変形・変化《へんげ》を引き起こす。それを初期化したり、デフォルメしたり、ありえない回路を作ったりする。「詩」や「夢」の非現実的・超現実的リアリティが安部公房の世界である。が、それは、「日常」のさりげない、ごく普通の事態から変容していく。

それに対して、三島由紀夫の世界は事の初っぱなから普通ではない。例えば『仮面の告白』の冒頭は、「私は自分が生まれたときの光景を見たことがある」という文章から始まるのだから。はなから尋常ではない〝異常事態〟が起こるのだ。

だが、この二人が、不思議なことに互いの存在と世界を認め合っていたのだから、世の中というものはなかなか面白いものである。互いに自分にないものを認めたのか。それとも互いの世界に羨望を感じていたのか。ともかくも、この同世代の二人の作家は共にノーベル文学賞の候補となった。[2] 二人とも文芸評論としては論じ尽くされてきたともいえるが、しかしまだまだその思想性を掘り下げてみることができる複雑系の作家である。それをとりあえず「日本性」と「脱日本・世界性」という両極につなげてみれば、三島由紀夫の対称軸として安部公房を「脱日本・世界性」の極に接続し、次のようにまとめることができる。

①世界性と普遍性～SF小説とも幻想小説とも観念小説とも見えるその実験的な小説世界は他の追随を許さない安部ワールドを構築しながらも常に鋭く深く「人間とは何か？　人間が生きている社会のシステムとは何か？」を問いかけている。日本文学においては類稀なる越境する世界文学である。

②戦争体験～父安部浅吉は満州奉天にある満州医科大学（現・中国医科大学）の医師を辞めて奉天で開業医として市民・民間の治療に当たり、戦後すぐ流行した発疹チフスの治療に当たっていて死亡したが、息子安部公房は父の手伝いをしつつその時の困難と引き揚げ時の混乱を体験している。それは大変貴重な戦争体験であった。[3]

③想像力・創造力～安部公房は真っ当ではあるが相当ずれたところのある父浅吉とユニークな母よりみとの間に生まれた独創性と豊富なアイデアと想像力・創造力に溢れた作家である。

この序章では、敗戦後の無根拠性とニヒリズムに向き合い、伝統日本と共産主義という二つの「仮設」に身を寄せながらも、最終的にはそれをも突き抜けて未踏のアナーキーな地点に向かって孤軍奮闘した三島由紀夫と安部公房を対比しつつ、彼らの文学的飛翔〜浮遊とその思想性を考察してみたい。

2、明治と昭和の戦争世代論

安政五年生まれの井上円了（一八五八－一九一九、哲学者・東洋大学創立者）の提唱した「明治第二世代」論を基に、明治期に活動した人々の世代的課題について言及してみると、まず、「明治第一世代」とは、維新の大業を成し遂げた最後の世代で、嘉永年間（一八四八－一八五四）までの間に生まれた人である。

この世代は、新政府軍の長府藩（長州藩の支藩）報国隊に加わり戊辰戦争を戦った乃木希典（一八四九－一九一二、陸軍大将・学習院院長・乃木神社祭神）や反政府軍の会津藩白虎隊に関わった山川健次郎（一八五四－一九三一、物理学者・東京帝国大学総長・京都帝国大学総長・九州帝国大学初代総長）らがそうであるように、戊辰戦争や会津戦争や北越戦争に参戦した最後の世代である。つまり、勝利した新政府軍側であろうが、敗戦した反政府軍側であろうが、十代の終わりか二十歳頃に「明治維新」を実体験した世代である。激動の時代に生まれたのが「明治第一世代」だ。

続く「明治第二世代」は、安政元年（一八五四）から文久年間（一八六一－一八六四）に生まれた人で、実質的に、日本人として最初期の哲学や薬学や病理学や地球物理学や民権思想やキリスト教神学を担っていった人が多い。日本の学術・思想の勃興期のリーダーたちといえる。井上哲次郎（哲学者・東京帝国大学文科大学学長・日本人初の東京帝国大学の哲学教授）、海老名弾正（牧師・思想家・熊本英学校創立者）、植村正久（牧師・神学者）、元良勇次郎（東京帝国大学文科大学の初代心理学教授）、坪内逍遥（小説家・劇作家・翻訳家・早稲田大学教授）、嘉納治五郎（柔道家・講道館創設者・東京高等師範学校校長・

旧制五高校長）、内村鑑三（キリスト教思想家）、森鴎外（陸軍軍医総監・小説家）、新渡戸稲造（農政学者・教育者・東京帝国大学教授）、岡倉天心（思想家・東京美術学校校長）、徳富蘇峰（思想家・『国民新聞』主宰）、清沢満之（真宗大谷派僧侶・宗教哲学者）、二葉亭四迷（小説家）、伊藤左千夫（歌人・小説家）、津田梅子（教育者・津田塾大学創立者）などで、井上円了はこの「明治第二世代」である。

そして「明治第三世代」は、幕末の慶應元年（一八六五）以降の生まれで、日本独自の独創的な思想や文学を展開していった改革者たちである。江戸時代最後の慶應三年（一八六七）生まれの南方熊楠や夏目漱石や正岡子規、また明治三年（一八七〇）生まれの西田幾多郎や鈴木大拙、さらには明治四年（一八七一）生まれの出口王仁三郎、明治八年（一八七五）生まれの柳田國男を挙げることができる。

これら「明治第一世代」「明治第二世代」「明治第三世代」にはそれぞれの時代と世代の課題や役割や特色があったといえる。そしてその世代差は大きかった。それは、政権や体制が劇的に転換する戦争を体験しているかどうかの違いである。

この明治という日本近代において、誰が、なぜ、文学を推進したのかを考えると、その多くが敗残者（挫折者）であったといえるのではないか。

官軍と賊軍（旧幕臣）の区別でいえば、賊軍側に立つ者が文学の道に進んだのである。徳川体制から明治体制に転換する際の敗者が世界と心の裏を覗き込み、その苦悩を描いた。薩長など新政府軍側は勝者として表舞台の政治・経済を牽引・運営する。それに対して、文化・教育・芸術・宗教（キリスト教などは特に）に関わる者は、旧幕臣を含む敗者や下級士族や没落士族の子弟が多かった。近代化から外れた者と文学や芸術や宗教との関係は根深いものがある。おそらくそれは『古事記』や『平家物語』の時代からそうであっただろう。『古事記』とは新体制の「新事」に対する「古事」であろうから。

例えば、夏目漱石（一八六七－一九一六）や北村透谷（一八六八－一八九四）や島崎藤村（一八七二－一九四三）や泉鏡花（一八七三－一九三九）や折口信夫（一八八七－一九五三）や芥川龍之介（一八九二－一九二七）や宮沢賢治（一八九六－一九三三）のことを考えてみても、彼らの中に個や家や社会や世界や時代と文学活動との葛藤と確執がはっきりと見て取れる。

家族間の反目や不遇（志賀直哉『和解』など）、生まれ・家庭・家族問題での煩悶（夏目漱石、芥川龍之介・折口信夫・室生犀星・泉鏡花）、そこにおける葛藤やコンフリクト。そして、文学者と自殺・自決（北村透谷・有島武郎・芥川龍之介・太宰治・三島由紀夫）。また、文学と宗教との関係。それらの諸問題の中に、近代における「負の感情」処理のありようが透けて見えるのである。

こうした「明治世代」論を一つの指標として、「昭和世代」論を考えてみる。

つまり、戦争前と戦争後とに大きく区分し、その戦争に関わる世代の年齢差から世代の特質や課題を見て取るという指標である。

だが、ここで考えておかなければならない重要な点は、戊辰戦争や明治維新が国内戦であり、そこでは勝者も敗者も共に日本人であったが、昭和の戦争は国外戦、すなわち日中戦争と太平洋戦争という国外戦であり、日本国家および全日本人が「無条件降伏（ポツダム宣言受諾）」という「敗戦」を体験したという大きな違いである。つまり、昭和の戦争には勝者はどこにもおらず、敗者しかいないという違い。

その違いを踏まえて、「昭和世代」を考えてみると、大きく、「大正生まれ」と「昭和一ケタ世代」と敗戦（一般には「終戦」という）前の「昭和二ケタ世代」と「戦後世代」の四世代の違いを想定することができる。

大正末期生まれの人は、終戦＝敗戦の頃、二十歳前後の大学生などであった。昭和一ケタの人は、終戦＝敗戦時、ハイティーンかミドルティーンかローティーンであった。

昭和二ケタ世代はせいぜい十歳までであった。こうした世代の違いと戦争‐敗戦体験の受け止め方の違いと生き方の違いは大きなものがあったといえるだろう。こうした観点から、何人かの文学者と思想家を挙げてみる。

①大正末期世代：安岡章太郎（一九二〇〈大正九〉‐二〇一三）、加藤清（一九二一〈大正十〉‐二〇一三）、司馬遼太郎（一九二三〈大正十二〉‐一九九六）・遠藤周作（一九二三‐一九九六）、安部公房（一九二四〈大正十三〉‐一九九三）、三島由紀夫（一九二五〈大正十四〉‐一九七〇）・梅原猛（一九二五‐二〇一九）・海野和三郎（一九二五‐二〇二三）

②昭和一ケタ世代：河合隼雄（一九二八〈昭和三〉‐二〇〇七）・土方巽（一九二八‐一九八六）・澁澤龍彦（一九二八‐一九八七）、加賀乙彦（一九二九〈昭和四〉‐二〇二三）、開高健（一九三〇〈昭和五〉‐一九八九）、小松左京（一九三一〈昭和六〉‐二〇一一）・高橋和巳（一九三一‐一九七一）・山折哲雄（一九三一‐）、高橋たか子（一九三二〈昭和七〉‐二〇一三）・石原慎太郎（一九三二‐二〇二二）・五木寛之（一九三二‐）

③昭和二ケタ世代：大江健三郎（一九三五〈昭和十〉‐二〇二三）・美輪明宏（一九三五‐）・寺山修司（一九三五‐一九八三）など。

昭和二十年（一九四五）の敗戦時に二十歳前後の大学生であった遠藤周作や安部公房や三島由紀夫や梅原猛らが戦争と日本国ないし日本文化に対して持つそれぞれの思いの深さと複雑さを、その後の彼らの活動の中から垣間見ることができる。大正十四年（一九二五）十月二日生まれの天文学者海野和三郎（東京大学名誉教授・NPO法人東京自由大学前学長）が口癖のように言っていたが、「我々の世代は一年の違いで大きく異なる」ということである。確かに、半年や一年の生まれの違いで、また文科か理科かの違いで、戦地に赴いたかどうか、戦死したか生き延びたかという大きな違いが生じた。そしてその傷や負い目もそれぞれに微妙で決定的な違いがあるとのことだ。
　ともあれここで問題視しておきたいのは、安部公房と三島由紀夫が対照的ではあるとはいえ、まったく典型的な「昭和第一世代」であったという点である。

3、安部公房の場合

　終戦前の安部公房は典型的な文学青年であり、詩人であった。一九四三年（昭和十八）十一月二十六日付の詩「或る星の降る夜」を見てみよう。この詩を書く一ヶ月前の同年十月に、十九歳の安部公房は東京帝国大学医学部に入学している。

或る星の降る夜
静かな友が申します
星が落ちて行く
神様も落ちて行くのかしら

二人は空を見上げます
誰も知らない広い世界が
そつと二人に知らせます
そら　地球も落ちて行く

けれど決して
二人はそれを恐れません
神様も一緒に　あの星達の間から
木の葉の様に落ちて来るのですから

其の上二人は悲しむ事さへしないのです
それは二人が別離と云ふものを
大きな愛の中にそつと包んで
何んの上にも　とどまる事をしないからです

例へ昼がやつて来たつて
二人はこんなに強いのです
誰も知らないそんな夜を
自分丈の内に保つてゐるからです

（『安部公房全集』第一巻、七四－七五頁、新潮社）

戦後の乾いた文体で日常の中から非日常的な抽象化された世界を伐り出すあの安部公房とは思えないほどのウェットな文体である。安部公房自身が書いていることだが、この頃の安部は敗者としてのリルケに心酔していた。「あのころ（引用者註——戦中）のぼくは絶対への帰属というものを拒否してくれる思考に餓えていましたのでね、それでヤスパースにひどく傾倒し、そのヤスパースの延長として、リルケを心の支えにしたんだ」「結局、負けきったという状態が好きだったのだなあ、リルケのね。カロッサにしてもヘッセにしても、やっぱりどっかで勝っているでしょう。あの時代に、ぼくはもう勝っている人間が全部いやだったんだな。だから、負けこんだ男としてのリルケに惹かれたんだと思うね。ドストエフスキーの次にリルケが好きだった」（古林尚との対談「共同体幻想を否定する文学」『安部公房全集』第二十三巻、二九五頁）と。

そこで「負けこんだ男としてのリルケ」張りの詩を書くことになるのだが、注意したいのは、ここで「星」と共に「神様」も「地球」も「落ちて」いくとされている点である。そしてそれを見ている「二人」がそれを「恐れる」ことも「悲しむ事」もしないという点。その「夜」、「星」も「神」も「地球」も落ちていく。だが、「夜」から「昼」になっても、「二人はこんなに強い」という。それは、「誰も知らないそんな夜を／自分丈の内に保つてゐるから」だ。「誰も知らないそんな夜」、それは「星」も「神」も「地球」も落ちてしまった世界で生き延びていくための秘められた時空間、つまり、負け男の聖域であったのかもしれない。

「或る星の降る夜」を書いて一ヶ月ほど経った十二月十七日付の友人の高谷治宛の書簡には、「神話」と題する詩がしたためられている。

例へば　アポロンの
胸の中に　よみ返へる時を
黙して見つめ給へ
数々の人間の　しつくいもて
ゆはひつけられ

青ざめた日の神よ
天上の星も今こそは
大いなる黒き天幕にうがちたる穴
総ての神話は……あはれ
空間を取除きたる後の影なるか
歩み止めて
彼の神々の間隙を見つめ給へ
彼の奇しき生より
印象と時代の網もて
選び出したるが
かの神話なりしか
今日常の事より一つの神話が
天上に帰らんとする時……
あえなくも　その間隙の情《つれ》なさよ
もだえて　なげく
その網の目の大さよ
はた小ささよ
あはれ叫びて墜ちぬ
天使にさへ見捨てられし神々か
今　いづくにぞ　さすらひ行く

或は間隙をもたざる国々にか
はた忘却の国々にか
……
おゝされど　神々よ
今一度ふりかへり給へ
我胸にやすらふ神話に
最後の別れを告げ給へ
今はすでに彼の
恐ろしき反照にこがされたる
人の心をあはれみつつも……

（『安部公房全集』第一巻、八六―八七頁）

ここでも「神話」や「神々」は落ちている。落とされている。負けている。隠退している。忘却されている。そんな「神話」や「神々」への哀傷と別離が表現される。「総ての神話」は「空間を取除きたる後の影」であり、その「影」としての「神々の間隙」を見つめる。「天使にさへ見捨てられし神々」を。負け男の聖域の中に「我が胸にやすらふ神話」がある。だがその「神話」も「神々」も、終わっている。

東京に生まれた安部公房は一九二五年（大正十五）、一歳の時、家族と共に満州に渡り、幼少期を満州の奉天市（現・瀋陽市）の満鉄周囲の日本人地区で過ごした。一九四〇年（昭和十五）、旧制奉天第二中学校を四年の飛び級で卒業し、東京の旧制成城高等学校理科乙類に入学するが、その冬に肺浸潤で休学し、奉天の実家に戻って療養に専念する。一九四三年（昭和十八）九月、戦争中のこともあり、繰り上げ卒業により、同年十月に東京帝国大学医学部医学科に入学するが、文科の学生から学徒出陣する中、大学に無届けのまま、一九四四年末満州に帰り、大学の医師を辞めて開業医となった父安部浅吉の手伝いをする。

一九四五年（昭和二十）八月十五日、敗戦（終戦）。同年冬に浅吉は流行していた発疹チフスに感染して死亡する。敗戦後、家を失い、奉天市内を転々とする。一九四六年末に引揚船で帰国、東京大学に復学する。一九四七年（昭和二十二）、女子美術専門学校（現・女子美術大学）の学生・山田真知子と学生結婚。同年、『無名詩集』を自費出版する。翌一九四八年、東京大学医学部を卒業したが、医師国家試験を受けず、産科学の単位を認定してもらってかろうじて卒業し、作家活動を始める。そして、一九五一年（昭和二十六）、「壁――S・カルマ氏の犯罪」で第二十五回芥川賞を受賞する。

この安部公房の生い立ちと経験に、戦争は深い影を落としている。日本帝国の敗戦と、満州での敗戦後の生活と引き揚げ。文科の学生たちの学徒動員と戦死。この時代のことについて安部は詳しく表現することはあまりないが、いくつかの発言はある。それだけその時の経験が過酷であり、傷と思いが深かったということだろう。その中で、『無名詩集』はそうした安部の戦前・戦後の状況を知る貴重な作品である。

その『無名詩集』の中に、「祈り」と題する次のような詩がある。

神よ
せめて一本の　木の様であつて下さい
夕ともなれば
拡つて行く影と共に

宇宙の影に融けて行く
果樹園の実りの様であつて下さい
或ひは熱にうなされた額の上で
跡もなく消えて行く一ひらの
雪の様であつて下さい
僕達はあなたのまはりで
出来得れば
日々に耐え　影の動きに
移ろつて行く時の様でありませう
せめて限られた樹液の中で
音もなくいとなむ流れでありませう

（『安部公房全集』第一巻、二二六頁）

安部公房にとって「神」あるいは「神々」とは何であったのだろうか？　戦前の詩の中では「神」も「神話」も落ちていた。しかし、敗戦後の混乱期の中で、「神」は「一本の木」や「果樹園の実り」や「一ひらの雪」のようであってほしいと祈られる。安部公房の中で、「神」は復活したのだろうか？同じく『無名詩集』の中の「嘆き」其の一と題する詩にこうある。

神々は死んで行くのであらうか
それとも唯
人間の心には無い渾沌と共に去つて行くのであらうか

世界は人間の巨大な手
既に宇宙を越えた鉄の手で置き代へられた
永遠は大理石と共に
その指を健気に飾る
恰も朝《あした》　消え行く時を泣く涙の中に
無数の太陽が凍り閉される様に
最早暗雲を破るものは太陽ではない
更に凝集する嵐と共に落下する稲妻だ
無形が凝縮して作るその紋章は
規律と混乱を総計する正午の静謐だ
支配よりも創造であり
創造よりも運営である鉄の手に
誇らかな潜入の屍が横たはる

あゝ　その凱歌の中で
尚も泣く者の在るのは何故なのか
郷愁の為ではない　恐らくは
影に包まれたが故に神々と共に
消え去つた己の影に別れを告げ得なかつた
儚い悔ではなかつたか

折しも傾いたその手から
こぼれ落ちたひと滴の涙こそは
神々を追ふて消えて行く最後の孤独ではなからうか
そして己れ自身が
更にその涙を追ふて消え果てるまで
苦悩を焼きつくす火は燃えぬだらう

おゝ　凋落する獣性の化石よ
お前は悲しい　あの手の様に
そして無意味だ　あの別離の様に
盃に満たされた酒が
泥酔の為ではなく訣別の為であつた様に

（『安部公房全集』第一巻、二四〇－二四二頁）

このようなリルケ風の「詩」を書きつける青年の心。安部公房にとって「詩」とは何だったのだろうか？　彼はそんな「詩」を生涯持ち続けた人だったのではないだろうか？

敗戦一年前の一九四四年（昭和十九）六月八日に書いたエッセイ「詩と詩人（意識と無意識）」は、第一章として「一、真理とは？」「二、主観と客観」「三、再び真理とは？」「四、人間の在り方」、第二章として「一、世界内在」とある。このエッセイは未完であるが、安部公房にとって「詩」とは意識論であり存在論でもあったということだろう。その「詩」が小説になり戯曲になった。問題はその形式ではなく、意識と存在の原質であった。

安部公房にとって「神」「神々」「神話」とは何だったのだろうか？　彼は生涯その問題を「隙間」に隠し持ち続けたのではないだろうか？　『無名詩集』の「無名」者の「隙間」に。

この「詩と詩人（意識と無意識）」より一年ほど前の一九四三年（昭和十八）三月七‐十六日に書いた「題未定」の小説には、「（霊媒の話より）」というカッコつきの副題のような記述がある。そして、その前半部の最後に、次のような「詩」が挿入されている。

――夜、嵐の中を歩み行く人は、
唯静かな朝を待ちこがれる。
生も無く、死も無く、
声も無く、無言も無く、
愛も無く、憎も無い、
巨大なる混沌の中から、
その歌は始めて生れ出る。
静かなる朝を求めて。
それは始めて嵐の中に息を吹き返えす、
其の日は、
生と愛とからの別離の日、
総てが深淵の中に吸い込まれて行くのを、
魂のぬけた目で眺めやり、

恐ろしい嵐の中に歩み入る。
其の深淵の中から、
やがて聞えて来るものは、
愛を求める英雄を讃える歌。
悲痛を喜ぶ蜘蛛の糸。
空虚を愛する死人の家。
我と我が身をさいなみて、
孤独の祭壇にひざまずく、
主、「惨酷」
やがて嵐はその犠《いけにえ》に、
恐ろしい拷問、幻影を課する。
静かな朝、
それは限り無い愛をはらんで、
低く低く身を起す。
そしてやさしい白い手を、
美しく、そして暖かく、
なごやかにまねき乍ら、
「生」の歌を舞い続ける。
しかし、
突如としてその後ろに、

巨大な深淵は真っ黒な口を開く。
そして、忘れられて居た苦悩の死骸が、
悲しい想出の舞を始める。
見捨てられた血の出る様なささやき、
一刻一刻遠ざかって行く姿「友」
それ等はやがて重り合って、
目をむき出し、歯を食いしばり、
やがて暗の中に融け込んで行く。
暗、暗、
そして彼は深い深い吐息をつく。

（『安部公房全集』第一巻、三九－四〇頁）

ここにも、「嵐」「渾沌」「別離」「深淵」「惨酷」「苦悩」などの語が頻出し、リルケ風の悲愴美が横溢している。この小説は、前半は曲馬団の物真似芸の少年パー公（十八歳）と曲馬師見習いの青年クマ公（二十一歳）の物語で、後半はパー公が曲馬団を脱出して、ある村の老婆の死の場面に出くわし、老婆が乗り移った「霊媒」になりすまして、その老婆の家の子供になろうとするが、良心の呵責と奇妙で不思議な悪夢にうなされて、不安と後悔の中で失踪して行方不明となってしまうという筋立てである。

安部公房が旧制成城高校三年生の時の春に書いたこの小説は、その後の安部公房の小説の原型的な構造を持っているといえる。第一に、自己の存在根拠、つまり、「懐かしの我が家」を探し求めるが、そのような安住の場所はこの世のどこにもなく、あの世からも、この世からも排除されてしまうという「異物・異形」の実存感覚。第二に、物語（小説）の核に、「詩」（イメージ、発想、コンセプト）があること。第三に、行方不明、名前の不確かさという、その後の安部小説世界に不可欠の欠損・欠落があること。

安部公房は一九五一年（昭和二十六）年に第二十五回芥川賞を受賞した『壁』の中で、「哲学っての は一種の詩だよ」と述べているが、安部の中では哲学と詩と小説とは截然と区別されるものではなく、すでに太平洋戦争中に自己と世界のアイデンティティの不確かさに真向かう哲学的な「詩小説」を書き始めていたのである。

安部公房は満州という土地、戦争中に青春を送ったという時代の強い影響を受けているのはもちろんだが、母の影響も強く受けているように思われる。

実は、安部公房の母安部よりみは生涯にただ一冊小説を発表している作家であった。その小説とは、安部ヨリミの名で刊行した『スフィンクスは笑ふ』である。この小説は一九二三年（大正十二）、長男の公房を妊娠している最中に書き上げて、公房出産直後に出版している。出産日は一九二四年三月七日。出版日は三月二十日。版元は「異端社」。できすぎているが、事実である。

安部（旧姓井村）よりみは一八九九年（明治三十二）、北海道旭川近郊の開拓村で生まれ、東京女子高等師範学校（現・お茶の水女子大学）に進学したが、社会主義の婦人団体「赤瀾会」のビラを校内に貼ったために退学となった。一九二三年（大正十二）、同郷の出の安部浅吉と結婚し、翌二四年に公房を出産した。小説『スフィンクスは笑ふ』は、韜晦した複雑な自伝小説のようにも見える。当時、浅吉は国立栄養研究所に留学中で、東京府下の滝野川区に住んでいた。一九二三年九月、関東大震災が起きたが、そのような激動の中で安部公房の母よりみはこの『スフィンクスは笑ふ』を書いていたのである。凄絶なる女傑というほかない。一九九〇年（平成二）に九十一歳で死去している。

この小説『スフィンクスは笑ふ』の主人公は、前半は松本（旧姓小野）道子であるが、後半は彼女の親友で恋破れて転変していく渡辺安子となる。この小説は、複雑な連立方程式のような二重の三角関係のもつれの中で進行する恋愛と破局と、義兄の強姦により望まぬ妊娠をして過酷な状況の中で出産する安子の異様な最期が描かれる破滅的な小説である。これを安部公房出産と同じ月に出した母の精神構造はとてつもなく複雑に思われるが、彼女はしかしその後一切文筆活動を断ったようである。だが、その母の「断筆」を長男の公房が「復筆」した。

安部公房がこの母の小説をいつ、どのような形で読んだのかはわからない。だが、その母の破天荒な想像力と創造力を息子が受け継いだ。

安部公房にとっては、「哲学」は「一種の詩」（『壁』）である。そこでは、名前が消え、人称主体が融け出し、名刺や物が叛乱を起こして、ついに壁となる。『壁』の主人公は、名前を喪失したそんな奇妙な男である。その男の奇怪な体験世界においては、「世界の果てとは自分の部屋」にほかならない。その男S・カルマ氏は砂漠を胸に吸い込む。動物園のライオン、縞馬、オオカミ、キリン、ラクダが郷愁を感じるような眼でカルマ氏を見つめる。『壁』の最後の一節は、「見渡す限りの曠野です。／その中でぼくは静かに果てしなく成長してゆく壁なのです」という抒情的で不気味な不合理で閉じられる。

壁よ
私はおまえの偉大ないとなみを頌《ほ》める
人間を生むために人間から生れ
人間から生れるために人間を生み

おまえは自然から人間を解き放った
私はおまえを呼ぶ
人間の仮設《ヒポテーゼ》と

（『安部公房全集』第二巻、四三八頁）

そこでは、すべてが「仮設」である。「仮設」人間であり、「仮設」住宅である。また「仮設」生物であり、「仮設」環境である。どこにも実体はない。「仮設」体のみがある。したがってそこには〝心〟もありえない。

そして『壁』「第二部　バベルの塔の狸」は、「ぼくのことをお話しましょう。／ぼくは貧しい詩人です」と始まるが、その「ぼく」はある「獣」に「影」を取られて「目」だけ残った「透明人間」になってしまう。この『壁』の主人公たちに〝心〟とか〝自我〟とか〝内面〟とか〝主体〟という実体性はない。すべてが不確かで輪郭線が曖昧である。いわゆる「近代的自我」が成り立たないところに主人公たちは浮遊している。

4、三島由紀夫の場合

実は、三島由紀夫においても、〝自我〟も〝心〟も、「仮設」であった。一九四九年（昭和二十四）に発表した『仮面の告白』は「仮面の告白」という「仮設」を打ち建てた〝心〟の墓標であったといえる。確かに、表面上は一見、主人公も私小説風に心理分析されているように見える。

しかしそこには「告白」する〝内面〟も〝自我〟もない。あるのは、「仮設」の「仮面」であり、その「仮面」が繰り出す言葉である。いやむしろ、そのような「仮面」以外に真実の〝素顔〟などというものはない、ということを三島由紀夫は告げようとしている。

三島由紀夫はオリジナルとコピーという二元論を信じない。永遠にコピーの反復でしかないという諦念とニヒリズムがある。それが遺作『豊饒の海』四部作にも顕れている。

例えば、『豊饒の海』の主人公はみな二十歳で死に次々と「転生」していく。この「転生」の設定だけでも、「異常事態」の出来《しゅったい》である。

三島は最初、侯爵家の長男松枝清顕を主人公とする第一巻『春の雪』を「和魂《にぎみたま》」の書、國學院大學予科に在学する右翼少年飯沼勲を主人公とする第二巻『奔馬』を「荒魂《あらみたま》」の書、タイ王室の月光姫《ジン・ジャン》を主人公とする三巻『暁の寺』を「奇魂《くしみたま》」の書、真の転生者ではないニセモノの安永透を主人公とする第四巻『天人五衰』を「幸魂《さきみたま》」の書の表現として構想していたという。神道でいう「一霊四魂」を一つの分類基準ないし横糸とし、唯識哲学をそれを串刺しする縦糸としようとしたのだろう。すべてを「識」の作用と見る唯識の立場からすれば、「一霊」などという実体は最終的に「仮設」のものとして否定されるが、しかしとりあえず「仮設」することができる。そこには「仮設」の絢爛豪華な建造物は何棟も何層も造れるが、最終実体はない。永遠に不滅などというものはない。それはたとえ「奔馬」のように猛々しく疾走したとしても、いずれは「春の雪」のようにはかなく消え、「天人五衰」のように転変する。無常であり、空である。オリジナルに見えるものにも実体はない。

すべてが「仮設」であると考えると、三島由紀夫の打ち建てるすべての建造物は、炎上する「金閣寺」のように実に美しくもはかなく鮮やかに浮かんでくる。『豊饒の海』は確かに見かけ上「豊饒」に見える。そしてその創作意図は、第一巻『春の雪』と第二巻『奔馬』までは成功しているように見える。「和魂」の世界を描いた『春の雪』では、侯爵家の長男松枝清顕と綾倉聡子の悲恋は王朝的な物語絵巻のたおやめぶりとも雅ともいえる風情を湛え、絢爛豪華な美の神髄を存分に描いている。それに対して、「荒魂」の世界を描く『奔馬』では、主人公の飯沼勲は柔弱な松枝清顕とはまったく対照的なますらおぶりの武闘派右翼少年である。ボディビルによって「仮設」の「肉体」を装着した「楯の会」の「会長」である三島由紀夫にとって、この飯沼勲の雄姿は、日本《やまと》武尊《たけるのみこと》を理想とし文武両道をモットーとした後半生の三島の偏愛的範型であったのだろう。いずれにしても、松枝清顕の「和魂」の「心」と飯沼勲の「荒魂」の「肉体」とは、天皇＝皇統とサムライ＝武士道を両極とする「日本的美的範型」の体現であったといえよう。

ここで注目したいのが、「夢見」と「三輪山」である。古来、三輪山は神の山として崇められ、本殿を持たない神体山（神奈備山）とされてきた。第十代崇神《すじん》天皇は後継者となる第十一代天皇を夢見を占うことによって決めるのだが、その経緯と夢の内容とは次のようなものであった。

崇神天皇四十八年一月十日、崇神天皇は第一皇子の豊城入彦命《とよきいりひこのみこと》と第三皇子の活目入彦《いくめいりひこ》五十狭茅尊《いさちのみこと》を呼び、二人の夢見の内容を判断して後継者を定めることにすると言い渡す。二人は沐浴して身を清め、神に祈りを捧げて眠り、次の朝、天皇にその夢見の内容を報告する。豊城入彦命は、三輪山に登って東に向かって八回槍を振り、八回刀を打ち下す夢を報告した。続いて、活目入彦五十狭茅尊は、三輪山に登り、四方に縄を張り渡し、粟を食べる雀を追い払った夢を報告した。

この二人の夢見を聞いて、崇神天皇は、東に向かった兄の豊城入彦命は東国を治める者とし、四方に縄を張り渡した弟の活目入彦五十狭茅尊に皇位を継がせると言い渡す。こうして、四ヶ月後の四月十九日に活目入彦五十狭茅尊は日嗣皇子となり、兄の豊城入彦命は、東国（上毛野＝上野国）を治める上毛野君《かみつけののきみ》や下毛野君《しもつけののきみ》の祖となる。

周到な三島由紀夫が直接この『日本書紀』の伝承を『豊饒の海』に引用したり暗示したりすること

はないが、しかし、次のように三島は夢見と三輪山の物語を紡いでみせている。

松枝清顕の友人であった判事の本多繁邦は、三輪山山中の三光の滝で、清顕が今わの際に言った「今、夢を見てゐた。又、会ふぜ。きつと会ふ。滝の下で」という謎めいた言葉が実現するのを目撃したのだ。本多繁邦は、三輪山山麓に鎮座する大神《おおみわ》神社の境内で行なわれた剣道の奉納神前試合で初めて十九歳の飯沼勲を知り、三輪山山中の三光の滝で滝に打たれている飯沼勲の脇腹に松枝清顕と同じ三つの小さな黒子があるのを見て、飯沼勲が松枝清顕の生まれ変わりであることを戦慄とともに確信したのである。この「転生」の接続の描写はなかなかロマンティックかつドラマティックである。

そしてその後に、三輪山山頂の有名な磐座《いわくら》群を次のように表現する。

石は石と組み打ち、組み打つたまま倒れて裂けてゐた。別の石は、平坦すぎる斜面をひろびろとしてさしのべてゐた。すべてが神の静かな御座《おまし》といふよりは、戦ひのあと、それよりも信じがたいやうな恐怖のあとを思はせ、神が一度坐られたあとでは、地上の事物はこんな風に変貌するのではないかと思はれた。

（『決定版　三島由紀夫全集』第十三巻、四三五頁、新潮社）

三島由紀夫は、三輪山の聖なる場の磐座に、「戦ひのあと」「信じがたいやうな恐怖のあと」「神が一度坐られたあと」を視る。この視力と想像力は、崇神天皇の夢見の世界とも通じる、「仮設」の心＝夢見に「仮設」の現実を当てがい接続する仕業である。

だが、この右翼少年飯沼勲の肉弾テロリズムと自死の後、第三巻以降の戦後社会を描く時、急速にその想像力と表現世界は失速して緊張感を失っていく。そして最終巻となる第四巻『天人五衰』の結末に、唯識哲学に基づく「無」と「心ごころ」が描かれるのだが、その光景は無惨である。

この庭には何もない。記憶もなければ何もないところへ、自分は来てしまつたと本多は思つた。

（『決定版　三島由紀夫全集』第十四巻、六四八頁）

『豊饒の海』全巻に登場する唯一の人物であり狂言回し役の判事である本多繁邦は、「輪廻転生」する主人公の「審神者《さにわ》」であるが、最後の最後に、「神」も「美」も松枝清顕も飯沼勲も月光姫もすべてを見失ってしまうのである。それは唯識哲学とニヒリズムとアナーキズムを三島美学のレトルトの中で変容・消滅させる錬金術のワザである。実際、三島由紀夫は、この最後の原稿を書き上げた一九七〇（昭和四十五）年十一月二十五日の朝、原稿を編集者に托した後、自衛隊市ヶ谷駐屯地に向かい、楯の会会員と共に東部総監室に押し入って自決したのである。

三島由紀夫は『豊饒の海』第一巻『春の雪』の最後に、この作品は「『浜松中納言物語』を典拠とした夢と転生の物語」と注記している。三島由紀夫は生命尊重と基本的人権を最優先する現代の人間観や社会通念に抗して、あえて反時代的な悲劇的物語を「仮設」するために「輪廻転生」の思想に依拠し、その作品の完結直後に「七生報国」と染め抜いた鉢巻を締めて自決したのである。この三島由紀夫の周到さを嗤《わら》うことはできない。

その三島由紀夫が、『日本文学小史』の中で、民俗学を「奥底にあるものをつかみ出す」学問として徹底的に批判したのは実に興味深い。

奥底にあるものをつかみ出す。

さういふ思考方法に、われわれ二十世紀の人間は馴れすぎてゐる。その奥底にあるものとは、唯物弁証法の教へるものでもよい、精神分析学や民俗学の示唆するものでもよい、何か形のあるものの、形の表面を剥ぎ取つてみなければ納まらぬ。

（『決定版　三島由紀夫全集』第三十五巻、五二八頁）

『仮面の告白』の作者である三島由紀夫は、表面の奥底にある「仮設」される「深層」や「真相」や「真実」というものの嘘くささと仮構性を見抜いた。そのような近代的思考の基底にある「思考方法」に疑義を表明し激しい批判と拒絶を示したのである。形あるものをそのまま受け取らず、常に〝裏〟や〝奥底〟を探り当てずにはいられない〝剥ぎ取る〟思考に三島は思考の頽廃と下品と虚無を感じ取った。「私はかつて民俗学を愛したが、徐々にこれから遠ざかつた。そこにいひしれぬ不気味な不健全なものを嗅ぎ取つたからである」と三島は言う。この「いひしれぬ不気味な不健全なもの」とは、「奥底」とか「無意識」とか〝内面〟を「つかみ出す」思考と意図であり、いかにもそれらしい〝真実〟なるものである。

私たちはこの三島由紀夫の「奥底にあるものをつかみ出す」思考に対する批判の先行形態として、『ツァラトゥストラかく語りき』の中のニーチェの背後世界論批判を想起する。ニーチェは、この現実世界の奥や内や裏や背後に天国や霊魂の世界などを想定する思想を「背後世界論」と呼び、それを「奴隷の思想」として徹底批判した。西洋思想を支えた二本柱であるキリスト教もプラトン哲学も共に二元論的な「背後世界論」で、それがルサンチマンに満ちた弱者の思想であると拒絶した。

この点ではニーチェ主義者であった三島由紀夫は、「私には無意識はない」と豪語し、深層構造を掘り下げる営みを同様に「奴隷の思考」と拒絶したのである。そして三島は「奥底」や「深層」ではなく、表面の「フォルム＝形」に執心した。『文化防衛論』の中で三島は、「文化は、ものとしての帰結を持つにしても、その生きた態様においては、ものではなく、又、発現以前の無形の国民精神でもなく、一つの形（フォルム）であり、国民精神が透かし見られる一種透明な結晶体」であると述べている。

　考えてみれば、三島由紀夫の讃美した「天皇」も「武士道」も彼の死にざまである割腹自決もみな、「形」（あるいは「型」）の文化であったといえる。三島はこの「形＝フォルム」の中に民族の精神性の結晶、「国民精神が透かし見られる一種透明な結晶体」を見て取ったのである。

　そのような三島由紀夫にとって、天皇はそのまま天皇という「仮設」の「形（フォルム）」であり続けてほしい最大最高の指標であった。三島由紀夫の『英霊の聲』は二・二六事件の首謀者や特攻隊で亡くなった英霊の「霊」が天皇に恨みを述べる「聲」を表現した小説である。三島は『英霊の聲』の冒頭で、神道の祭りを「顕斎」と「幽斎」に分けて説明する。「顕斎」とは、賀茂神社の葵祭とか八坂神社の祇園祭とかの神前に神饌をお供えして斎主が祝詞を奏上し宮司以下参列者が玉串奉奠して拝礼して神事の後で神人共食儀礼の直会をする通常の祭りの形態をいう。対して「幽斎」とは「帰神《かむがかり》の会」が行なっている「帰神の法」の実修を含むシャーマニスティックな修法・儀礼で、「霊を以て霊に対する法」、伝統的に「神懸り」と呼ばれるシャーマニスティックな儀礼である。

　この「帰神」の中にもさらに「幽顕」があり、「顕の帰神」と「幽の帰神」の区別がある。このあたりの幽的死生観に対する三島由紀夫の関心はゼロとは言わないが、ほとんどなかったのではないだろうか？　表層・表面の「仮面・仮設」の「形」をこそ重視した三島にあってみれば。

　とはいえ、三島は『英霊の聲』で、アメノウズメノミコトや神功皇后の「神懸り」は「顕の帰神」で、「幽の帰神」とは、「本人も気づかぬうちに霊境に入つて、その精神集中によつて霊感を得るもの」

で、「いはゆる芸術家のインスピレーション」などはこれに含まれる、その「幽の帰神」を行なうのが「帰神の会」であるといちおうの説明は付けている。
神韻縹渺《しんいんひょうびょう》とした石笛の音に導かれながら白皙《はくせき》盲目の川崎青年が帰神状態に入り、次のような言葉を吐き出す。

かけまくもあやにかしこき
すめらみことに伏して奏《まを》さく
今、四海必ずしも波穏やかならねど、
日の本のやまとの国は
鼓腹撃壌《こふくげきじょう》の世をば現じ
御仁徳の下、平和は世にみちみち
人ら泰平のゆるき微笑みに顔見交はし
利害は錯綜し、敵味方も相結び、
外国《とつくに》の金銭は人らを走らせ
もはや戦ひを欲せざる者は卑劣をも愛し、
邪まなる戦のみ陰にはびこり
夫婦朋友も信ずる能はず
いつはりの人間主義をたつきの糧となし
偽善の団欒は世をおほひ
力は貶せられ、肉は蔑《なみ》され、

若人らは咽喉元をしめつけられつつ
怠惰と麻薬と闘争に
かつまた望みなき小志の道へ
羊のごとく歩みを揃へ、
快楽もその実を失ひ、信義もその力を喪ひ、
魂は悉く腐蝕せられ
年老ひたる者は卑しき自己肯定と保全をば、
道徳の名の下に天下にひろげ
真実はおほひかくされ、真情は病み、
道ゆく人の足は希望に躍ることかつてなく
なべてに痴呆の笑ひは浸潤し
魂の死は行人の額に透かし見られ、

（中略）

感情は鈍磨し、鋭角は摩滅し、
烈しきもの、雄々しき魂は地を払ふ。
血潮はことごとく汚れて平和に澱み
ほとばしる清き血潮は涸れ果てぬ。
天翔けるものは翼を折られ
不朽の栄光をば白蟻どもは嘲笑ふ。
かかる日に、

などてすめろぎは人間《ひと》となりたまひし。

（『決定版　三島由紀夫全集』第二十巻、四六九－四七二頁）

三島は記す。「をはりに近づくほど手拍子も勢ひ高く、声は弾んで、石笛の音を圧するほどに朗々と、しかしいひしれぬ怒りと慨《なげ》きを含んで歌つた。『人間《ひと》となりたまひし』とまで歌つたとき、しかし突然琴の絃《いと》が絶たれたやうに歌は止んだ」と。

石笛を吹いていた審神者の木村先生は川崎君に懸ってきた霊に対して、「いかなる神にましますか、答へたまへ」と問い質す。すると霊は、「われらは裏切られた者たちの霊だ」と答える。そして、霊は、「われらがその真姿を顕現しようとした国体はすでに踏みにじられ、国体なき日本は、かしこに浮標《ブイ》のやうに心もとなげに浮んでゐる。／あれが見えるか。／今こそわが本体を明かさう。われらは三十年前に義軍を起し、叛乱の汚名を蒙つて殺された者である」と名乗る。参会者の「私」はここに至って初めて、「この霊がかつて代々木の刑場で処刑された若い将校の霊であることを知つた」のである。

二・二六事件で、「叛逆・叛乱の徒」とされた青年将校たちは「釈明」する機会もなく、「極刑」に処せられた。そのことを霊は次のように恨み、語る。「軍のわれらの敵はこれに乗じて、たちまち暗黒裁判を用意し、われらの釈明はきかれる由なく、はやばやと極刑が下された。／かくてわれらは十字架に縛され、われらの額と心臓を射ち貫いた銃弾は、叛徒のはづかしめに汚れてゐた。／このとき大元帥陛下の率ゐたまふ皇軍は亡び、このときわが皇国の大義は崩れた。赤誠の士が叛徒となりし日、漢意《からごころ》のナチスかぶれの軍閥は、さへぎるもののない戦争への道をひらいた。／われらは陛下が、われらをかくも憎みたまうたことを、お咎めする術とてない。／しかし叛逆の徒とは！　叛乱とは！　国体を明らかにせんための義軍をば、叛乱軍と呼ばせて死なしむる、その大御心に御仁慈はつゆほどもなかりしか」と。

「われらの釈明」の機会は与えられなかった。その声も意思も「大元帥陛下」に届くことも、聞き届けられることもなかった。その時天皇はまことに「すめろぎ」であり「神」であったのかと霊は激しく問い糺す。そしてさらに次のように語る。

こは神としてのみ心ならず、
人として暴を憎みたまひしなり。
鳳輦《ほうれん》に侍するはことごとく賢者にして
道のべにひれ伏す愚かしき者の
血の叫びにこもる神への呼びかけは
つひに天聴に達することなく、
陛下は人として見捨てたまへり、
かの暗澹たる広大なる貧困と
青年士官らの愚かなる赤心を。
わが古き神話のむかしより
大地の精の血の叫び聲を凝り成したる
素戔嗚尊《すさのをのみこと》は容れられず、
聖域に馬の生皮を投げ込みしとき
神のみ怒りに触れて国を逐《お》はれき。
このいと醇乎たる荒魂《あらみたま》より

人として陛下は面《おもて》をそむけ玉ひぬ。
などてすめろぎは人間《ひと》となりたまひし。

（同上四九一－四九二頁）

その時からすでに天皇《すめろぎ》は「神」ではなく「人間《ひと》」になっていたのだと。
この「裏切られた霊」の「血の叫び聲」は、「鬼哭《きこく》としか云ひやうのない、はげしい悲しみの叫び」であり、「痛切な悲しみに充ちた慟哭の聲」であった。スサノヲのように放逐された荒魂は、その恨みのたけを語り尽くした。二・二六事件の青年将校の「地をゆるがすやうな慟哭」は「などてすめろぎは人間となりたまひし」と昭和天皇の人間宣言を呪詛してやまないのである。
この激烈なる小説を三島由紀夫は一九六六年（昭和四十一）『文藝』六月号に発表し、同年六月に単行本『英霊の聲』（河出書房新社）として刊行した。この作品の成立の経緯は同書に収められた「二・二六事件と私」の中で詳しく述べられているが、興味深いのは、『英霊の聲』の小説形式と能の様式との関係が次のように語られている点である。

「英霊の聲」は能の修羅物の様式を借り、おほむね二場六段の構成を持つてゐる。
次の如きが、修羅物の典型的形式で、
第一場――序の段（ワキ登場）
破の段（シテ登場・問答）
急の段（上歌《あげうた》などでシテ中入《なかいり》）
第二場――序の段（ワキ待謡《まちうたい》）

破の段（後ジテ登場・クセ・カケリ）
急の段（修羅の苦患《くげん》を訴へて、切《きり》）

小説では、木村先生がワキの僧、川崎君がワキヅレ、二・二六事件青年将校が前ジテ、特攻隊員が後ジテで、この特攻隊の攻撃がカケリを見せ、そのあと切までが苦患を訴へる急の段に該当するが、地謡が合唱を受け持つ心持になつてをり、いはば典型的なカケリ物である。

（『決定版　三島由紀夫全集』第三十四巻、一一七－一一八頁）

『英霊の聲』は「修羅物の様式」に則っていると三島は言う。能は、初番目（神がシテ）、二番目（修羅物、武人がシテ）、三番目（鬘物、美人がシテ）、四番目（狂女物、狂女がシテ）、五番目（切能、鬼・天狗がシテ）の五本を上演するのが基本で、「修羅物」は二番目＝破の序と位置づけられる。形式全体は複式夢幻能で、二人の死者の霊が怨みを語り尽くすという夢幻能の形式である。

二人目の後ジテとして登場するのは、特攻隊員の霊で、この霊も同様の呪詛を発する。「昭和の歴史においてただ二度だけ、陛下は神であらせられるべきだつた。何と云はうか、人間としての義務《つとめ》においで、神であらせられるべきだつた。この二度だけは、陛下は人間であらせられるその深度のきはみにおいて、正に、神であらせられるべきだつた。それを二度とも陛下は逸したまうた。もつとも神であらせられるべき時に、人間にましましたのだ」と。

ここに言う「二度」とはもちろん、二・二六事件の際と、敗戦後のいわゆる「人間宣言」の際のことを指す。その時、天皇は「人間」ではなく「神」であるべきだったと恨みを述べる。天皇がその時に「人間」であったために、二・二六事件の時に「軍の魂」を失い、「人間宣言」の詔勅において「国の魂」を失ったと霊たちは嘆き悲しむ。「御聖代が真に血にまみれたるは、兄神たち（二・二六事件の青年将校たちを指す――引用者註）の至誠を見捨てたまうたその日にはじまり、御聖代がうつろなる灰に充たされたるは、人間宣言を下されし日にはじまつた。すべて過ぎ来しことを『架空なる観念』と呼びなし玉うた日にはじまつた」と。

特攻隊員の霊が語るこの「架空なる観念」とはいわゆる「人間宣言」の中に出てくる言葉である。詔書には、「然れども朕は爾等国民と共に在り、常に利害を同じうし休戚を分たんと欲す。朕と爾等国民との間の紐帯は、終始相互の信頼と敬愛とに依りて結ばれ、単なる神話と伝説とに依りて生ぜるものに非ず。天皇を以て現御神とし、且日本国民を以て他の民族に優越せる民族にして、延て世界を支配すべき運命を有すとの架空なる観念に基くものにも非ず」とあるが、この中に「天皇を以て現御神」としたのは「架空なる観念」であったと述べられているのである。

このような激烈な『英霊の聲』を媒介する三島由紀夫は単純で平板な保守主義者ではない。おそらくそれは、満州で育った安部公房とは対極にある思想であり、到底安部公房には受け容れられない思想であっただろう。だがここにこそ、三島由紀夫の明晰な天皇認識と戦後観が痛切に示されているのである。三島は、天皇が「神」であることによって初めて「軍の魂」と「国の魂」を失うことなく日本国の伝統と矜持を保持することができたと考えている。

三島由紀夫は一九七〇年十一月二十五日に自衛隊の市ヶ谷駐屯地東部総監室に乱入して自衛隊員に向かい、生命より大事な「日本の魂」を守れという演説をぶち、「檄文」を撒き、ほとんど誰にも理解されずに、自決し果てた。それはあたかも、『英霊の聲』における、二・二六事件の青年将校や特攻隊員たちの「裏切られた霊」たちの「聲」を取り次いだ霊媒川崎重男のようである。霊の「聲」を取り次いだ川崎重男の死顔は「何者とも知れぬ」「何者かのあいまいな顔に変容」していたが、介錯によって斬首された三島由紀夫の死顔も「仮面の告白」のように「何者かのあいまいな顔に変容」していたのである。
「後ジテ」として登場する二人目の霊である特攻隊員の霊は、その最後の「聲」を次のように語る。

陛下がただ人間《ひと》と仰せ出されしとき
神のために死したる霊は名を剥脱せられ
祭らるべき社もなく
今もなほうつろなる胸より血潮を流し
神界にありながら安らひはあらず

（中略）

されど、ただ一つ、ただ一つ、
いかなる強制、いかなる弾圧、
いかなる死の脅迫ありとても、
陛下は人間《ひと》なりと仰せらるべからざりし。
世のそしり、人の侮りを受けつつ、
ただ陛下御《ご》一人《いちにん》、神として御身を保たせ玉ひ、
そを架空、そをいつはりとゆめ宣《のたま》はず、
（たとひみ心の裡深く、さなりと思すとも）
祭服に玉体を包み、夜昼おぼろげに
宮中賢所のなほ奥深く
皇祖皇宗のおんみたまの前にぬかづき、

神のおんために死したる者らの霊を祭りて
ただ斎《いつ》き、ただ祈りてましまさば、
何ほどか尊かりしならん。
などてすめろぎは人間《ひと》となりたまひし。
などてすめろぎは人間となりたまひし。
などてすめろぎは人間となりたまひし。
……………………。

（『決定版　三島由紀夫全集』第二十巻、五一三頁）

「聲」は「神のために死したる霊は名を剥脱せられ／祭らるべき社もなく」と語るが、それは「人間宣言」によって「英霊」が「英霊」たりえなくなったことを意味し、靖国神社や護国神社といった「護国」の社も「英霊」が「祭らるべき社」ではなくなったと三島由紀夫が考えていたことを示している。『文化防衛論』における三島由紀夫の「文化天皇」論とこの『英霊の聲』の烈しい「人間天皇」批判は同時代の保守思想家の中でも群を抜いて特異なものであったといえよう。

三島由紀夫の『英霊の聲』は、鎮魂の芸能である能がそうであるように、「怨霊の聲」を取り次ぐ語りであった。特攻隊の霊は確かにひとたびは「英霊」として祀られはしたが、しかし「英霊」とは名ばかりで、それを支える「国体」も信仰実体も消滅した。だから「英霊」は戦後日本の虚偽体制の中で「怨霊」化するほかないのだ。その「怨霊」の祟りの言挙げとして『英霊の聲』は記されているのだ。

だからこそ三島は執拗に「などてすめろぎは人間となりたまひし」と呪詛的言挙げを繰り返したのだ。それは、日本人にとって、神とは何か、霊魂とは何か、祈りとは何か、祭りとは何か、神社とは何かと問いかける日本文化論でもあった。
しかしながら、三島由紀夫が友人と思われる美輪明宏のように「霊」あるいは「霊性」に身につまされるような深い関心を持っていたとは到底思えない。

5、「二つのドングリ」安部公房と三島由紀夫

三島由紀夫が『英霊の聲』を発表した一九六六年（昭和四十一）の二月一日、三島由紀夫と安部公房の対談が「二十世紀の文学」と題して『文藝』二月号に発表された。その中で、三島由紀夫は次のように語っている。

三島　そういう点、そのころ（引用者註――ソクラテスの時代）のギリシャは日本に似ていると言えるかも知れない。しかし日本ほどストイックな伝統観念は、それほどなかったかも知れないね。それにしても、僕はしかし、自分が非常に自由だという観念は、伝統から得るほかないのだよ。僕がどんなことをやってもだよ、どんなに西洋かぶれをして、どんなに破廉恥な行動をしてもだね、結局、おれが死ぬときはだね、最高理念をね、秘伝をだれかから授かって死ぬだろう。
安部　きみ、死ぬときに授かるのか。
三島　そう、死ぬときに授かる。（笑）
（『安部公房全集』第二十巻、七七頁）

この三島由紀夫の「死ぬとき」に「最高理念・秘伝」を授かるという〝異様〟な発言に対して、安部公房は、「遅すぎはしないかな。（笑）しかしもう少し詳しく聞きたいのだけれども、僕は率直に言

って、伝統という観念がほとんどないのだよ。観念がだよ。自分のなかにあまりにそれが欠如しているということに対する不安感、恐怖感さえあったよ。だけどね、もう自分に率直になっていい年だと思うよ。（笑）そこで率直に言うとね、僕にはやはり伝統という観念がない。もう完全にと言っていいくらいないな。どういうわけだろうね」と返している。それに対して、三島は「それはまた、きみが満州で生れたということと関係があるのではないか」と述べ、安部が「東京だよ。満州で育ったけれどもね。国は北海道なんだよ」と訂正している。

おそらくこの頃『英霊の聲』を構想していた三島由紀夫は、「死ぬとき」に授かる「最高理念」や「秘伝」を夢見、そこに日本文化の神髄を見ようとしていた。

この二人の対談は面白いほど意見が異なり、すれ違っているのだが、にもかかわらず、この上ない親密さと相互承認に満ちている。この二人と交流のあった花田清輝（一九〇九－一九七四）は武井昭夫との対談集『新劇評判記』（勁草書房、一九六一年）の中で、二人を評して、「似てるよ。二つのドングリか」[4]と述べているが、言い得て妙である。これほど違っているのに、これほど共通する同時代人も珍しい。

「僕は流謫の身だ、君たちの問に伍する資格はない。君達の言葉はもう僕には理解出来かねるし、僕の言葉はまた君達には無用なものだ」（「異端者の告発」初出誌『次元』一九四八年六月号）とか、「詩人、若くは作家として生きる事は、やはり僕には宿命的なものです。ペンを捨てゝ生きると言ふ事は、恐らく僕を無意味な狂人に了らせはしまいかと思ひます」（一九四六年十二月二十三日付の成城高校の同級生中埜肇〈京都大学哲学科出身の哲学者・ヘーゲル学者・筑波大学教授〉宛書簡『安部公房全集』第一巻、一八八頁）とかの言葉は、そのまま三島由紀夫の言葉であってもおかしくない。もっとも、多くの詩人や作家もそのような感覚を持っていると思われるが、とりわけ『壁』や『箱男』を書いた安部公房にも『仮面の告白』や『豊饒の海』を書いた三島由紀夫にも、「異質の自覚」「感傷などでなぐさめる術もない或るやましさの意識」「流謫の身」（「異端者の告発」初出誌、同上）という感覚は業と言えるほど強烈にあった。

対談「二十世紀の文学」の冒頭、三島由紀夫はいきなり、「性の問題だね、結局、二十世紀の文学は」という断言で始め、対して安部公房は、「それと、ことばの問題だろうな。ことばとイメージの関係……」と返している。このやり取りの中に、二人の特質が露見している。エロチシズムと認識の問題。肉体と観念。

性とことばの関係について、三島は「文明社会のなかのセックスの映像は、たいていセックス的イマジネーションは、言語で媒介されるのだから、言語はばい菌みたいなものだからな。（笑）」と言い、安部が「それはそうさ。言語を媒介しなければ、なんだって無害なものさ」と返し、それに三島が「有害じゃない。言語というのは、非常にワイセツだからな」と加えている。安部もこの点については、「セックスもイメージだけではワイセツにはならない。それが言語によってはじめてワイセツになるということは、非常に大事な問題なんだ」と同意している。言語が「ばい菌」であり「ワイセツ」であり「有害」であるという認識。そのことを、名うての言葉使いであるこの二人の特異な作家は深く自覚していた。

この対談の中で興味深い対照は、伝統と無意識についての意見の徹底的な相違である。三島は言う。「おれの言っていることで、どうしても理解してもらえないところはね、やはり伝統の問題だけれどもね、僕が頂上から頂上へ伝承されるということは、そういうふうなことを言っているのではないのだよ。つまり『行為者の伝統』ということを言っているのだ。個体が行動して行動する。その行動の軌跡は、そのときそのときに消えちゃって、そうして最後の一点だけが残る。その最後の一点だけが伝承されるということを言っているのだ。読者は行動する人間ではなくて、僕の考えではだよ、パッシヴな享受者であって、パッシヴな享受者は享受者としてその流れがあるだろう。しかし芸術家なり武道家なりなんなりは、行動家であって、その個体の行動のあげくの頂点でもってつながってるというのだ」

この三島の見解に対して、安部は、三島の言う「パッシヴな享受者」としての「読者」という考えに納得せず、こう反論する。「いま、小説家の立場で話しているが、しかし依然としてきみのなかには、小説家に転化する以前の読者が住んでいる」「その読者が、きみのなかの対話者になって生きている。生き続けている」「読者は自己の主体で、作者は客体化された自己なんだよ」「やはり三島由紀夫というのは、二人いるのだな」と。

だが、三島は納得しない。「おれは、だけれどももう、無意識というのはなるたけ信じないようにしているのだ」「無意識のなかに精神分析学者なり、精神病医なりが僕のなかに発見するものは、みんな僕が前から知っていると言いたいわけだな。だから無意識というものは、絶対におれにはないのだと……」と言い張る。安部は、「そんなバカな」と同意しない。それにも負けず、三島は、「絶対にないのだから」となおも言い張る。すると、安部は、「そんなむちゃくちゃな。この前の宇宙飛行士のようなことを言う。（笑）」と呆れる。

今になって、この二人の対談を読むと、これほど対極にある思想がこれほど親密さの中にあることに驚かされる。とりわけ、「伝統」を巡る二人の認識と立場の違いは際立っている。三島由紀夫は言う。「日本の伝統は、メトーデが絶対ないことを特色とする」と。安部公房は「それが伝統か。困ったな」と、方法（メトーデ）を持たない「伝統」を突き放す。それに対して、三島由紀夫はここぞとばかりに長広舌を振るう。

それはそうだよ。絶対そう思う。日本では、伝承というものにメトーデが介在しないのだ。それがいちばんの日本の伝統の特徴だよ。たとえば秘伝というものがあるだろう。お能で、秘伝を先生が弟子に譲る場合ね、入門者だって秘伝書を読めばいいようなものの、先生の戸棚から盗んで入門者が読んでも、なんにもわかりはしない。それから二十年くらいお能を勉強するのだ。そうしてなんだか知らないけれども、一生懸命口移しに覚えて、三十年か四十年か五十年かたって、なんか曖昧模糊としたことを書いてある巻き物をくれるだろう。月がどうだとか、日輪がどうだとか。それを読むとアッとわかるのだね。わかるがそれは秘伝だから、ほかの人には言えない。言ったたってほんとうはしようがないのだね。そうしてメトーデがないところで伝承していくというのが、独特の日本の伝統だよ。

（同上七四―七五頁）

この三島の「無メトーデ（無方法）＝秘伝」論は大変面白く重要な指摘である。これが、オリジナルとコピーの違いがないということにもつながる肝心のところだから。この三島の「伝統」論に対して、安部は「だから日本でスパイ小説が発達しないのだな。（笑）」とまぜっかえす。それに対して、三島は真面目に答える。

伝承という考えは、西洋でも、つまり鍛冶屋に弟子が入って、徒弟時代、遍歴時代、それからマスターになるね。それはメトーデを教わるのだよ。メトーデをだんだんマスターから教わって、マスターピースを作ってマスターになるのだよね。だけどそれは、西洋の歴史はメトーデの歴史だね。日本はそうではない。秘伝だろう。秘伝というのは、じつは伝という言葉のなかにはメトーデは絶対にないと思う。いわば日本の伝統の形というのは、ずっと結晶体が並んでいるようなものだ。それは、横にずっと流れていくものは、なんにもないのだ。そうして個体というのは、伝承される、至上の観念に到達するための過渡的なものであるというふうに、考えていいのだろうと思う。

そうするとだね、僕という人間が生きているのは、なんのためかというと、僕は伝承するために生きている。どうやって伝承したらいいかというと、僕は伝承すべき至上理念に向って無意識に成長する。無意識に、しかしたえず訓練して成長する。僕が最高度に達したときになにかをつかむ。そうして僕は死んじゃう。次にあらわれてくるやつは、まだなんにもわからないわけだ。それが訓練し、鍛練し、教わる。教わっても、メトーデは教わらないのだから、結局、お尻を叩かれ、一生懸命ただ訓練するほかない。なんにもメトーデがないところで模索して、最後に、死ぬ前にパッとつかむ。パッとつかんだもの自体は、歴史全体に見ると、結晶体の上の一点から、ずっとつながっているかも知れないが、しかし絶対流れていない。

(同上七五頁)

日本の「伝統」には方法がない。方法論がない。ただしかし、「結晶体」だけはある。それは基本的に主体とか自己実現とか成長という「個人」的な過程とは異なる。「個」ではなく、〃道〃ともいうべき「伝承すべき至上理念」があって、そこに向かって伸び育っていって「最高度に達したとき」に何かを「つかむ」。だが、そこで終わる。だから、「結晶体」は残る。だが、それがある方法論に従って伝授されるというものではない。

そのような「伝統」が日本の「伝統」であるが、三島は、「結局、日本の伝統というものの観念は中世に出来た」と指摘する。それは古代からあったものではない、というのが三島の「伝統」論であり、日本文化論である。

安部公房と同様に、極めて観念的かつ明晰で合理的な思考をする三島由紀夫が、このような「秘伝」の「伝統」をつかむための跳躍を試みた。

三島由紀夫の「切腹」という「形」を取った自決のありようは、このような意味での「伝承」と「至上の観念」あるいは「至上理念」をつかもうとする「メトーデ」なき「訓練」の極北であったといえるかもしれない。

この「二つのドングリ」（花田清輝）の転がり方が切り裂いて見せる日本と世界の傷痕とその死生のありようを私たちは見続けていかなければならないのである。

註

（1） 安部公房は一九七三年（昭和四十八）演劇集団「安部公房スタジオ」を結成し公演活動を始めた。安部公房には、「どれい狩り」「幽霊はここにいる」「友達」「榎本武揚」「棒になった男」「緑色のストッキング」などの戯曲作品がある。その演技・演劇論には次のような発言がある。「行為する、というのは同時に行為されるということ。相互の関係を正確に捉えて、シチュエーションを出す。そうして、だんだん芝居に近づいていく」「ひとことでいってしまえば、心理的な把握をさせないことです。新劇の脚本はね、商業演劇なんかとくらべると、まあしっかりしてますよ。心理がいろんな要素を誘導しているんですね。だから、俳優は心理でもって理解しようとする。よく役者が、のれるか、のれないとかいうでしょ。あの考え方は、俳優として間違いなんだ。やればのれちゃうんです。要は心理で把握するんじゃなく、生理で把握することなんです」「心理的なものからの解放、これですね」「ある集中に必要な筋肉以外は、ときほぐす。これがリラックスです。ボクサーは相手の動きに神経を集中していますね。だから、どんな動きにも自在に反応できるんです。とりあえず必要な筋肉以外は〝抜く〟んですね。ぼくが、さっきいったニュートラルの状態というのは、これなんです。スタニスラフスキーのシステムのなかには、ニュートラルに似た問題提起がありますよ。あれはあれで、いまの状況におき変えれば、なかなかいいシステムなんです」（「〈安部公房〉宇佐見宣一による談話記事」『安部公房全集』第二十四巻、三八五－三八六頁）、「いまやベケットはノーベル賞とって古典作家になっちゃったけれども、ゴドーを書いたのはそんな昔じゃない。ゴドーが書かれた前後というのは、たまたま登場人物は少ないからメンバーも少なくてすんだんだけど、いくらやっても見にくる人いないんだよ。あの少ない登場人物、全員出てきたときで四人か。木を人間がやるといったら五人だ。それよりも見ている人が少なかったことがある（一同笑）。でも、それに耐えてやるということね。それに耐えてやり続けるということは確信だよ。これをおれがつくった、これなんだという確信なんだよ。これがあるかどうかだけね、演劇をやるかどうかということは。これは、口で言うのはやさしいけど、実際になるとてもつらいことだ」（「演劇の成立基盤について――桐朋学園金曜講座」同上四九二頁）

（2）　安部公房の小説世界やノーベル賞については、次のような発言や記事がある。「安部公房さんの小説はぼくは哲学小説というふうにいえるだろうと思う」（大江健三郎「現代をどう書くか」『安部公房全集』第二十巻、三四五頁）、「安部さんは、少年時代の十七年間を旧満州ですごした。そのせいか、どうも冷温帯そだち、つまり、冬季乾燥寒冷型気候のもとでそだてられた気質の持ち主、というような印象を受ける。安部さんの作品がそうだ。湿気を締め出した鉱物質のイメージがある。近作『燃えつきた地図』もそうである。（中略）／新しい情緒、未知の感性をひき出すために、読者の古い情緒を刺激し、抵抗を起こさせることが作家の義務だ、と安部さんは考えているそうだ。なんだか読者の心にアレルギー反応を起こすことが楽しみのような口ぶりである。読者ばかりではない。湿気の多い温帯モンスーン気候帯に属する文壇でも、常に異端の存在であるゆえんだ」（「〈著者訪問〉『読売新聞』の談話記事」『安部公房全集』第二十一巻、四一八頁）、「安部公房　ノーベル賞寸前だった」「ノーベル文学賞の選考を行うスウェーデン・アカデミーのノーベル委員会のペール・ベストベリー委員長（78）が21日午前（日本時間同日夕）、読売新聞の取材に応じ、1993年に死去した作家・安部公房が同賞の受賞寸前だったことを明らかにした。／ストックホルム市内の自宅でインタビューに応じたベストベリー委員長は、安部公房について『急死しなければ、ノーベル文学賞を受けていたでしょう。非常に、非常に近かった』と強調した。／さらに、『三島由紀夫は、それ（安部）ほど高い位置まで近づいていなかった。井上靖が、非常に真剣に討論されていた』などと他の日本人作家についても語った。／近年、受賞の可能性があるとされる村上春樹さんについては、『生きている作家については答えられない』と明言を避けた。／アジアでの受賞者が少ないことについては、『作家がどこの国の出身かは見ない。その文学を見るのです』と断ったうえで、『数多くの優れた人がいる。私たちは何人かに目をつけている』と述べた。／また、候補者の小説が、アカデミーの会員内で読めない言語で書かれている場合、専門家に翻訳を依頼したり、助言を受けたりする試みを続けていることも明らかにした」（『読売新聞』二〇一二年三月二十三日付）

（3）　安部公房は戦争について次のように語っている。「関東軍崩壊後……。医学部の学生は学徒動員にとられなかったので、終戦のとき、まだ学生だったわけです。（中略）僕は大学だから、ちょっと違うけど、でも兵隊には行かないから同じようなものかな。ただ僕は家が満州だったので、終戦の前の年に、ニセの診断書こさえて、休学にしちゃって、家に帰ってしまったのです。今から考えるとこっけいな話だけど、僕の友達の親父が満洲国政府の役人で、馬賊に知りあいが多かった。それで、それにたのんで馬賊にでもなろうかと思った。一億玉砕って言ってるから、もう日本にいても駄目だと思ってね」「いやソ連がやって来た時は逃げないでずっといました。満州の奉天です。（中略）ひどい目って、そりゃあなた無政府状態になるんだから、こりゃ誰だってひどい目に会うんだ。ソ連軍がとくにひどい事したっていうのは嘘ね。一番惨酷な仕打ちをしたのは日本人どうし。でも僕は自分の体験を書くのが嫌いでね、書きたいけれどまだ書かないんだ。何といったって怖かったのは日本人の強盗だよ。兵隊くずれのね。これが強盗になって日本人を襲うんだ。ソ連軍なんか、ほとんど人殺しはしなかったけど、日本人は日本人を殺した」（野坂昭如との対談「無思想の逃亡者と実存的共和国」『安部公房全集』第二十二巻、一〇―一一頁）、「実際に殺られたものでないとわからない。その点、日本人には経験がないでしょう。そのいい例が我々は、東南アジアの人たちの気持ちが分っていないことだな。実際に日本の兵隊からひどい目に合った人たちは、日本人のことを忘れませんよ」「深刻な問題だよ。小説にしても、アメリカやヨーロッパにむけてはどんどん翻訳されてるけど、東南アジアに紹介されるということはないものね。逆にアジアの小説が日本に翻訳されたという話も聞かない」「僕の時代に医学部に入ったというのは、一つには食いっぱぐれがないということと、徴兵延期の問題があったんですよ。だから僕のクラスに百二十人いたけど、アンケートで本当に医学に興味があると答えたのはただの二人ですよ。医者で小説家もいるし道楽しているのが多いでしょう。あれは無理ないんだ、もともと嫌いなことをやってるんだから（笑）」（堤清二との対談「作品で予言したチェコ事件」『安部公房全集』第二十三巻、三〇―三一頁）

「深刻ぎらいということもある。そのくせ、みんながいちばん嬉々としているときに、絶望を感じるという悪い癖もある。すべて嬉々としている人間のありように、おそろしく絶望を感じるんで、ある意味ではああいう形で、一番痛烈な皮肉を言ってみたくなるんだなあ」「ぼくが権力の持つ秩序というものをほとんど信じないのはそのせいだな。ちょうど占領軍の交替期に完全な無警察状態がくる。何度もあったけど、その完全無警察のときがいちばん平常に暮らせるんだな。だから権力なんて、まったく市民生活に干渉しないという原則をたてまえにして、はじめて理想的権力たり得るんだと思ったなあ。この経験は大きかった。だから権力不信というよりまったく有害無益なシロモノだということを痛切に感じた。中国人は、ああいう経験を何度も持っているからね、どこか権力に対しての見方が違う。それにしても、ソ連というのは、あのときずるく立ちまわったな。奉天をひくとき、八路軍にバトン・タッチしないで、サーッと勝手に引いちゃった」（古林尚との対談「共同体幻想を否定する文学」同上二八五、二九六—二九七頁）

（4）『新劇評判記』「日本の耽美派　安部公房と三島由紀夫　二つのドングリ——その相似点と相異点」の中で次のように花田清輝と武井昭夫は対話している。

武井　そういう芸術綜合化という面でも、安部さんと比べてみて、ちょうど対極みたいな気がする。
花田　そうそう、対極でしょうねえ。そして、ひどく似てますね（笑）。
武井　似てますねえっていうと、ちょっと、あれなんだけれど……。
花田　似てるよ。二つのドングリか。（笑）……対極っていうけど、観念的なところも似てるでしょ。
武井　しかし、なんというのかなあ、現実を観念化して、そして、もう一度現実へ働きかけていこうっていうようなものが安部さんの中にはあるわけですね。そこに安部さんの創造というか、芸術綜合化の働き手としての芸術意識がある……。
花田　うん。
武井　三島の中にはそういうものがないでしょ。
花田　（中略）だから、まあ、三島君なり安部君なりは——これは、ならべられると、両方とも、心外だと思うだろうけれども——一見、対立的あるいは対蹠的であるにもかかわらず、非常に似ていると思いますね、僕は。（一五九—一六〇頁）

補記　梅原猛の三島由紀夫論

梅原猛の長男の美学者・梅原賢一郎（京都芸術大学名誉教授・一般財団法人梅原記念財団代表理事）から梅原猛の三島由紀夫論が二本あることを教えられ、それを読み、非常に重要な指摘がなされていると思われたので、ここで補論として論じておきたい。

梅原猛と三島由紀夫とは大正十四年（一九二五）の同年生まれ、同学年の同級生となる。昭和十九（一九四四）年十月一日、学習院高等部を首席で卒業した三島由紀夫は東京帝国大学法学部法律学科独法課程に推薦入学した。一方、梅原猛は、昭和十七年（一九四二）に広島高等師範学校に入学したが退学して、翌十八年（一九四三）に第八高等学校に入学したこともあって、一年遅れの昭和二十年（一九四五）四月に京都帝国大学文学部哲学科に入学。

一足先に東京帝国大学に入学した三島由紀夫は、昭和二十二年（一九四七）十一月に東京大学法学部を卒業して、大蔵省に入省し、大蔵事務官となった。

梅原猛は、昭和二十三年（一九四八）、京都大学文学部哲学科を卒業し、翌二十四年（一九四九）京都大学大学院特別研究生となった。

さて、梅原猛は二つの三島由紀夫論を書いた。

一つは、『百人一語』（朝日新聞出版、一九九三年）の中の短い三島由紀夫論で、梅原猛が山背大兄王、小野小町、南方熊楠、種田山頭火、曾我蕭白、川端康成、湯川秀樹など百人の著述や残された言葉の中から「一語」を選びそれにコメントしたもので、一九九〇年から一九九二年にかけて毎週掲載された『朝日新聞』の記事をまとめて単行本にしたものの中にある。

そこで、梅原猛は三島由紀夫の数ある小説の中で一番好きなのが『海と夕焼』という短編で、その「いくら祈つても分れなかつた夕映えの海の不思議」を問題にしている。

この観点と論説が非常に興味深いので、こちらから先に取り上げる。

この「いくら祈つても分れなかつた夕映えの海」とは「地中海」のことで、要するに、モーゼが祈って紅海が真っ二つに割れてヘブライの民が「エクソダス（出エジプト）」に成功したと『旧約聖書』にあるような「奇蹟」は起こらなかったという出来事のことである。

西暦一二一二年、日本では鴨長明の『方丈記』が執筆された年、フランスの中央山地セヴェンヌの羊飼いの少年「安里《アンリ》」の前にキリストが現れ、「同志を集めてマルセイユへ行け。その時地中海の水は二つに分かれてお前たちを聖地に導くであろう」という声を聴いた。そこで、いわゆる「子供十字軍」が結成されてマルセイユを目指したが、多くの子供たちは途中でペストに倒れた。生き残った子供たちはマルセイユに着き、海の分かれるのを待った。しかし、海が分かれることはなかった。子供たちは男に騙されてエジプトのアレキサンドリアに連れてゆかれ、みな奴隷として売られた。

安里は、最初ペルシャ商人の奴隷となるが、インドに売られ、そこで仏教を学びに来ていた大覚禅師・蘭渓道隆と出会い、自由の身にしてもらい、道隆に仕え、日本に渡り、鎌倉の建長寺で寺男となる。

その安里が、毎日夕方になると、耳の聴こえない少年と共に寺の裏山の勝上ヶ岳に登り、美しい海の夕映えを見て、少年に地中海の決して分かれなかった海のことを語るのだった。

それを引きながら、梅原猛は「この短編は、三島由紀夫という詩人の最も根源的な内面の秘密を語るもの」と洞察した。そして、「三島由紀夫は『奇蹟』なしには人生を生きるに耐え得ない人間であった」と論評し、次のように締めくくる。

その背後には、おそらくは彼の不幸な幼児体験があろう。不幸な幼児体験を持った人間は、夢、あるいは奇蹟なしに人生を生きることが出来ない。彼にとって文学、あるいは詩は、そういう奇蹟を現出する魔法の杖であったが、彼は作品の上だけでなく、現実にもこのような奇蹟の実現を夢見たのである。そして戦後の啓蒙的合理主義に導かれた高度経済成長時代が来て、人々が全く奇蹟の足音を感じなくなると、彼はますます懐かしく奇蹟への強い希望に生きていた戦争の時代、特にあの純粋な「天皇信仰」に生きた特攻隊のことを想起したのである。そして彼はその奇蹟の希望を再現しようとして、まことに滑稽と思われる壮絶な死を遂げたのである。

私は生前には彼の日本観を厳しく批判したが、今は私と同年のこの「天才」に、強い同情を感じている。

（二九三頁）

三島由紀夫の中にある虚無と「奇蹟」の到来の緊張関係をこれほど端的にズバリと指摘したのは梅原猛だけではないだろうか？　ここには、梅原猛と三島由紀夫という荒魂の火花がスパークし散乱している。

もう一つの論考は、『梅原猛著作集19　美と倫理の矛盾』（集英社、一九八三年）に収められている

「三島由紀夫氏への公開状——日本の思想の独自性とは何か」(『週刊読書人』一九六六年十二月五日号)である。

ここで梅原猛は激しく三島由紀夫の「日本観」を批判している。

その第一は、藤原定家に対する不当で間違った三島の理解と表現に対する憤りを込めた批判である。梅原は力説する。

「藤原定家という人は日本の美学の中心部に位いする人で、日本美について語るためにはぜひ一度定家を通らねばならない」（一七二頁）

「後鳥羽院と定家の対立には、日本の美学の中心問題ばかりか、一般に政治と芸術の関係という実にむつかしい問題が含まれている」

「定家をただ自己を神にしようとする人間と解釈して、生前における定家の悲惨さと死後における神格化とをイロニー的に対立さすだけでは、さっぱり後鳥羽院と定家の人間像も、日本美の秘密もとけないのではないか」「西洋から借りた自己を神にしたいというような人間像で定家を見ることは、余りに思想的に貧弱な思いつき」（以上、一七三頁）

「あなたの作品の多くは、逆説的な概念の面白さだけがねらいで、真の人間が書けていない」（一七三―一七四頁）

この三島由紀夫による定家評価の浅薄さについての批判の後に、仏教、特に唯識論についての理解の浅さと「日本の神」についての「致命的な誤解」が批判される。

「私は唯識研究は、今後の東洋思想研究の宝庫であり、また日本における心の思想の発展を研究するにはぜひ必要な研究課題であると思うのですが、あなたのように、『知らない間に溺れている大水』という解釈では、唯識もへったくれもありません。

仏教思想なんかなまかじりにやられず、あなたはやっぱり、あなたが軽蔑していらっしゃるらしい舟橋聖一先生のように、男女の愛欲のことをお書きになっていられる方がお似合いと思いますが、少なくとも思想らしきものをもった小説をお書きになる気なら、もっと真面目に思想を扱ってほしいと存じます」（二七四－二七五頁）

「こういうあなたに何をいっても始らぬ気もしますが、この本（引用者注――林房雄・三島由紀夫『対話・日本人論』番町書房、一九六六年）の中には、たしかにあなたの首尾一貫した思想があります。それは一言でいえば神の思想なのです。この対話の中で、再三再四くり返される思想は、日本民族の思想的核心は神風連にあるということです」（二七五頁）

梅原猛はこの三島由紀夫の「神風連」の捉え方に根本的な間違いがあると批判する。そして、平田篤胤―神風連―二・二六事件の蹶起将校と続く思想ラインが三島を「真理への意志を欠如した小児症的ロマン主義者」に仕立て上げる過ちを口をきわめて痛烈に批判する。

この神風連の精神は、二・二六事件の蹶起将校によって受けつがれます。蹶起将校はヨーロッパ的なまがつびの神をしりぞけ、純粋な日本の神である天皇親政の世を実現するために、「憂国の至情」をもって蹶起します。しかし、残念なことには、天皇自らがこの憂国の魂を裏切り、ヨーロッパ的合理主義、まがつびの神に屈したのです。

おどろくべきことには、あなたはこの二・二六事件の処理、純粋憂国主義の合理主義にたいする屈服に、日本の敗戦の原因を見ているのです。敗戦は純粋に物量的な問題ですという林房雄さんにたいし、あなたは、あたかも、もし青年将校たちが政権をとっていたら、天地神明は青年将校の純潔な魂に感じて、あの戦争を勝利に終らしめたのではないかということをおっしゃりたいようです。そしてあなたは、精神の伝統としてこの神風連から蹶起将校への線しか認めず、福沢諭吉を認めようとする林さんに、「あなたが私より右翼的なので驚いている」といわしめています。

たしかにあなたの歴史観は、まことに独創的であると共に、首尾一貫していて、その意味では大へん面白いのですが、基本的にまちがっていると思います。だいいち、神風連と天皇神の思想を、日本古来から現在まである独自な日本の思想と考えるのは間違いと思います。神風連は篤胤の国学から出てくる行動哲学だと思いますが、国学、特に篤胤は、日本について重大な誤謬を犯したことは、私がくりかえし、くり返し論じたことです。（一七六頁）

このあたりの論点を整理して、歴史的出来事と残されている資料を丁寧に関連づけていくと、梅原猛の指摘するような「平田篤胤から出てくる行動哲学」と簡単に断じることはできない。というより、むしろ、三島由紀夫も梅原猛も共に、それぞれ異なる思想バイアスの中にあって一方的に批判している面がある。

ここで注目しておきたいことは、昭和四十一年（一九六六）十二月五日号の『週刊読書人』に、公然とこの「三島由紀夫氏への公開状」を掲載した梅原猛の果敢なポレミックで挑発的な誘惑のスタイルである。

梅原は、三島よ、おれと一勝負してみようじゃないか、カモン！　と三島を挑発した。この前年の昭和四十年（一九六五）、三島は映画『憂國』を自ら脚色・監督・主演して完成させ、翌年一月にツール国際短編映画祭で、劇映画部門二位となっている。そしてその映画評として、安部公房は、梅原猛が上記の誘惑文を三島に出す前の昭和四十一年（一九六六）五月二日号の『週刊読書人』に、「〝三島美学〟の傲慢な挑戦――映画『憂國』のはらむ問題は何か」と題する論評を寄せ、三島由紀夫の「不敵な野望」に「羨望に近い共感」を覚えたと記している。

ちょうどその頃、三島は『文藝』同年六月号に「英霊の聲」を寄稿した。三島にとってもっともハイテンションな時期に梅原猛は火に油を注ぐことになったか、あるいは冷や水を浴びせかけることになったか、三島由紀夫の胸奥も腹奥も頭奥をも射抜くような論争の矢を放った。

だが、同年生まれ、同学年生の三島由紀夫がそれに直接応えることはなかった。

しかし、三島由紀夫の遺作となった『豊饒の海』第二部『奔馬』の右翼テロリストの國學院大學予科生・飯沼勲の生涯と行動の表現、また、昭和四十五年（一九七〇）十一月二十五日の自衛隊市ヶ谷駐屯地への乱入とアジ演説と自決という行動で、梅原猛の「公開状」に対する三島由紀夫の回答をみずからのフィジカルで返したともいえる。その三島のあまりにも「非日常的な仮面劇的劇場空間」に安部公房は「羨望に近い共感」を感じていたのだろうか[1]？

註

（1）「非日常的な仮面劇的劇場空間」について、二〇二三年十月十五日（日）北海道旭川市東鷹栖安部公房有志の会主催「安部公房没後三十周年記念」特別講演・鎌田東二「安部公房——仮（化）の文学」において私は次のように語った。

〈花田清輝は「二人はどんぐりのように似ている」と言う。私も二人は似ていると思っています。「現実を信じていない」という一点において二人は凄く共通しています。現実がフィクションだ、劇場だという感覚をどうしても身に迫るかたちで生きざるをえない。二人とも演劇に関わり、彼らの劇作も彼らの必然から生まれてきたもので、単なる小説だけでは収まらないものです。『仮面の告白』、本当の顔は何なのか。仮面を外したのが真実の顔なのかどうかもわからない。あらゆるものが仮面なんじゃないかという疑いも芽生える。安部公房の文学も奉天という仮面なので、三島由紀夫のように日本的美学に根差していない。それでも仮面同士が共感し合う部分があって、まったく小説の作品世界は対極でありながら、二人は同志のようなシンパシーがあったんですね。思想的には右と左で真逆ですが、二人ともお互いを認め合いました。川端はその間にいて、三島も非常に買っていた人ですね。川端康成の生涯も仮面のようで、ノーベル文学賞のような仮面に収まらないものを彼は持っていて、最後は自殺を選びますが、川端康成も三島由紀夫も仮面劇場を生きたんだなあと私は思っています。〉

（詩誌『フラジャイル』第二十号記念号所収、一一七頁、二〇二四年五月七日刊）

＊梅原猛は、前掲『著作集19　美と倫理の矛盾』にこの補論で取り上げた二本の三島由紀夫論以外に三本の論考とエッセイを収めている。「三島の死」「他人の目」「三島と南北」である。そこで、梅原猛は、三島由紀夫の「弱さ」「孤独」「役者」的ふるまい、「愛と死の原点」について指摘しているが、もっとも興味深く予言的な指摘は、三島の代表作『金閣寺』と遺作『豊饒の海』四部作を論じた「三島と南北」最後の六行である。

もとより、近代人三島が生れ変りの話をそのまま信じていたとは思われないが、作品においても、行動においても、生れ変りの説に、三島は自己を賭けていたと私は思う。松枝清顕の生れ変りが次々現われたように、三島由紀夫の生れ変りが次々に現われるということが、死に際しての、彼の強い願望であったと思われる。

三島由紀夫の生れ変りは、やがて次々と現われて、日本の政治や文学の世界を悩まし続けるような不吉な予感が、私にはするのである。（二九四頁）

本年、令和七年（二〇二五）は、三島由紀夫と梅原猛が生まれてちょうど百年の年に当たる。そこで、すでにいろいろなシンポジウムや雑誌特集がなされている。

平成七年（一九九五）は、戦後五十年の節目の年であったが、その年の一月十七日に「阪神淡路大震災」が起き、梅原猛の七十歳の誕生日の日（それは私の四十四歳の誕生日でもあった）に「地下鉄サリン事件」が起こり、いわゆる「オウム真理教事件」となっていった。

梅原猛の「三島由紀夫の生れ変り」の「予言」を、オウム真理教事件の首謀者で絞首刑となった麻原彰晃（松本智津夫）や神戸連続児童殺傷事件を起こした酒鬼薔薇聖斗（少年A）を含めるとすると、『芸術新潮』昭和五十二年（一九七七）五月号に記されたその「予言」は、ほぼ半世紀を経た今日、底知れぬ不気味なメッセージを我々と社会（世界）に突き付けている。

（二〇二五年一月八日）

第一章　「霊」あるいは「霊性」の宗教思想史

1、はじめに

二〇〇六年の終わり、東京国立博物館で「仏像　一木《いちぼく》にこめられた祈り」と題された展覧会が開催され、評判を呼んだ。そこに、奈良時代から江戸時代の円空《えんくう》や木喰《もくじき》に至る一木彫の名品が陳列された。寺外初公開の滋賀県向源寺蔵の国宝十一面観音菩薩立像や、京都府宝菩提院願徳寺蔵の国宝菩薩半跏像（伝如意輪観音）など、国宝四体、重要文化財四一体を含む一四六体の仏像が一堂に会したのである。壮観だった。

日本の仏像には一木で造ったものがたいへん多い。なぜ日本人は一木仏にこだわってきたのか。なぜ青銅や石や金箔でなく、木の仏像を繰り返し刻んだのか。結論を先取して言えば、それは日本人が木の中に、いのちを、気を、魂を、霊性・霊威を感じ取ってきたからである。それゆえ、大地に根を張り、土地の生気をいっぱいに吸収した生命力のみなぎる一本の霊木から魂の入った仏像を造ろうと欲したのである。いや、そうでなければ魂の入った仏像は造ることができないという、激しい、やむにやまれぬ思いを抱いたのである。

向源寺蔵の国宝十一面観音菩薩立像をあらゆる角度からくまなく見つめながら、この仏像が放つ前面、側面、背面の質感とそれぞれのかもし出す世界の違いに驚きを禁じえなかった。端正な正面、ふくよかな側面、そして背面には艶かしさの中に黒々とした孔のような憤怒像の観音が頭の後ろに付着していた。陰陽とも、光と影とも、エロス（生・性）とタナトス（死）ともいえるような両極性の合体がそこにはあった。背面に暗黒の孔を開けて世界に慈悲と救済の光を発している十一面観音菩薩の像容の中に人々は何を感じ取ってきたのだろうか、その「奥」ゆきの在り処に人々は魂の世界に通じていく救済の回路を嗅ぎ取っていたのではないだろうか、そう思えてならなかった。この直感が正しいかどうか即断できないが、ここには日本人が感じてきたたましいの質感に関わる秘密が隠されていると思う。「奥」を感じることができなければたましいを感じ取れないという質感の秘密が。それを世阿弥のように「幽玄」とか、本居宣長のように「もののあはれ」とか、千利休のように「侘び」とか、松尾芭蕉のように「寂び・軽み」と言ってもよいだろう。

この仏像展でもう一つ印象に残ったのは、円空と木喰の造った仏像の突き抜けたエネルギーである。他の仏像とは明らかに一線を画するユニークな造形法もさることながら、それだけではなく、ここには木が内在させている力動が実に見事に仏像の動線に結びつけられている。木から発出する、気ともエネルギーとも霊力ともいえる生の流動を、円空も木喰も共につかみとり、その一木に込めているのである。まさにそれは「一木にこめられた祈り」のかたちであった。そして間違いなく、その祈りのかたちに人々はたましいの発動を感じ取ってきたのである。木という「もの（物）」の中に、単なる物質とは異なる「モノ（霊）」の発動を鋭く感知しているのだ。この「もの＝物」から「モノ＝霊」までのグラデーションと回路を仏像が内包しえた時、その仏像は魂の入った霊的救済装置として機能し始めるのではないだろうか。

2、樹木のメタファーと問題意識

身体を一本の樹木にたとえるならば、心は樹木の中を流れる樹液である。そして霊は樹木に穿たれた、例えばトトロが棲んでいるような空洞、すなわち孔である。樹液である心は根を通して大地から水を吸い上げ、養分を幹や枝葉に送り込む。それに対して、樹木に穿たれた空洞＝孔は大地とも天空ともつながり、同時にそれをも突き抜け、樹液とは異なる回路で洞内に風を送り、気を送り、想いを送る。その時、霊としての空洞＝孔は異次元へと開かれた回路（チャンネル）となる。

霊と心と身体との関係を、まずはそのようにイメージしておこう。

「霊」とは何かという問いは、換言すると、この世界とはどのような存在なのか、どのような存在世界の構造になっているのか、その中で、生命や人間はいかなる存在性と位置を占めているのかという問いとなる。それを内実＝内包から問うか、外延から問うかという違いはあっても、いつしかこの二つの問いの方向は必ずや交差する。

さてここで、二十世紀の流れを人間に即して概括すれば、まず二十世紀とは人間理性への懐疑から始まり、身体＝深層的自己への注目に至り、ついには霊あるいは霊性・スピリチュアリティへの回帰が起こっているように見える。理性（精神）への懐疑と身体＝深層的自己への注視は、マルクス、ニーチェ、フロイトという三人の無神論的反ヘーゲリアンによってもっとも過激に主張された。この三人は二十世紀思想を誘導した思想的預言者であった。だが皮肉なことに、ヘーゲルが「霊＝Geist」を語りすぎたあまり、彼らは多かれ少なかれ「霊＝Geist」の存在を否定した。それを人類史的幻想ないし執着として思想破壊した。

にもかかわらず、二十世紀を過ぎ二十一世紀に入った昨今、「霊ブーム」「スピリチュアル・ブーム」だといわれる。テレビでも雑誌でも占いを含めその類の情報が溢れるほどに飛び交っている。そして、霊やスピリチュアルな方面を略して「スピ系」と軽く言い慣わす。この「スピ系」ブームの背景には深刻な社会不安・不信の増大がある。

高度経済成長を終え、バブルがはじけた後、一九九五年に阪神淡路大震災とオウム真理教事件が起こった。その二つの出来事は破壊と混迷と不安の時代の始まりの象徴であったといえる。これによって、当時の精神世界ないしスピリチュアル系に大きなダメージがあった。そして一九九八年以降、自殺者数は三万人を超えた。その数は交通事故の三倍以上の数であり、中でも中高年の男性の自殺が増えている。その後、二〇〇一年に九・一一同時多発テロ事件が起きた。また二〇〇三年には離婚件数が三十万組を突破。毎年八十万組が結婚して、約三十万組が離婚する（二〇二三年の婚姻件数は約四十七万組、離婚件数は十八万組）。ここには安定した社会秩序への信頼と安らぎはない。

そのような不安の高まる中で、空洞としての孔が開き始める。人々は空虚な穴ではなく、つながりの回路としての孔を求めている。それを、この世の関係性と因果律で説明し尽くすことのできない異次元回路の孔の物語によって心の空虚を埋める。スピリチュアル・ブームといわれる現象の底にはこのような霊・スピリチュアリティという孔への希求があるのではないか。

そうした問題意識を持ちながら小論では、霊をめぐる日本人の神話と儀礼と思想と造形と表現を見ていくことにしよう。

3、縄文の霊性と木と石と貝

ところで、日本、より具体的には日本列島における死生観の歴史を考える時、旧石器時代と新石器時代の霊についての思想性や死生観を考察してみる必要がある。

大局的に言えば、日本列島に独自の文化形態が生まれたのは縄文時代で、その期間は草創期から晩期まで一万年以上の長期に及ぶ。そこで考えなければならないのは、縄文遺跡から出土した巨木や渦巻き模様や動物の描かれた土器などの文様の意味するものである。それらの遺物から縄文人の霊性的感覚と死生観を探ってみたい。

青森市で発掘調査された三内丸山遺跡は、私たちの縄文イメージを塗り替えるインパクトを持っていた。今から約五千五百年前の縄文初期から中期にかけてのおよそ千五百年の長きにわたり、前例のない巨大な縄文集落が造られていたことがわかったからだ。そこから膨大な量の縄文土器や石器や土偶など祭祀遺物のほか、装身具、木器、骨角器、大型竪穴住居跡、大人の墓、子供の墓、大型掘立柱建物跡、貯蔵穴、粘土採掘坑、捨て場、道路跡などが見つかり、集落の構造や周りの自然環境もわかってきた。

三内丸山遺跡は二〇〇〇年に、国特別史跡に指定されたが、何と言ってもわれわれを驚嘆させたのは、直径と深さが約二メートルの柱穴を掘り、柱を立てて造った大型掘立柱建物跡だ。そこに直径約一メートル、高さ約二〇メートルと推定される六本のクリの巨木が間隔四・二メートルおきに立っていたことがわかったのである。そしてそれは約三五センチの長さの単位でできていたという。

この六本柱の長方形の建造物が何であるかについて、縄文考古学者の小林達雄は、日の出や日の入りに関係する宗教的施設だと解釈しているが、未だ定説といえるものはない。小林は、縄文時代に大きな生活革命がなしとげられたと考え、それを「縄文革命」と総括し、その具体的方針を「縄文姿勢方針」としている。そこにおいて、遊動的生活様式から定住的なムラを営む大転換が起こり、技術革新、社会文化革新が進んだとする。それによって、ムラの中に住居や食物の貯蔵穴や倉庫やゴミ捨て場や公共的な広場や共同墓地が造られ、人工性を強め、人間の住むムラと周囲の自然＝ハラとの対立的関係が生まれたという。しかしその対立関係は、決して自然を征服の対象とするような敵対関係でなく、むしろ自然の秩序から距離を置くことで自然との揺るぎない新しい関係構築に向かう転換だったと捉えるのである。すなわち、自然＝ハラはヒト－ムラにとっての倉料庫や資材庫となり「共存共栄の場」となったとするのである。

この小林の言う「縄文革命」が霊性的な次元での大きな変化をもたらしたかどうかについて、私は大変化があったと考える者である。それは巨大建造物を造るという行為が持つコスモロジカルな転換である。縄文人は大規模な集落を造り上げる際に、大型掘立柱建物跡の巨大な穴を掘り進めながら、大自然の威力やエネルギーをムラ社会の中に象徴的に取り込む孔、すなわち霊的世界との四次元回路を作り上げたのではないか。というのも、その柱列が冬至の日の出の方角を意識して造られているという小林の指摘に間違いがなければ、そこには死と再生の象徴回路の存在が明らかに読み取れるからである。

もう一つの縄文遺跡、能登半島先端部にあって富山湾に面した石川県の真脇遺跡にも驚くべき出土品がある。ここには、紀元前六〇〇〇年頃の縄文前期初頭から紀元前一〇〇〇年頃の縄文晩期終末までの約五千年間の長期定住の遺品があり、そのため「縄文文化の宝庫」と呼ばれている。特に、数百頭のイルカ骨と巨大環状木柱列が有名である。

後者の縄文晩期の巨大な十本のクリの半割材を環状に立て並べた環状巨大木柱列は、壮観である。この巨大環状柱列も三内丸山遺跡の大型掘立柱と同様すべてクリ材で、樹皮をはがして半割にしてあり、柱を円形に配列して立てる時に弧の方を内側、半割面を外側へ向けている。実に興味深いデザインである。

この環状柱列は能管の作り方である八ツ割返し竹製法を思い起こさせる。能管は外観上は中国伝来の雅楽の笛である龍笛と似ている。しかしその作り方と内部構造には著しい違いがある。八ツ割返し竹製法とは、肉厚で節間の長い真竹を割って、それをあえて裏返しにして八本を張り合わせるという特異な製法である。繊維の固い部分を内側にすることによって、吹いた時に高い張りのある音を出すことができるようになる。

もう一つ、能管と龍笛の違いは「喉」と呼ばれる内部の詰め物である。「喉」とは、歌口（吹き口）と第一指孔の間に入っている二ミリほどの竹の管のことであるが、この歌口の下部をあえて二重構造にすることによって、吹き入れた息が通りにくくなり、音域に微妙な強弱と乱調をもたらすことができるようになった。それは到底楽譜では表すことのできない繊細微妙な揺らぎと、急高下する叫び声のような「ひしぎ」と呼ばれる甲高い響きを生み出した。この音程と音域と音色が、世阿弥の言う「幽玄」や夢幻能の「夢幻」を支える下地となり、世界の音楽表現の中でも極めて特異な音楽性を創造しえたのである。

八ツ割竹製法や「喉」によって編み出された能管の奇妙な音は、縄文遺跡から出土する「石笛」と呼ばれる自然に穴の開いた石（一部は人工的に孔を開けている）が生み出す音と酷似している。作曲家の広瀬量平や哲学者の上山春平は、能管の音の原型はこの石笛であると指摘しているが、私もその説に賛成である。

それでは、なぜこのような不思議な音が生み出されたのか。それは、間違いなく、音によって異次元回路を生み出すためだと思う。つまり、霊的世界との交信のためにこのような音が繰り返し必要とされたのだ。それは超音波的な、複雑微妙な倍音を持つ力強い響きである。この音によって縄文の人々はたましいの回路を確保した。夢幻能の多くは死者の霊を呼び出し、その思いを存分に語らせ、それによって鎮撫するかたちをとるが、そのような死者との霊的交感の時空を招き寄せる音響を必要としたために、石笛の音が能管という日本独自の笛に引き継がれたのではないだろうか。

もちろんこの能管が真脇の環状柱列のデザインと直接結びついているという証拠はないが、縄文時代の列島人の霊性的感覚が日本文化に底流していてそれが中世に能管という日本独自の楽器を生み出す基盤となっていたと仮説的に考えることはできるだろう。人類史を貫く宗教的テーマは死と再生であるが、そこにおいて音響や音楽を感知する聴覚イメージが生み出す魂の回路のあることを忘れてはならない。アフリカの太鼓の響き、オーストラリアのディジュリドゥ、日本の石笛や能管、それらは確かに霊的交換の呪的道具なのである。われわれは視覚的に捉えられる遺物からのみ古代人の生活世界や精神世界を構想しがちだが、それだけでは決定的に不足である。聴覚や触覚（土器などの）や身体感覚全域をはたらかせつつ、「いにしえ」を探究しなければならないのだ。

これに関連して、もう一つ、縄文時代の遺物を取り上げておこう。それは、巻貝型土製品と呼ばれる土器である。新潟県村上市の上山遺跡や岩手県一関市の中神遺跡から出土した巻貝型土製品はいわゆる法螺貝を模写した土器で、いずれも縄文後期のものである。法螺貝は後に仏教や修験道の儀式や修行で用いられるようになるが、それは縄文時代から食されていたことは間違いなく、さらには演奏していた可能性もある。仏教の影響で、平安時代頃から法螺貝が奏されるようになったのではなく、縄文時代から続いている音の霊性感覚が仏教伝来とともにいっそう強化され、それが修験道の法螺貝の独特の響きや節回しとして結実したと考えられないか。法螺貝はアフリカからインド、東南アジア、ハワイ、中南米の宗教儀式で広く用いられているが、修験道で吹くような奏法は日本にしかない独自のものである。音の編成という角度から宗教や芸能の成り立ちや特色を吟味する必要がある。余談だが、アフリカのジンバブエの法螺貝は胴体部分に孔を開けて吹く独自の吹き口を持っている。

ともあれ、「霊」という観点から日本の宗教文化を捉える際に、縄文時代の霊性的感覚と死生観の考察を抜きにすることはできないということである。確かにそれを確実な資料によって明確に描き出すことができないことも事実である。が、豊富な縄文土器の文様や巻貝型土製品や石笛から推測する試みを放棄してはならない。

その先鞭をつけた画家で民俗学者の岡本太郎は、「大地の奥底にひそんだ神聖なエネルギーが、地上のあらゆるものをゆり動かす、そんな超自然の力がここに圧縮され、あふれ、凝集している」「太い線が混沌の中から浮びあがり、逞しく、奔放に、躍動し、旋回する。幾重にも幾重にも、繰りかえし、のたうち廻り、ぎりぎりとうねって、またとんでもないところにのびて行く。この無限に回帰するダイナミズム。深淵をはらんだ空間性。凄まじいとしか言いようがない」（『美の世界旅行』）と縄文土器の持つ「神聖なエネルギー」を評している。また、縄文土器の「美観」は「四次元との対話」から生まれたとも言っている（『日本の伝統』）。

岡本太郎はこの「四次元との対話」を、「超自然的な世界とのはげしい、現実的な交渉」であり、「運命に挑みかける呪術」であるとも言い換えているが、縄文土器も巻貝型土製品も石笛もみなそのような「四次元との対話」、すなわち縄文人のコスモロジカルな霊的対話と超自然的呪術の中から生み出されてきたということなのだ。「四次元」を含み持つその霊的世界＝超自然的世界とのダイナミックな交渉・対話の産物として縄文土器も土製品も石笛も能管も創造された。

実はそこに日本の霊性思想と死生観の具体的な形があると私は考える者である。平安末から鎌倉初期にかけて活躍した神祇官大副・卜部《うらべ》兼友《かねとも》著『神道秘説』に、「円満虚無霊性」という語が繰り返し記され、それが「神道の玄旨」、つまり、神道の深淵なる隠された真理であるとか、「神道の眼目」であるとかと言っているが、しかし、この言葉は矛盾に満ちている。矛盾そのものである。

なぜなら、「円満」と「虚無」とは反対概念だからである。百パーセントと零パーセントが同起することなど現実的にはありえないことであろう。だが、それが「霊性」というものであり、「神道の玄旨」であり「眼目」であるという。つまり、そのような「反対の一致」を生起せしめる生成力の顕現、その生成の源泉に掉さして現れ出た道、それこそが「神道」というわが国固有の「神の道」つまり「神道」であるというわけである。

飛躍するようであるが、私はこの「円満虚無霊性」を能登半島の先端にある真脇遺跡のウッドサークルの中で体験したのである。

後に再度詳しく検討するが、卜部兼友は述べている。

夫神道者、天地未分時、日月星辰未顕、木、火、土、金、水、五行未備、故尽虚空界相、不渉善悪之法量、寂然無為以円満虚無霊性、為神道玄旨（それ神道は天地未だ分かれざる時、日月星辰未だ顕れず、木火土金水の五行も未だ備はらず、ゆえに虚空界の相尽き、善悪の法量渉らず、寂然無為円満虚無霊性を以って、神道の玄旨と為す）

円満虚無霊性、国常立尊名（円満虚無霊性を国常立尊と名づく）

彼円満虚無霊性、一切衆生色心不二妙体顕、夫神道守混沌始、悟万法当体、仏法、守万法当体、悟本来理也（かの円満虚無霊性は、一切の衆生の色心不二の妙体を顕す。それ神道は混沌の始めを守り、

万法の当体を悟る。仏法は万法の当体を守り、本来の理を悟る）
夫神道、守円満虚無霊性、不渉生死二法、故釈神道二字神者超神神也、道者超道道也、夫神者超神々者自性神光（それ神道は、円満虚無霊性を守り、生死の二法に渉らず。ゆえに、神道の二字を釈きて、神は神に超ゆる神なり、道は道を超ゆる道なり。それ神は神を超ゆる神にして自性の神光なり）
只円満虚無霊性神云、言語断絶道々云、是則神道眼目也（ただ円満虚無霊性を神と云ひ、言語断絶の道を道と云ふ。これすなはち神道の眼目なり）
（牟禮仁『中世神道説形成論考』皇學館大学出版部、二〇〇〇年より引用）

このどこが、真脇のウッドサークルにつながるのか？　「円満虚無霊性」の具体的なかたちがここにある、と直覚したからである。十本のウッドサークルは世界、というより、宇宙そのものの模造、ミメーシス、である。それは、宇宙のコスモス全体、つまり、百パーセントの「円満」を具体的に表す象徴物である。

だが、いったん、そのサークル内に入るとどうであるか？　中は「虚無」である。あらゆる「有」の根拠となる「幽」である。しかも、それは、「無底」（Ungrund＝底なし、ヤコブ・ベーメ）である。密教の胎蔵界曼荼羅であるが、それも超えている。

その真脇の縄文遺跡を持つ能登半島から、二〇二四年（令和六）一月一日に地震が起こった。ここから、わが身に起こった変化・変容については、本書の続編『日本人の死生観Ⅱ』に書いた。

本書では、死生観そのものを問いかける外堀として、主に「霊性の思想史」を辿りながら、「聖地といのり」「うたと言霊」などの諸問題を通して、日本人の死生観に迫っていきたい。

4、「むすひ」という霊力

さて、八世紀初頭の七一二年（和銅五）に編纂されたわが国最古の文献『古事記』の冒頭にはたいへん不思議なことが書かれている。

> 天地《あめつち》初めて発《ひら》けし時、高天《たかま》の原に成れる神の名は、天之御中主神《あめのみなかぬしのかみ》、次に高御産巣日神《たかみむすひのかみ》。次に神産巣日神《かみむすひのかみ》。此の三柱の神は、独神《ひとりがみ》と成り坐して、身を隠したまひき。

この何が不思議なのか。第一に、「高天原」という空間に神々が「成る」ということの不思議。第二に、最初の神の意味がほとんど天の中心の「ヌシの神」としての抽象神であるという不思議。第三に、それに続く神々が二神共に「むすひ」の神であるという不思議。第四に、これらの三神がみな「独神《ひとりがみ》」であり、身体性を有さない「隠身《かくりみ》」であるという不思議。私はこの記述をとても不思議な記述だと考えるが、なぜ『古事記』はこのような始まりを持っているのだろうか。

ここから帰結できるのは、①神々はある「場」を触媒ないし依代として生起したり宿ったりすると考えられていたこと、②八百万の神々の中の神々といえる初源の神がヌシとムスビの神であると考えられていたこと、③その初源の神々はイザナギ・イザナミ二神のようにペアをなし性を持つ夫婦神ではなく、独り独りの神であり、身体性を持たない「隠身」であると考えられていたことの三点である。

このように、『古事記』の冒頭に登場する造化三神は、天御中主神と高御産巣日神と神産巣日神で、このうち二神が「むすひ」という名を持っている。それは自然の生成力を指す言葉で、大野晋は、

「《ムスは、ムスコ（息）・ムスメ（娘）のムスと同じ。草や苔などのように、ふえ、繁殖する意。ヒはヒ（日）と同根。太陽の霊力と同一視された原始的な観念における霊力の一》生物がふえてゆくように、万物を生みなす不可思議な霊力」（『岩波古語辞典』）であると規定している。

ここで注意しておきたいのは、『古事記』ではそれに「産巣日」という漢字を当て、『日本書紀』では、「高天原に所生《あ》れます神の名を、天御中主尊《あめのみなかぬしのみこと》と曰す。次に高皇産霊尊《たかみむすひのみこと》。次に神皇産霊尊《かむみむすひのみこと》。皇産霊、此をば美武須毘《みむすひ》と云ふ」とあるように、「産霊」という漢字を当てている点である。なぜ「むすひ」という言葉にこのような漢字が当てられたのだろうか。

間違いなく、そこに強烈な霊力を喚起せしめる必要があったということだろう。それが『日本書紀』の「産霊」という字に結実した。と同時に、その霊力は「日」の中にもっとも強くみなぎっている。そして「巣」あるいは母胎のようにいのちを産み出す源である。それが『古事記』の「産巣日」という漢字を選び出させたのではないか。『古事記』も『日本書紀』も和語を漢語に置き換える際にさまざま工夫を凝らしている。

ところで、この「むすひ」を「物を生成することの霊異なる神霊」と捉えたのが本居宣長である。本居宣長は『古事記伝』三之巻の中で、『古事記』における「産巣日」を次のように釈義している。

> 産巣日《ムスビ》は、字は皆借字《カリモジ》にて、産巣《ムス》は生《ムス》なり、其は男子女子《ムスコムスメ》、又苔の牟須《ムス》など云牟須にて、物の成《ナリ》出《イツ》るを云、日は、書記に産霊《ムスビ》と書れたる、霊の字よく当れり、凡て物の霊異《クシビ》なるを比《ヒ》と云、高天原に坐々天照大御神を、此地より瞻望奉りて、日と申すも、天地間に比類《タグヒ》もなく、最霊異に坐が故の御名なり、比古比売《ヒコヒメ》などの比も、霊異なるよしの美称なり、又禍津日直毘《マガツビナホビ》などの毘も此意なり、されば産霊とは、凡て物を生成《ナ》すことの霊異なる神霊《ミタマ》を申すなり、此外に、火産霊《ホムスビ》、和久産《ワクム》

巣日《スビ》、玉留産日《タマツメムスビ》、生産日《イクムスビ》、足産日《タルムスビ》、角凝魂《ツノコリムスビ》など申す御名もあり、牟須毘の意皆同じ、さて世間に有とあることは、此天地を始めて、万の物も事業も悉に皆、此二柱の産巣日大御神の産霊に資《ヨリ》て成出るものなり、されば世に神はしも多に坐ども、此神は殊に尊く坐々て、産霊の御徳《ミメグミ》申すも更なれば、有が中にも仰ぎ奉るべく、崇《イツ》き奉るべき神になむ坐ける

（『本居宣長全集』第九巻、筑摩書房、一九六八年）

本居宣長によれば、「むすひ（むすび）」とは「物の成出る」さまを言い、『日本書紀』に「産霊」を当てているのは適切な判断であると見ている。特に「霊」の字はよく言い当てていると指摘している。興味深いのは本居宣長が「産霊」を、「物を生成することの霊異」を現し出す「神霊」であると規定している点である。すべての「物」は「産霊」の霊力によって成り出づるという理解である。これは平たく言えばものを生み出す不思議なエネルギーということだろう。岡本太郎のように、「大地の奥底にひそんだ神聖なエネルギー」と言ってもいいだろう。

さらに本居宣長は、八百万《やほよろづ》の神々の中でもとりわけこの神聖エネルギーたる「むすひ」の神は尊く「有るが中にも仰ぎ奉るべく、崇き奉るべき神」であるとその根源性と尊貴性を強調している。日本人の霊性的感覚を考える時、このような「むすひ」の観念に結実してきた神聖エネルギーの感覚と思想の糸を手繰り寄せる必要がある。

ところで、折口信夫は「産霊の信仰」の中で、「産霊の神は、天照大神の系統とは系統がちがふ」と指摘し、「人間の身体の内へ霊魂を容れる・霊魂を結合させる」ことが「産霊の技法」であると主張している。折口信夫は「産霊の技法」とは水を掬い飲む時に水が身体の中に入っていくように「霊魂」が身体の中に入っていくことと捉えている。別の言い方をすれば、霊魂は出し入れすることができる

ということであり、それが招魂やたまふり・たましづめやたまふゆとしての鎮魂であり、神楽などの神事民俗芸能はそのようなたまふり・たまふゆの技であったということになる。このような霊魂の出し入れや増殖生長に関わる呪的行為が「産霊の技法」とすれば、それは極めてシャーマニスティックな技術であったといえよう。宗教学や人類学の述語を使って言うならば、アニミズム的な霊魂存在論とシャーマニズム的な霊魂操作法が不可分になっているところに「産霊の技法」があると解釈できる。

　とすれば、本居宣長はアニミズム的な位相に目を向け、折口信夫はシャーマニズム的な位相に目を向けて「むすひ」を解釈したといえようか。

5、『古事記』と『日本書紀』と『日本霊異記』の中の霊木信仰

　おおむね、カミもムスヒも、自然の持つ神聖エネルギーであると包括できるが、それがより具体的にまた感覚的に感知される場と物体が神社の杜と木である。神木ないし霊木として注連縄を張られ尊崇されてきた神聖樹木がそれである。木こそは「大地の奥底にひそんだ神聖なエネルギー」をもっとも具体的に集約した物体である。日本人はこの木の中にカミを見、そのカミの見えない姿の上にホトケの像を彫り出したのだ。

『日本書紀』の欽明天皇十四年（五五三）の条に次のような出来事が記載されている。夏五月に、河内国の泉郡茅渟《ちぬ》の海中に「梵音《のりのおと》」が響き渡った。その「震響《ひびき》」はまるで「雷声」のようであった。しかも、その「光彩晃耀」は「日色」のように光り輝いていた。欽明天皇はこの報告をたいへん不思議に思い、溝辺《いけへ》の直《あたひ》を派遣して調査させた。溝辺の直が海に入って調べてみると、「樟木《くすのき》」が海に浮かび「玲瓏」と輝いていたのだった。そこで、直はそれを取り、天皇に献上した。天皇は画工に命じて

そのくしびの樟木から仏像二体を造らせた。それが、「今、吉野寺に光を放つ樟の像なり」と『日本書紀』はこのエピソードを結んでいる。

日本で最初に造られた仏像は木彫仏で、しかもその木は、雷鳴のような音響を発し、太陽のような明るい光を放っている楠木の流木であった。まさにそれはかつて、「となりのトトロ」が棲んでいたような森の神木、霊木だったのだろう。そのような霹靂の木から最初の仏像を造ったことの意味は底深いものがある。

それは言い換えると、ホトケをカミとして二重崇拝していることになるからである。この限りにおいては、カミがホトケに化した、変化・変貌したのである。カミはきまったかたちを持たないから（ゆえに、鏡や玉や剣が御神体とされ得たのだから）、仏像に変貌することには何の感覚矛盾も論理矛盾もなかったといえる。しかもそれはもともと神木なのだからホトケという新しいカミに変化することには何の抵抗もなかったであろう。

ここにアニミズムの風景を読み取ることは無謀なことではない。「アニミズム」概念や宗教進化論や宗教優劣論をめぐって批判的な論議も交わされているが、木というモノにいのち（霊性的生命）が宿り、たましいが宿っているという感覚を否定することはできないだろう。

もう一つ、今度は『古事記』から例を引こう。

仁徳天皇の世、菟寸河《とのきがわ》の西の方に一本の「高樹」があった。この樹は極めて高く、朝日が当たるとその影が淡路島まで伸び、夕日が当たるとそれは高安山を越えるほどだった。そこで樹を伐って船を造り、「枯野」と名づけた。枯野を使って朝夕に淡路島まで行き「寒泉」を汲み、その「大御水」を天皇のもとに献上した。年月が流れ、船が老朽化し壊れて使用に耐えなくなったので「塩を焼き」、その焼け残った部分から「琴」を作った。その琴の「音」は「七里」に鳴り響いた。そこで天皇は歌を詠んだ。

枯野を　塩に焼き　其が余り　琴に造り　掻き弾くや　由良の門の
門中の　海石に　振れ絶つ　浸漬の木の　さやさや

この後、この「枯野」の歌は「志都歌」の「返歌」として使われるようになった。神木を神聖な水を運ぶ船にし、老朽化し壊れた船を焼いてその木を琴に作り直したら、この高木が変じた琴は物凄い音響を発したというエピソードである。まさに先の流木が「雷声」を発したように、霊的な音響を響かせ、人々を感嘆させたのである。

船も琴も何ものかを運ぶ媒体である。神々や人々や荷物を運ぶ船と神霊や啓示を運ぶ琴。琴はたましいの乗り物としての船の変化体なのだ。こうして、琴は神霊を運ぶ言霊の具となり、神声を引き出す呪器となる。

ところで、平安時代初期に、「霊」をタイトルとした重要な著作がまとめられた。空海の詩篇を編集した『性霊集《せいれいしゅう》』と、僧景戒により編纂された最初の仏教説話集『日本霊異記《にほんりょういき》』の二著である。この『日本霊異記』に先に引いた茅渟の樟木の流木の話が出てくる。上巻五に敏達天皇の世の出来事としておおよそ次のように記されている。

ある時、和泉国の海中から「楽器の音声」がしてきた。それは、「笛・箏琴《そうきん》・箜篌《くご》」などの「声」のようでもあり、また「雷の振動」のようでもあった。それは、昼は鳴り響き、夜になると光り輝き、東を指して流れた。天皇はこのことを信じなかったので、皇后の命により大部屋《おおとものや》栖野古《すのこ》が事の仔細を調査に行った。するとそこには、「霹靂に当れる楠」があった。屋栖野古は皇后に願い出て許可を得、その楠から仏菩薩像三体を造り、飛鳥の豊浦寺に安置した。

と、ここまでは『日本書紀』の欽明天皇十四年の記事とほぼ同工異曲である。が、その後に『日本書紀』にはない話が続く。それはおおむね有名な蘇我氏と物部氏の崇仏・廃仏論争と抗争の話である。

物部守屋は、仏像は「国内」に置くべきではないと猛然と反対した。皇后は屋栖野古に仏像を隠せと命じ、それを稲の中に隠した。守屋はしかし道場を焼き、いくつかの仏像を難波の堀江に流し、現在の国内のもろもろの災いは「隣国の客神の像」を国内に置いたからだと責め立て、隠した仏像を出せ、それを「豊国」(=朝鮮)に流し捨てろ、と迫った。こうして、物部守屋は「狂れたる心」を起こして謀反を謀ったので、「天がこれを嫌い、地がそれを憎んで」とりひしがれ、滅亡する羽目となった。この時に造られ抗争の因となった仏像は、今、吉野の比蘇寺に安置され、阿弥陀如来の像として光を放っている、と『日本霊異記』は記す。

注意しておきたいのは、この「客神」をわざわざ「仏の神像」であると割注を付している点だ。『日本霊異記』の著者景戒は、大和国薬師寺の僧である。その僧侶としての教養を持つ景戒が「客神の像」を「仏の神像」と注釈しているのである。この当時、神社には御神体はあっても「神像」を造る習慣はなかった。神像は仏像などの造形的影響下で製作されるようになった。仏教伝来以降、ホトケはカミと結びつけられて理解され、受け入れられた。隣の国からやってきた客人の「神」、それがホトケだった。しかもその最初のホトケは「雷声」を発し、「日色」を放つ、霹靂の神木・霊木から彫り出された神聖エネルギーに満ちた仏像だった。

さて、この『日本霊異記』にはさまざまな「霊威」や「霊奇」が書き留められている。その冒頭の話は雄略天皇の時代に「雷」が捕えられ、天皇の前に引き出されるという話から始まる。その「雷神」は天皇の前で「光を放ち明く炫」いたので、天皇は畏れ幣帛《へいはく》を奉って雷が落ちたところに戻した。その雷の落ちたところを、今、「雷の岡」と呼んでいるというのが冒頭の霊異譚である。このような自然の霊異譚や、狐を妻として子を生んだ話などの動物の怪異譚、仏菩薩の化身や生まれ変わりなどの変化譚、仏菩薩や信仰の功徳霊験譚などが『日本霊異記』には満載されている。

とりわけ、最後の話（三十九話）は、善徳の善珠禅師が天皇の妃の丹治比《たじひ》の嬢女の子供、すなわち皇子として生まれてくる話である。興味深いのはこの禅師が臨終に際し、「世俗の法に依りて、飯占を問う」たところ、「神霊（もの）」が「卜者」に憑いて、「自分は日本国王の夫人の丹治比の嬢女の胎に宿りて王子に生まれむ」と語り、そのしるしは自分の顎のところにあるほくろだと述べた。そこで翌年、丹治比の嬢女に子供ができるが、その顎の右の方に善珠禅師のほくろとよく似ているほくろがあった。が、この子供が三年ほどで死んでしまった。そこでまた「飯占」をしたところ、この王子の「霊」は「卜者」に「我はこれ善珠法師なり。しばらくの間国王の子に生まれしのみ。我が為に香を焼きて供養せよ」と託宣した。

善珠は死を迎える前に「世俗の法」に従って「飯占」をしたというから、古くから「卜者」が飯の熟否によって吉凶を判断する「飯占」という卜占儀礼を広く行なっていたことがわかる。そのような儀礼の場で「神霊」や「霊」が憑き、さまざまな「託」を与えていた。このような「霊」の「託」はおそらく縄文時代にも卑弥呼の時代にも景戒の時代にも、そして現代にも民間信仰の底流をなすものとして貫流しているといえるだろう。

景戒が『日本霊異記』の最後に説くような生まれ変わりがいつ頃からあったかを特定することは難しい。しかし、縄文時代の土器の文様や墓の構造、また冬至の朝日が差し込む方向を計算して集落がデザインされていたことなどから、縄文時代にすでに生まれ変わりの観念とそれに基づく儀礼があったことが推測できる。柳田國男も『先祖の話』の中で、民間信仰の中には仏教以前から生まれ変わりの思想があったと指摘しているが、ありうることである。そこに仏教的な輪廻転生の観念が入ってきて、因果応報の論理と結びつけて民間信仰的伝承の解釈と説明がされたのが『日本霊異記』だったといえる。この書を景戒が「霊異記」と命名したことは、そのような「霊異」の世界が強く信じられ、リアリティを持っていたことの証左であろう。

6、「霊威」の位相学

ここで、「神霊」や「霊」や「霊異」や「霊威」について、整理しておこう。

いつ頃からか、日本人はある神聖感情を抱く対象を「カミ」と呼ぶようになった。その「カミ」の種類を、雷や石や海や山や地震など自然現象や自然物を対象とする自然神、蛇や猪や鹿などの動物を対象とする動物神、杉や楠や柱などの植物を対象とする植物神、神功皇后やヤマトタケルや菅原道真や徳川家康などの英雄的活躍をした人物を対象とする人間神などと類別することができる。

本居宣長が『古事記伝』で展開した「カミ」の定義は、「世の常ならず、すぐれたる徳《こと》のありて可畏《かしこ》きもの」というものだった。平たく言えば、「やるぅー、ちょーすごいー、かっこいいー」などと形容できるような偉大なるものは、どんなモノでも神になる可能性がある。また、どのようなものでも祀られることによって「カミ」となる。「八百万の神」とはそのような融通無碍で多様な存在次元や存在形態を含んでいるのである。

このような「カミ」観念のもとでは、「お化け」や「妖怪」もまた「カミ」の一種である。柳田國男は「妖怪」を「零落した神々」と捉えた。私は、「神」とは「フォルダ」であると捉える。神聖エネルギーに関わるさまざまな情報や状態や形態を統合し、まとめ束ねている結集点でありフォルダが「カミ」と呼ばれるようになったのだと。日本人が抱いてきたある特定の神聖感情や情報や力や現象を取り込んだフォルダが「カミ」で、そのフォルダの中にさまざまな「霊」や「霊威」や「妖怪」や「怪異」や「霊異」のファイルがあるというわけである。

そのファイル群の中に、例えば「チ」・「ミ」・「ヒ」・「モノ」・「ヌシ」・「タマ」・「オニ」・「ミコト」等々八百万ファイルが入っている。それらが神威、神格、霊性を表す言葉である。「イカヅチ」（雷）、「カグツチ」（火の神）、「ミヅチ」（水の神、蛇）、「ヲロチ」（大蛇）、「ノヅチ」（野の神）の「チ」、「ヤマツミ」（山の神）、「ワダツミ」（海の神）の「ミ」、「ムスヒ」（産霊）、「ナオヒ」（直日）、「マガツヒ」（禍つ日）の「ヒ」などは一音節で表される霊威・霊格である。また、「オオモノヌシ」（大物主神）、「モノザネ」（物実）の「モノ」、「オオクニヌシ」（大国主神）、「コトシロヌシ」（事代主神）、「ヒトコトヌシ」（一言主神）の「ヌシ」、「オオクニタマ」（大国魂神）の「タマ」、荒び疎《うと》び来る「オニ」（鬼）などは二音節で表される霊威・霊格であり、「イザナギノミコト」（伊邪那岐命）、「イザナミノミコト」（伊邪那美命）などの「ミコト」は三音節で表される霊威・霊格である。

宮崎駿監督の人気アニメ『となりのトトロ』ではトトロを指して「森のヌシ」と呼び、『千と千尋の神隠し』ではヘドロに取り巻かれた神を「あれは名のある川のヌシだよ」と呼んでいた。プラス的イメージであれ、零落したり災厄をもたらしたりするようなマイナス的イメージであれ、「すぐれたるコト」のある「カシコキモノ」が総称されて「カミ」と呼ばれるようになったのである。

また、『万葉集』では「カミ」に掛かる枕詞は、「ちはやぶる」であるが、その「ち」は先に述べた「イカヅチ」などの「チ」の霊威・霊格と同じ語である。つまり、「ち」という霊威のある神聖エネルギーが、猛烈な速さ（はや）で、振動し運動している（ふる）状態が「カミ」と呼ばれるにふさわしいもの・ことというわけだ。

さらにまた、『万葉集』では「いのち」に掛かる枕詞を「たまきはる」と呼んだ。「たまきはる」とは、「魂・極まる」「魂・来・経る(膨る)」の意味を持つ。とすれば、「いのち」とは、「いのち」をして「いのち」たらしめる「たま」が体に入り込んで成長をとげ、やがて極まりゆくことを指している。その「いのち」の「ち」も「ちはやぶる」の「ち」も同語である。

こうして日本列島に神聖エネルギーの諸相と総体を「神」と呼ぶ文化が培われてきたのである。

7、『源氏物語』とモノノケ

さて、平安時代の宮廷の恋と雅の世界を描き、本居宣長によって「もののあはれを知る」美意識の典拠とされた『源氏物語』は、その影の側面を覗くと、「もののけの怖さを知る」文学であり、「霊異」のおののきに満ちている。例えば「葵」の中で、密教修法によって物の怪《もののけ》を退治する場面を見てみよう。

大殿には、御物の怪めきて、いたう、わづらひ給へば、誰も〳〵思し嘆くに、御ありきなど、便なき頃なれば、二条の院にも時〳〵ぞ渡り給ふ。さはいへど、やむ事なき方は、殊に思ひ聞え給へる人の、珍しきことさへ添ひ給へる御悩みなれば、心ぐるしう思し嘆きて、御修法《みずほふ》や何やと、わが御方にて多く行はせ給ふ。物の怪、生霊などいふもの、多く出で来て、さま〴〵の名のりする中に、人に更に移らず、たゞ、みづからの御身に、つと添ひたるさまにて、殊におどろ〳〵しう、わづらはし聞ゆる事もなけれど、また片時離るゝ折もなきもの、一つあり。

(『日本古典文学大系14 源氏物語(一)』山岸徳平校注、岩波書店、一九五八年)

この「大殿」とは葵上《あおいのうえ》のことだが、妊娠した葵上に「物の怪」が取り憑いて病気になった。そこで密教の「御修法」を行なうと「物の怪」や「生霊」がたくさん出てきて依り代の童子を通じて名乗りを上げた。しかしそこで、片時も離れない霊が一つあった。それが実は六条御息所《ろくじょうのみやすどころ》の生霊だったのである。葵上はこの「物の怪」や「生霊」に苦しめられながら男の子（夕霧）を出産するが、ついに病を深くして息絶えてしまう。

いずれにせよ、葵上の病気と死は「物の怪」の仕業と信じられ、それを真剣に祓うための修法が繰り返し行なわれたのだ。「御物の怪の、度〱とり入れたてまつりし」と記されるほどたびたび「物の怪」が葵上に取り憑いたのだ。が、修法の甲斐なく、葵上は黄泉路を辿った。修法よりも六条御息所の生霊である「物の怪」の力が強力だったのである。葵上の父の左大臣や源氏は悲嘆に暮れつつ、葵上を鳥辺野に葬る。

『源氏物語』の作者の紫式部はこうした「物の怪」現象が単に「物語」の世界だけではなく、宮廷の日常生活の節々に浸透しているさまをつぶさに観察していた。『紫式部日記』から類例を引いておく。

今とせさせ給ふほど、御物怪のねたみののしる声などのむくつけさよ。源《げん》の蔵人《くらうど》には心誉阿闍梨《あざり》、兵衛の蔵人にはそうそといふ人、右近の蔵人には法住寺の律師、宮の内侍のつぼねにはちそう阿闍梨をあづけたれば、物怪にひきたふされて、いといとほしかりければ、念覚阿闍梨を召し加へてぞののしる。阿闍梨の験《げん》のうすきにあらず、御物怪のいみじうこはきなりけり。宰相の君、をぎ人に叡効《ゑいかう》をそへたるに、夜一夜ののしりあかして声もかれにたり。御物怪うつれと召しいでたる人々も、みなうつらで、さわがれけり。

（『日本古典文学大系19　紫式部日記』池田亀鑑・秋山虔校注、岩波書店、一九五八年）

この一節は、紫式部が仕えていた一条天皇の中宮・藤原彰子が出産する時、「物の怪」に取り憑かれ、阿闍梨の験力《げんりき》で祓いやろうとして手こずる様子を生々しくリアルに記録した部分である。彰子は藤原道長の長女で、後の後一条天皇を出産した。

ここでは「物の怪」は女官の蔵人を憑座として取り憑いた。だがその「物の怪」を移そうとしても移らず、騒ぎとなる。ここに出てくる「をぎ人」とは、「物の怪」を招きよせる修験者のことだが、その験力以上に「物の怪」の力が強力だったのだ。密教の阿闍梨がその「物の怪」に引き倒されたというほどに。

これに関連して、『紫式部日記』の別の箇所には、「御物怪どもかりうつし、かぎりなくさわぎののしる。月ごろ、そこらさぶらひつる殿のうちの僧をばさらにもいはず、山々寺々を尋ねて、験者といふかぎりは残るなくまゐりつどひ、三世の仏も、いかにか聞き給ふらむと思ひやらる。陰陽師とて、世にあるかぎり召し集めて、八百万の神も耳ふり立てぬはあらじと見えきこゆ。御誦経の使立ちさわぎくらし、その夜もあけぬ」とある。

このように、『源氏物語』にも、『紫式部日記』にも、「物の怪」を恐れ、調伏のためにありったけの精力と財力を使う平安貴族の心と行動が生々しく描かれているのである。とすれば、〝平安京〟とは実は、〝平安の都〟ではなく、修験者や陰陽師や神官・仏師によって十重二十重に霊的に防衛された〝不安の都〟だったのだ。その都にはもろもろの怨霊や御霊や生霊や死霊が恨みを持ってさ迷い、人々に取り憑き不安にさせた。祟りも怨霊も呪い・呪殺も横行していた不安の都が平安京の真の姿だったのである。

霊的防衛都市としての平安京において、院を護る北面の武士の中から平氏や源氏が台頭し、やがて時代は武士の世に移り、霊的闘争は即物的な武力闘争に席を譲る。験力や調伏よりも、刀剣や槍や鉄砲の数量や戦略・戦術など軍事力の物理的差が勝敗を決する「武者の世」（慈円『愚管抄』）となっていったのである。

8、モノノケと猿楽・能と神楽

〝平安の都〟が表向きの繁栄・平和の裏で〝不安の都〟のおののきに明け暮れていたことは前節に記したとおりであるが、平安末から起こった「武者の世」による戦乱により怨みを呑んで死んでいった怨霊を鎮める芸能が室町期に登場してくる。そしてその猿楽（申楽）・能の音楽として、先に述べたような石笛の響きが能管のひしぎの音として再編されてくるのである。

藤原摂関家の出であり、摂政関白九条兼実の実弟で天台座主の慈円は『愚管抄』の中で、「保元元年七月二日、鳥羽院ウセサセ給テ後、日本国ノ乱逆ト云コトハヲコリテ後ムサノ世ニナリニケルナリ」と「武者の世」の到来を慨嘆したが、鳥羽法皇の死去とともに起こったこの保元の乱（一一五六年）とは、①院と朝廷すなわち天皇家内の対立、②藤原摂関家内の対立、③平氏および源氏の武家棟梁家内の対立という三層の対立と抗争だった。親子兄弟、叔父甥が平安の都を戦場にして血で血を洗う戦いをし、肉親殺しを実行した。それゆえ慈円は「保元の乱以後のことはすべて乱世」と見なし、その特徴を王臣入り乱れて都の内で戦ったことにあると述べている。それ以前の戦いはすべて都城の外で起こった。慈円は『愚管抄』を書く動機を、保元の乱の起こる理由とその経過を明らかにし、乱世のことを案じてばかりいる自分の心を安らかにしたいからだと述べているほどだ。

慈円はこの都城内での内乱が生じた理由を、父親が自分の子供のうち、兄を憎んで弟をひいきにし、私情をもって政局を運営したからだと指摘する。具体的には、鳥羽法皇が、わが子（とされる）崇徳上皇（兄）の子の重仁《しげひと》親王を次の天皇とせずに、躰仁《なりひと》親王（近衛天皇、崇徳の異母弟）や雅仁《まさひと》親王（後白河天皇、同じく崇徳の異母弟）を立て、藤原忠実は自分の子供のうち、兄の忠通よりも弟の頼長をかわいがった。これによって、父子兄弟間の憎悪と反目が醸成され、強い怨恨が生まれた。ちなみに、慈円も実兄の九条兼実もこの藤原道長の五世の孫・藤原忠通の子供であった。

慈円は、「怨霊」が世を乱し、人を滅ぼし、災いをもたらすことがあるという。それも一つの「道理」で、「怨霊」にもその「道理」があるというのだ。「怨霊」は、この世のすべてについて深く恨みに思う人を仇にして取り憑き、それが一つの「家」からやがて「天下」に広がり、讒言《ざんげん》や虚言を作り出す。それは「憎悪」であるが、世間一般の「憎悪」と違うところは、目に見えない方法で恨みをはらす点である。それゆえに、神仏に祈り、「怨霊」を鎮めるための処方が必要になる。その「怨霊調伏」の処方が仏法である。かくして、慈円の言う仏法とは、鎮護国家の霊的国防装置であり、その怨霊史観は天台密教を総動員した加持祈祷による調伏史観である。それは怨霊鎮魂あるいは怨霊封印の修法の実践を要求する歴史哲学であったといえる。

このような怨霊鎮魂の歴史哲学を踏まえ、南北朝の壮絶な戦いを経て編み出された鎮魂の芸能が世阿弥の猿楽・能であった。世阿弥は『風姿花伝』神儀篇の中で、「申楽、神代のはじまりと云ぱ、天照大神、天の岩戸にこもり給ひし時、（中略）其時の御あそび、申楽の初と云々」と記し、猿楽の起源を神楽にあると述べているが、だとすれば、猿楽の源は、「猿女氏」を経てアメノウズメノミコトの行なった「神楽・鎮魂・神懸り・俳優」にまでさかのぼる。

アメノウズメノミコトは手に笹葉を持ち、神懸りになって胸乳と女陰を露わにし、神々の笑いを引き出し、最高至貴の女神とされる日の神であり皇祖神である天照大神を岩屋から呼び戻すことに成功したと『古事記』や『日本書紀』や『古語拾遺』に描かれている。興味深いのは、身体中に植物のつたや葉っぱを巻きつけて飾り、舞台を踏みとどろかして踊りを踊り、太陽神の復活を実現したこのワザを『古事記』では「神懸り」、『日本書紀』では「顕神明之憑談」とも「俳優」とも記している点だ。この「顕神明之憑談」は「かみがかり」と訓ませ、「俳優」は「わざをぎ」と訓ませているから、それが神懸りであり、神を呼び出し招きよせる（をぐ）ワザ（業・技・術・伎）であったことがわかる。

そして同時にこの神懸りとワザヲギが「神楽」の起源であった。『古語拾遺』には、「天鈿女命《あめのうずめのみこと》は、是れ猿女君の遠祖なり。顕《あらわ》しつる神の名を以て氏姓《うじ》と為《せ》り。今彼の氏の男女、皆猿女君と号為《い》ふは、この縁なり」「是を以て、中臣・斎部の二氏は、倶《とも》にし祠祀《まつり》の職《わざ》を掌《つかさど》り、猿女君の氏は、神楽《かぐら》の事《わざ》に供《つか》へまつる」「天上《あめ》より始めて、中臣・斎部の二氏は、相副《あいとも》に日神を祷《の》み奉り、猿女の祖《おや》も亦神怒《またいかり》を解《のど》めまつりき。然れば三氏の職《つかさ》は、相離《あいはな》る可《べ》きにあらず」とか、「然れば、神祇官の神部には、中臣・斎部・猿女・鏡作・玉作・盾作《たてぬい》・神服《かむはとり》・倭文《しずり》・麻績《おみ》等《など》の氏有《うじあ》る可《べ》きなり」「凡《すべ》て、鎮魂《たましずめ》の儀《わざ》は、天鈿女《あめのうずめの》命《みこと》の遺跡《あと》なり」と記されている。ここには、中臣・斎部に続く主要祭祀職として猿女氏が挙げられており、それがサルタヒコとアメノウズメの子孫だとされ、この猿女氏が「神楽の事」に仕え、「神怒」を鎮める役割を果たすというのである。

こうして、猿女の祖アメノウズメは「神懸《かみがか》り」「俳優《わざおぎ》」の祖にして「鎮魂」「神楽」の祖となる。このアメノウズメの「ワザヲギ（俳優）」が「神懸り」であり「神楽」でもあり「鎮魂」でもあり、「神の怒り」を鎮める行為でもあった。「神楽」という芸能的要素を交えて神々の御霊を慰め、怒りや祟りを鎮める所作、それが祭祀の原型なのである。

世阿弥はこの「神楽」を観阿弥から引き継いだ大和猿楽座の芸能の祖と見なす。とすれば、猿楽・

能は神々や諸霊の怒りや悲しみを鎮め解く「神楽」的な霊的パフォーマンスであったということになる。

世阿弥が作った夢幻能の中に「鵺《ぬえ》」と題された曲がある。そのあらすじは以下のようなものである。「諸国一見の僧」（ワキ）が芦屋の浜辺に至り、日がとっぷりと暮れたので、土地の者に一夜の宿を貸してほしいと頼んだが、よそ者を泊めてはならないという掟のために断られてしまい、やむなく僧は夜ごとに幽霊が出ると噂される堂に泊まるはめとなった。幽霊の出る堂にいると、鵺の「霊」（シテ）が漁夫の姿で現れる。僧は怪しく思って猟師に正体を尋ねると、鵺の霊は塩焼きをするただの漁夫をどうして疑うのかと反論してくる。僧はしかし不審の思いを解かず、忙しいはずの漁夫がどうして暇そうにしているのかと重ねて訊く。すると鵺の霊は、「葦の屋の灘の塩焼きいとまなみ黄楊《つげ》の小櫛もささず来にけり」（『伊勢物語』八七段）の歌を謡いながら、僧の「法の力」で自分の「心の闇」を弔ってほしいと依頼し、ついにおのれの正体を明かす。

その正体とは、近衛天皇の世に源頼政に退治された鵺であった。鵺は退治された時の無念の様子を物語り、僧に弔いを頼み、最後に「月日も見えず暗きより、暗き道にぞ入りにける。はるかに照らせ山の端の、はるかに照らせ、山の端の月と共に……」と謡いつつ、夜の海の波間に消えてゆく。「心の闇」を持ち、「暗き道」に入った「鵺」に、「山の端の月」は煌煌と静かな光を照らし出す。

実は、この謡曲「鵺」の原素材は『平家物語』の中にある。そこに登場してくる鵺は、猿の頭と狸の胴体と虎の手足と蛇の尾を持つキメラ的動物で、清涼殿に夜毎出没して近衛天皇を悩ませた。「鵺」では、そのさまは、「頭は猿、尾は蛇、足手は虎の如くにて、鳴く声鵺に似たりける。恐ろしなんども、愚かなる形なりけり」（クセ）と謡われる。

『平家物語』の原話に基づいて、世阿弥はアニミズム能とも、モノノケ能とも、シャーマニズム能、心霊能とも、心理療法能ともいえるような作品「鵺」を作り上げた。猿と虎と蛇を合体したような妖怪的な動物が宮中で退治され、恨みを呑んだまま鎮まらなかったことを告白し、その鎮まらぬ「心の闇」を仏法の法の力で浄化してほしいと請い願うのである。

「鵺」は世阿弥の作とされるが、世阿弥はなぜ『平家物語』の中から「鵺の段」に着眼し、能作品に仕上げたのだろうか。世阿弥自身を退治されてゆく妖怪「鵺」に仮託したのか。「頭は猿、尾は蛇、足手は虎」という鵺とは、大和猿楽を能という新しい芸能のかたちにキメラ的に変容させようとした自分自身の姿を表現したものなのか。

世阿弥は十二歳で、三代将軍足利義満の寵愛を受けた。しかし義満の急死の後、後ろ盾をなくし庇護を失う。後継者として期待をかけていた十郎元雅も若くして伊勢で客死し、その嘆きも消えぬまま佐渡へ配流された。元雅は、吉野山中の天河弁才天に詣で、「唐船」を舞い、「阿古父尉」の面を奉納し、その面の裏に「心中所願」と裏書している。その二年後、元雅は伊勢で客死している。暗殺されたとも考えられる。

世阿弥が「鵺」を書いたのは応永二十三年（一四一六）頃である。「鵺」の最後の謡、「月日も見えず暗きより、暗き道にぞ入りにける。はるかに照らせ山の端の、はるかに照らせ、山の端の月と共に……」は、和泉式部の歌「暗きより暗き道にぞ入りぬべき　遥かに照らせ山の端の月」（『拾遺集』）から採ったものだが、「暗きより、暗き道に入」る自分の姿を予見し、自身の姿を「鵺」と重ね合わせたのであろう。そして、和泉式部の歌のように、煩悩の吹き荒れる「心の闇」の中で懊悩する自分を仏法の真如の月によって照らし出し救ってほしいと願ったのである。ある伝承では、和泉式部はこの歌を作ることによって成仏したとするが、世阿弥もまた「鵺」によって「成仏」することを願ったのかもしれない。世阿弥は能という新しい芸能の創作によって荒ぶるうち捨てられし神々や人々の「心の闇」を浄化しようと企図したのではないか。

9、中世霊性論――神道的霊性

実は、「霊性」という言葉が使われるようになったのは武士団が登場し始めた頃と符合する。『日本霊異記』がまとめられた平安時代の初期には、空海の弟子真済が『性霊集《せいれいしゅう》』(『遍照発揮性霊集《へんじょうはっきせいれいしゅう》』)と題する漢詩集を編んだ。真済は空海の十大弟子の筆頭者で、高雄山神護寺二世を務めていた。

この「性霊」は『顔氏家訓』の中に「原㆓其所㆑積文章㆒、標㆓挙興会㆒、発㆓引性霊㆒」とあるところから採ったもので、『性霊集私記』には「性霊」は、「天性の霊異をふるい起こすような空海のすぐれた文章」という意味での「天性霊異」であるという(『日本古典文学大系71 三教指帰 性霊集』渡邊照宏・宮坂宥勝校注、岩波書店、解説による)。また中野義照「遍照発揮性霊集の新版成る」によると、「遍照とは空海上人の金剛名であり、性霊とは人々のもっている霊性のことであるから、民衆の霊性を開発発展させるべき空海上人の文集の意である」とされる。

「民衆の霊性を開発発展させるべき空海上人の文集」とは、詩文をもって、さらに言えば芸能・芸術の力によって人々の「霊性」を耕し、浄化し、成長させることが意識され、企図されていたということである。

鎌倉時代になると、道元が『正法眼蔵』「弁道話」の中で、「外道の見」として「霊性《れいしょう》」の語を批判的に使用した。「いはく、かの外道の見は、わが身、うちにひとつの霊知あり、かの知、すなはち縁にあふところに、よく好悪をわきまへ、是非をわきまふ。痛痒をしり、苦楽をしる、みなかの霊知のちからなり。しかあるに、かの霊性《れいしょう》は、この身の滅するとき、もぬけてかしこにむまるるゆえに、ここに滅すとみゆれども、かしこの生あれば、ながく滅せずして常住なりといふなり。かの外道が見、かくのごとし」

道元はここで、人間の「身」の内には一つの「霊知」があって、好悪是非を弁別し、痛みも苦しみも楽しさもそれによって知ることができる、その「霊知」をはたらかせる「霊性」は死んでその「身」が滅んだ時も、あの世で霊魂として生きる、という考えを厳しく退ける。すなわち、「霊知のちから」や「霊性」を「外道の見」として否定し、釈迦伝来の「正法眼蔵」の本質を解き及ぶのだが、それはこの時代に「霊知」や「霊性」が一般に取り沙汰されていたことを示している。道元は、好悪・是非・痛痒・苦楽を知るのは皆「霊知」の力であるという考えや、死んで「霊性」が残るという実体論的な考えを、真実の洞察から離れた「外道」の妄見・謬見であると批判したが、そのような「外道」的な考えがその時代の常識的な考えとして流布していたのであろう。

そのことは、平安末から鎌倉初期にかけて活躍した神祇官大副・卜部兼友の著したとされる『神道秘説』に、「霊性」の語が極めて肯定的に用いられていることからも証明できる。前述のとおり、卜部兼友は『神道秘説』の中で繰り返し「円満虚無霊性」という語を使用している。この六字の熟語を名号のように、あるいはお題目のように唱えることによって、神道的宇宙観を表明するのである。

卜部兼友は言う。

夫神道者、天地未分時、日月星辰未顕、木、火、土、金、水、五行未備、故尽虚空界相、不渉善悪之法量、寂然無為以円満虚無霊性、為神道玄旨（それ神道は天地未だ分かれざる時、日月星辰未だ顕れず、木火土金水の五行も未だ備はらず、ゆえに虚空界の相尽き、善悪の法量渉らず、寂然無為円満虚無霊性を以って、神道の玄旨と為す）

円満虚無霊性、国常立尊名（円満虚無霊性を国常立尊と名づく）
彼円満虚無霊性、一切衆生色心不二妙体顕、夫神道守混沌始、悟万法当体、仏法、守万法当体、悟本来理也（かの円満虚無霊性は、一切の衆生の色心不二の妙体を顕す。それ神道は混沌の始めを守り、万法の当体を悟る。仏法は万法の当体を守り、本来の理を悟る）
夫神道、守円満虚無霊性、不渉生死二法、故釈神道二字神者超神神也、道者超道道也、夫神者超神々者自性神光（それ神道は、円満虚無霊性を守り、生死の二法に渉らず。ゆえに、神道の二字を釈きて、神は神に超ゆる神なり、道は道を超ゆる道なり。それ神は神を超ゆる神にして自性の神光なり）
只円満虚無霊性神云、言語断絶道々云、是則神道眼目也（ただ円満虚無霊性を神と云ひ、言語断絶の道を道と云ふ。これすなはち神道の眼目なり）

（牟禮仁『中世神道説形成論考』皇學館大学出版部、二〇〇〇年より引用）

『神道秘説』は鎌倉時代初期には成立していたと見られている。このように、鎌倉時代の神道文献には「霊性」の語がキーワードとして強調され、その概念が神道の根源的な宇宙観を表現する言葉として使用されていたのである。

さらに時代が下り、世阿弥より少し後にその時代の宗教界を揺るがす人物が登場してくる。吉田神道の大成者・吉田兼倶《かねとも》である。吉田兼倶は、室町時代の応仁の乱期を逞しく生き抜いた中世最大の神道家で、吉田神道（卜部神道とも唯一宗源神道ともいう）を大成し、主著『唯一神道名法要集』を著すが、その中で兼倶は、卜部吉田家に伝わる神道とは、天照大神から中臣・藤原・卜部の祖先神天児屋命《あめのこやねのみこと》を経て伝わった「太占の卜事《ふとまにうらごと》」と「神事を主る宗源《つかさどみもと》」の秘伝であるとし、「唯一神道」を主唱し、さらに神道を「真道」とも言い換え、次のように問答する。

問ふ。何ぞ神道ト謂はずして真道と謂ふぞ哉。
答ふ。神《カミ》トハ善悪邪正、一切霊性の通号也。所謂純一無雑の真元ノ神ヲ明かサンが為ニ、之ヲ真道ト謂ふ者也。

ここで、吉田兼倶は「神」とはすべての「霊性」の通称であると断言する。そして、「純一無雑」の「真元」の「神」の本質を言い表すために「神道」と言わずに「真道」と言うのだと主張する。吉田兼倶は、「霊性」を持つものが「神」であって、その「神」の中の「真元の神」を明らかにするのが「真道」としての「唯一神道」なのだと力説する。

おそらく吉田兼倶は卜部吉田家の先祖の一人である卜部兼友の『神道秘説』に目を通していたであろう。そしてその『神道秘説』の神道論の延長線上に『唯一神道名法要集』を著したと考えられる。

10、上田秋成の「霊異」譚と平田篤胤の「霊性」観想

江戸時代になると、仏教や儒教によって影響を受ける前の日本人の心と文化を古言を通して研究しようとする思想運動が国学（古学）として展開されてくる。その国学者の中でも「霊異」や「霊性」にもっとも強い関心を寄せたのが大阪出身の上田秋成と秋田出身の平田篤胤である。

上田秋成は『雨月物語』という霊異物語を著すが、その冒頭を飾る「白峰」は、世阿弥の「鵺」にも共通する怨霊鎮魂物語である。あらすじは以下のとおりである。

保元の乱で讃岐に流され「魔王」となった崇徳上皇の墓所に詣でた西行は、「龍体」の姿を持った

上皇の「魔道の浅ましきありさまを見て涙しのぶに堪ず」、鎮魂の思いを胸に、上皇の霊と問答・対話を重ねる。その果てにやむにやまれず歌を詠み、それによって上皇の霊を鎮撫する。そこには、歌こそが人の心と霊を慰め、静め、鎮魂するという、歌謡の力への信と願がある。

世阿弥にとっても秋成にとっても、この世界の現実は平安貴族のような「もののあはれを知る」という雅な情趣の次元に収まるものではなかった。むしろ中世武士の世界には、人間理性でも感情でも推し量ることも抑えることもできない、変転する現実の中で得体の知れぬ「もののけの怖さを知る」怪異次元がぽっかりと口を開けていた。彼らはその孔の中に入り込み、さまざまな妖物と交わり、その怪異をこの世に呼び出すことによって鎮魂した。世阿弥も秋成も、思議を超えた摩訶不思議な根源的認知の次元で神や妖怪や怪異現象の合理的解釈を排し、その「霊異」の深層を語り直そうとしたのである。

だからこそ秋成は『胆大小心録』で、「儒者と云人も、又一僻になりて、『妖恠はなき事也』とて、翁が幽霊物がたりしたを、終りて後に恥かしめられし也。（中略）狐も狸も人につく事、見る〳〵多し。又きつねでも何でも、人にまさるは渠《かれ》が天稟《てんぴん》也。さて善悪邪正なきが性《さが》也。我によきは守り、我にあしきは祟る也。（中略）神といふも同じやうに思はるゝ也。よく信ずる者には幸ひをあたへ、怠ればたゝる所を思へ」と「儒者」批判を展開したのだ。

「妖怪」現象を否定する儒者の合理性や「善悪邪正」を判断する道徳律をもってしては、わが国の「神」も「幽霊」も憑物のこともよくわからない。狐も狸も「人に憑く」ことがあるし、それは自分にとって「よき」ものを守り、「あしき」ものに祟る行動である。神もその点では同じで、仏陀や聖人のような、善悪邪正という人間原理とは違う次元の中で存在している。むしろそれは動物原理とも生物原理ともいえるような次元での行動であり現象なのである。「きつねでも何でも、人にまさるは渠《かれ》が天稟」というわけだから。ここには江戸儒学的な人間（中心）主義はない。

一方、秋成より少し遅れて登場した平田篤胤は『霊《たま》の真柱《みはしら》』の冒頭で、大和心を固めるためには死後の霊魂の行方を知らなければならないとし、幽冥界すなわち霊的世界の研究に精力を注いだ。そして、『新鬼神論』『古今妖魅考』『仙境異聞』『勝五郎再生記聞』『稲生物怪録』などの心霊・妖怪研究書を矢継ぎ早に著した。篤胤にとっては、妖怪探しは神々と霊的世界の研究に不可欠の回路だった。つまり、妖怪の存在証明はそのまま神および幽冥界の存在証明と連動していたのである。とすれば、妖怪学は神学とも宇宙論（異次元世界論を含む）とも連結することになり、篤胤はまさにそのような霊的存在論の探究に意気軒昂と赴いたのである。

このような探究のプロセスを経て平田篤胤は、『密法修事部類稿』において「霊性」の語を用いて次のように説く。

次作吾身観。吾身是産霊神。聚結風火金水土。而分賦其至善之霊性物也。身遂帰五大。惟霊性耳。無窮之吾也。然則吾身与天地同体。吾神魂。即与産霊神之分神。与一切諸神霊祇。一切有情物同根也。（次に吾身観を作せ。吾が身はこれ産霊神《むすひのかみ》。風・火・金・水・土（五大）を聚結し、しこうしてその至善の霊性を分賦するものなり。身はついに五大に帰り、ただ霊性のみ、無窮の吾れなり。しかるにすなわち、わが身は天地と同体にして、わが神魂はすなわち産霊の神の分神と一切の諸神の霊祇、一切の有情物と同根なり）

平田篤胤はみずから「吾身観」という神道行法を編み出し、日々実践に励んだのである。彼は理論と実践、古典と生活を一致させようとした。ただしその行法の方式は彼が批判した密教の阿字観や五相成身観など観想法の焼き直しにほかならなかった。が、方法論はそうであっても、その神学理念は、わが身がムスヒ（産霊）の神の至善の霊性を分与された分魂・分神であり、天地と同体で、その霊性は死んでも残る無窮の「吾」であるという神観に基づく観想法であった。そして、その産霊神の妙なる神徳・力業を理解する知性は、「久延毘古《くえびこ》（彦）」という天下世界のすべてのことを知る神の働きであると考え、わが身がその久延彦と同体であると観想した。

このような、平田篤胤の「霊性」観や「霊性」的実践的探究は本居宣長の古典研究とはかなり様相を異にする。まさにそれは『日本霊異記』的な世界と直通しているのだ。

篤胤はさらに次のように「霊性」について語っている。

人死《しぬ》れば形骸は土に帰り、其霊性は（万古）滅ぶる事なく、必ず幽冥大神の御判《みさだめ》を承けて、天国に復命す。天地の初発より一人も産霊（大）神の善しき霊性を賦賜はらぬはなく……（『本教外篇』）

死れば形体ハ土に帰り、其霊性ハ滅ること無れバ……（『幽顕弁』）

篤胤は、人間は「天地初発」の時からみな「産霊神」によって善い「霊性」を与えられていて、死んでもその「霊性」は不滅であり、「幽冥大神」の審判を受けて「天国」に「復命」すると主張する。篤胤もまた「霊性」の語を人間の本性として肯定的に用いている。平田篤胤が卜部兼友の『神道秘説』を読んでいたかどうかは不明だが、間違いなく吉田兼倶の『唯一神道名法要集』は読んでいた。おそらく「霊性」の語は吉田神道系の神道書から受け継いだものであろう。篤胤が『神道秘説』を読んでいなかったとしても、江戸時代後期に、産霊の神の「至善の霊性」が世界に分与され流出していき、人間もその「霊性」を本来的に分有するものであるという霊性思想を展開したことは注目しておきたい。

篤胤は、文政三年（一八二〇）、四十五歳の時、天狗界に出入りするという仙童寅吉と呼ばれる江戸市中で評判の十五歳の少年と出会い、筑波山の天狗界に戻る寅吉に自分の主著である『霊の真柱』と『神代文字の考』を持たせて批評を乞うている。そして寅吉から聞き書き調査した天狗界の情報を『仙境異聞』にまとめるが、その著の最後で寅吉は次のように語っている。「すべて学問といふものは、魔道に引込るゝ事にて、まづは宜からぬ事なり。其故は学問するほど善き事は無れども、真の道理の至極まで、学び至る人はなく、大概は生学問をして、書物を沢山に知て居る事を鼻にかけて、書物を知らぬ人を見下し、神はなき物じやの、仙人天狗はなき物じやの、怪しき事はないの、然やうの道理はない事じやなど云ひて、我意を張るが、これみな生学問の高慢にて、心狭き故なり。書物に記して有る事にも、直に見ては、違て居る事はいくらもあり」

寅吉は神も仙人も天狗も存在しない、不思議な現象は存在しないという合理主義を「我意」あるいは「生学問の高慢」と批判する。そして、神も仙人も天狗も怪異現象もあると言う。おそらくそれは年来の篤胤の主張であり、そのことを篤胤は寅吉を証人として実証しようとしたのである。篤胤は、上田秋成と同様に、「鬼神」を否定する儒学などの「生学問の高慢」を激しく批判し、もののけの存在を知る実証的な神学としての幽冥学を切り拓いたのである。

この平田篤胤のもののけ・妖怪・幽冥界研究は、民俗学の成立に深い影響を与えることになる。柳田國男の『遠野物語』は「神隠し」や「ザシキワラシといふ神」など怪異な幽冥境伝承を満載し、折口信夫の『古代研究』は来訪する「まれびと」神や常世など幽冥伝承を古典と民俗事象から炙り出した。折口信夫は「神々と民俗」の中で「もののけ」を「庶物崇拝の対象」となる「小さな神」とか気の知れない「恐ろしい霊物」と言い、「もの〻け其他」では「元々『もの〻け』と言ふ語は、霊《モノ》の疾《ケ》の意味であつた。ものは霊《モノ》であり、神に似て階級低い、庶物の精霊を指した語である。さうした低級な精霊が、人の身に入つた為におこるわづらひが、霊之疾《モノノケ》である。後には霊之疾の元をなす霊魂其物を、ぢかにもの〻けとばかり言ふ様になり、それを人間の霊と考へた」と指摘し、「平田国学の伝統」と題した講演において「篤胤先生が、仙童寅吉、生れ替り勝五郎を担ぎ上げてゐたのと同じものを、われわれがしてゐるのだといふ気がして、やつと或る喜びに達した」と自分たちの民俗学研究の先達としての篤胤を顕彰している。

「霊異」の探究と表現という観点からすれば、日本民俗学の確立とは新しい『日本霊異記』の編纂と解析でもあったといえるだろう。

11、近代の霊性探究

その民俗学の創始者である柳田國男の『遠野物語』がわずか三五〇部自費出版されたのは、明治四十三年（一九一〇）のことだった。この年は世界史のターニングポイントをなす節目の年であった。ハレー彗星が到来することにより世界中でパニックが起こったからだ。ヨーロッパではシェルターを造ったり、郊外に逃げ出す人が続出し、日本では、彗星到来時に清浄な酸素を吸えなくなると信じられ、洗面器に水を張って長く息を止める練習が流行ったほどである。

この年、韓国併合が行なわれ、内閣参事官として柳田國男もそれに関わる一方で、柳田は『遠野物語』を出版し、新渡戸稲造や牧口常三郎らと共に「郷土会」を始め、「地方学」を研究し始めたのである。同じ頃、南方熊楠は神社合祀反対運動を展開し、柳田との交流が始まった。神社合祀反対理由として、南方は、①敬神思想を弱める、②民の和融を妨げる、③地方を衰微させる、④国民の慰安を奪い、人情を薄くし、風俗を害する、⑤愛国心を損なう、⑥土地の治安と利益に大害がある、⑦史蹟と古伝を滅却する、⑧天然風景と天然記念物を亡滅するという八つの理由を掲げ、「エコロギー（エコロジー）」という言葉を初めて使った。

また、鈴木大拙の翻訳によるスウェーデンボルグの『天界と地獄』、ブラヴァツキーの『霊智学解説』、高橋五郎の『心霊万能論』など、心霊研究書やオカルト研究書が矢継ぎ早に出された。東京帝国大学文科大学の心理学助教授の福来友吉《ふくらいともきち》は、念写や超能力の研究を進めたが、物理学者からの批判を受け、東京帝国大学を辞職。福来と入れ替わるように、柳宗悦《やなぎむねよし》は東京帝国大学に入学して心理学を学び始め、学習院出身の仲間と『白樺』を創刊し、心霊研究の成果を「新らしき科学」と称して論考を発表した。

この前後、島地大等の「明治宗教史」や鈴木大拙訳のスウェーデンボルグの『神智と神愛』などで「霊性」の語が使用されている。

大正時代に入ると、大本教の出口王仁三郎が機関誌『神霊界』の中で、「大本には基督教も仏教も其他各国の宗教信者も集まって来て互にその霊性を研き、時代に順応したる教義を研究する所であります」と宗教・宗派を超えた「霊性」研鑽の場であることを主張した。出口王仁三郎は「霊性」の研鑽を「内部生命」の探究とも「霊学」の探究とも言い換えているが、北村透谷などによって概念化された「内部生命」を霊魂あるいは霊性の問題として据え直し、それを鎮魂帰神と言霊法によって探り当てようとしたのである。

出口王仁三郎は言霊について次のように述べている。「この大宇宙には、アオウエイの五大父音が鳴りなりて鳴りやまず不断にとどろいている。そしてこの父音より発する七十五声の音響は種々さまざまに相交錯して、音楽のごとく、鳥の声のごとく、秋野にすだく虫の音のごとく、微妙の音声を絶えず放っている。この微妙の音声は、天地進展の響きであって、これによって森羅万象一切が生育発達を遂げているのである。言霊の幸う国、言霊の天照る国、言霊の助くる国などという言葉は日本のみのことでなく、天地森羅万象の進展的活動に対してとなえたる言葉である。大声耳裡に入らず、と云って人間の聴覚力には限度があって余り大なる音響もまた微細なる音響も聞きとることができないのであるが、言霊の大道に通じた人の耳には、五大父音をはじめ森羅万象より発する七十五声の微妙の音声を聞くことができるのである」。宇宙には「アオウエイ」の「五大父音」が鳴り響き天然のシンフォニーのように絶えることなく「微妙の音声」を放っているので、「言霊の大道に通じた耳」にはそれが聴こえると主張するのである。

これは、空海が『声字実相義』で展開した「五大に皆響きあり」という思想に通ずるものだが、王仁三郎は本当の「言霊学」を用いたのは空海ただ一人だったと指摘している。ここでは、声音の生成化育力によって万物は育まれ、森羅万象がこの声音と共に生成し運動しているとされる。「宇宙の森羅万象一切は、是等無量無辺の音声即ち言霊の活用の結果」(『霊界物語』第三十九巻付録「大祓祝詞解」)というわけだから。

出口王仁三郎はまた、「芸術は宗教の母」であると主張し、芸術生活運動を展開した。この『芸術』とは、「わたしはかつて、芸術は宗教の母なりと謂ったことがある。しかしその芸術というのは、今日の社会に行わるるごときものをいったのではない。造化の偉大なる力によって造られたる、天地間の森羅万象を含む神の大芸術をいうのである。(中略)明光社(引用者註——現「楽天社」)を設けて、歌道を奨励し、大衆芸術たる冠句を高調し、絵を描き文字を書き、楽焼をなし、時に高座に上って浄瑠璃を語り、ぼんおどり音頭をさえ自らとっておるのである。神の真の芸術を斯の上に樹立することが、わたしの大いなる仕事の一つである」と『月鏡』にあるように、第一義的には大自然の宇宙的創造力を指している。

こうして「神の大芸術」を讃美しつつ、「明光社」という芸術結社を結成して展開した芸術運動は、短歌、冠句、絵画、書、陶芸、浄瑠璃、盆踊り音頭、演劇、映画など多様な大衆総合芸術芸能運動で、笑いと活力に満ち溢れたものであった。

出口王仁三郎にとっては、最高最大の芸術家は「神」である。なぜなら、この宇宙全体が「天地間の森羅万象を含む神の大芸術」であると捉えられるからだ。この「自然の造化力」とは、古代日本人が直覚した「むすひ（産霊）」であり、岡本太郎の言う「神聖なエネルギー」そのものである。そのことは、「真の芸術なるものは生命あり、活力あり、永遠無窮の悦楽あるものでなくてはならぬ」という言葉を引けば明らかであろう。

出口王仁三郎によれば、芸術は「美の門より、人間を天国に導かむとするもの」、宗教は「真と善との門より、人間を神の御許に到らしめむとする」もので、究極には共に「神の御許＝天国」に向かわしめるものである。芸術は「自然美＝形体美」を介して「天国」の「風光」を偲ばせ、その「極致」は「自然美の賞翫悦楽により、現実界の制縛を脱離して、恍として吾を忘るるの一境にある」。対して宗教は、「霊性内観の一種神秘的なる洞察力によりて、直ちに人をして神の生命に接触せしむるもの」で、その「極致」は「永遠無窮に神と共に活き、神と共に動かむと欲する、霊的活動の向上発展」にして「精神美＝人格美」の完成にある。無媒介的に直接「神智、霊覚、交感、孚応」によって「霊界の真相を捕捉せしめむとする」のが「宗教本来の面目である」。

したがって、芸術も宗教も共に「人生の導師」であり、補完し合うものと位置づけられる。かくして、出口王仁三郎は芸術と宗教の究極的一致に基づく真善美の統合として「世の立て替え立て直し」、すなわち「地上天国」建設を目指したのである。

卜部兼友や吉田兼倶や平田篤胤と同様に、出口王仁三郎も「霊性」という言葉を用いて宗教・宗派を超える普遍的精神性の次元を表そうとしていたが、昭和八年（一九三三）には、アメリカのジャーナリストJ・W・T・メーソンが『神ながらの道』を著し、神社には「自然の霊性」があり、そこは「普遍的霊性」に挨拶をする「霊的元気回復の場所」であると述べている。

このように神道思想の中で「霊性」という語が使用されてきた一方で、鈴木大拙は昭和十九年（一九四四）に『日本的霊性』を出版し、敗戦後さらに強力に「日本的霊性」や「日本の霊性化」を主張した。鈴木大拙は「霊性」を二元対立を超える深層的な「無分別智」的「宗教意識」であると規定しつつ、「国家神道」を徹底批判し、中でも平田篤胤を軍国主義の元凶として激しく弾劾した。例えば「国学なるものは、日本の文学とか歴史とか民俗とか云ふものを科学的に研究するのではないのである。狭隘で偏見に充ちた国家主義及び帝国主義の地盤に立ちて、それから国学を研究しようと云ふのであるから、その結論は始めから決定して居るのである」「これ程に嬰孩性、原始民族性、誇大妄想狂性を帯びたものはない」「記紀の神道思想に原始的な意味での宗教信仰的なものを添加して、これを政体の上に強行し、兼ねて又これを国際舞台の上に実行せんとしたのは、平田篤胤及び其一派の信徒である。日本の軍閥は此思想を背景とし、その上に普魯西《プロシア》的帝国主義を加味して、戦雲を満州の一隅に捲き起こし、次第にシナ本土に拡張し、もはや手の著けやうがなくなるに至つて、大東亜戦争の名で、世界に挑戦した」（『霊性的日本の建設』）などとその狭隘さと原始性と暴力性を断罪したのである。

このような鈴木大拙の霊性論は、かつて私が『神道のスピリチュアリティ』（作品社、二〇〇三年）で指摘したように、神道的霊性論に対する研究不足と誤解と偏見に満ちている。だが、この日本的霊性論が戦後の精神世界において国際的な影響力を持ったために、神道や日本の民俗宗教や神道系新宗教についての公正で総合的な見方が生まれることを阻害する結果となったといえる。

12、現代の霊性探究

現代の「霊性」問題を概観してみると、一九六〇年代後半からの対抗文化運動の流れの中で、“spirituality”の語が、「霊性」と訳されつつも、その語のままでそれまでの霊性論を包括するものとして定着し、現代の「スピ系ブーム」にまでつながっている。島薗進は『精神世界のゆくえ――現代世界と新霊性運動』（東京堂出版、一九九六年）の中で、「新霊性運動」という概念を提示してその動向を宗教史・宗教学的に考察した。島薗はアメリカの「ニューエイジ運動」の「信念や観念のリスト」を十九項目挙げ、その第一番目の信念として「自己変容あるいは霊性的覚醒の体験による自己実現」を指摘し、「新霊性運動」を「個々人の『自己変容』や『霊性の覚醒』を目指すとともに、それが伝統的な文明やそれを支える宗教、あるいは近代科学と西洋文明を超える、新しい人類の意識段階を形成し、霊性を尊ぶ新しい人類の文明に貢献すると考える運動群である」と定義している。

アメリカ合衆国におけるそうした「新霊性運動」の象徴的人物がシャーリー・マクレーンであった。彼女は、『アウト・オン・ア・リム』や『オール・イン・ザ・プレイング』（共に山川紘矢・亜希子訳、地湧社）の中で、「宗教は必ずしも霊性と関係があるわけではないの。宗教はみんな、自分こそ神へのホットラインだと思っているでしょう。でも、本当は私達一人ひとり、すべて神に属しているのよ。わたし達はみんな神の一部なの」（『オール・イン・ザ・プレイング』原著一九八七年、翻訳一九八八年）と述べ、「spirituality＝霊性」の普遍性と「宗教」の偏向性を指摘し、このような考えは多くの人々に受け入れられるものとなった。

日本でこのシャーリー・マクレーンに匹敵するスピリチュアル・キー・パーソンは美輪明宏であろう。美輪明宏は一九六〇年代の半ばに霊的世界の体験に踏み込み、自分を天草四郎時貞の生まれ変わりであると自覚するに至る（『紫の履歴書』大光社、一九六八年）。そして霊的体験を通して『法華経』に出会い、日蓮を高く評価し尊崇する。著書『霊ナァンテコワクナイヨー』（PARCO出版、二〇〇四年）には美輪の霊体験が満載されているが、その中で「仏法」や題目を次のように解釈している。

「仏法という言葉は宇宙の法則のことなのです。〈妙なる法〉というのも、その宇宙の法則のことなのですが、日蓮聖人はそれを『南無妙法蓮華経』という一言にまとめられた。この『南無妙法蓮華経』は、宇宙のすべての生命を含んでいますので、すなわち宇宙にたくさんいらっしゃる神仏のエネルギーをすべてその中に含んでいます。『南無阿弥陀仏』とは阿弥陀仏お一人をお呼びする言葉ですが、日蓮聖人は『南無妙法蓮華経』という言葉を、宇宙の神々すべてを一声で呼び表す言葉として考え出されたのです」「『南無妙法蓮華経』と音波を出し唱えることによって、自分の仏性の部分がどんどん拡張してゆきます。『南無妙法蓮華経』によって宇宙の森羅万象が呼ばれ、そして自分の仏性も呼ばれて、もの凄いエネルギーが出てくるのです。ですから、お題目というのはガソリンと同じです」「要するに、『南無妙法蓮華経』とは、ただ一声で、すべての全宇宙の神様を呼び出すための言葉なのです。そして、その中に自分自身の仏性も含まれています。その自分の善い人の部分である仏性を大きくしてゆき、自分が自分を尊敬して、崇めて、拝むことが出来るくらい、自分を高めていく修行というのが、〈菩薩行〉です」と。美輪は題目の中に神聖エネルギーが発動すると考えているのだ。

また、「霊魂」を「霊子」によるものと捉え、決して「霊は〈神秘〉ではない」と主張し、「幽霊は素子、霊媒は貸しスタジオ。神様は純粋エネルギー。悪魔は不純エネルギー。神社、仏閣、教会は純粋エネルギーセンター。祟りや呪いはマイナス放射能汚染。悪魔祓い、加持祈禱や読経お祓いはプラス放射能による汚染解除作業」と大胆な解釈を提示するが、その解釈は意外にも「ちはやぶる神」や岡本太郎の「神聖なエネルギー」と通底する。

美輪明宏によれば、人間はこの地球という学校＝道場に「修業」しに来ている霊的存在で、地球上での出来事は、昼と夜、日向と蔭、陰と陽、北と南、男と女、天使と悪魔など、すべて正と負の対立と組み合わせによってできている（『ああ正負の法則』ＰＡＲＣＯ出版、二〇〇二年）。この世は人生修業の道場であり学校であるから、人並み以上になりたければ人の三倍くらいの精進努力が必要で、有能で信用の置ける人は、人の悪口を言わない、こぼさない、愚痴や泣き言を言わない、感情をコントロールできる人であるという。「いくら富裕な金持ちであっても、何にも文化のかけらもない家庭では、〈傲慢〉〈怠惰〉〈イライラ〉〈喧嘩〉〈口論〉〈暴力〉〈犯罪〉〈病気〉〈家出〉のいずれかが必ず起こります。それを防ぐには質の高い文化の力を家庭の中にとり入れる以外に方法はありません」と美輪は美と「文化の力」の必要を力説する。ここには、美＝文化＝霊性という理解がある。

美輪はまた、「信仰」を「霊性」と結びつけ、「宗教」を「企業」と結びつけて理解し、「信仰」「宗教」との違いを明確に区別する。「信仰」は信じ仰ぎ自分を高めていく作業で高く評価する一方、「宗教」は利潤を追求する「企業」として厳しい見方をする。『人生ノート』（ＰＡＲＣＯ出版、一九九八年）には、「信仰というのは『信じ仰ぐ』と書くように、神仏を信じ、仰ぎ、尊ぶわけでしょう。神仏とは何かというと、全人格的なものだとみんな思っているわけですよ。／やさしくて、厳しくて、強くて、あたたかくて、慈悲深くて、何でもいうことを聞いてくれるというふうに、いい条件を全部そなえた人。非常に理性的で知性的で、何でも知ってて頼りがいがある人というふうに思っているんだけれども、その全人格的な神様という基準、人間の理想像ですけれども、それを信じ仰ぎ尊ぶのと同じように、自分をもその域まで高めていく作業が信仰なのです。／つまり、自分の私生活の中で、または仕事場で、家庭の中で、喜怒哀楽を味わって、憎んだりうらんだり、それを反省して軌道修正していく。そしてだんだんと憎しみなんかを昇華していって、円満な人格をつくりあげていく作業。つまり自分自身をかけ値なしに評価して、偏差値をつけてみて、『この人間は師と仰ぐだけの人格を持っている人間である』というふうに高めていく作業。それが信仰なのです」と主張する。

「信仰」とは「人間の理想像」に向かって精進努力していく営みで、この世に生を受けた人間の基本的な責務であり方向性であるが、「宗教」はそうではないと美輪は言う。「その神様と人間とのあいだに立ちはだかって、それにはこういう方法も、こういう拝み方もありまっせ、こういうグッズも売ってまっせ、という問屋さんみたいな流通機構の役目をしているのが宗教なんです。だから、宗教というのは企業です。企業の中には優良企業もあれば、インチキ企業もある。それを見分けなければいけない」と警戒心を隠さない。そして、「宗教」はいかに「優良」であろうが「インチキ」であろうが、「企業」であることには変わりないのだから、それを「神聖なものだとか、尊いものだと思うほうがまちがっている」「宗教」は「神聖でも神秘的なものでもありゃしません」と明言する。

それゆえ、「宗教」という「企業」のトップを、「教え主様」とか「法王」とかと呼ぶのは「言葉の粉飾詐術」で、「企業」らしくみな「会長」と呼べばいいと主張し、「大僧正」とか「枢機卿」とかの階位も「専務」や「常務」と同じで「お寺のお坊さんとか牧師さんとか神父さんは、支店長とか支社長だと思えばよろしい」、また街頭や戸別訪問で勧誘する人も「保険の勧誘と同じですから、営業部員」であると言う。

美輪はさらに続けて、「ほんものの宗教」と「にせものの宗教」の「見分け方」は「教祖」にあるとし、次のように述べている。「ほんものの宗教の見分け方は、まずそこの教祖を見ることです。容姿容貌、年齢、性別には関係なく、直感でもって、その人に気品があるかどうか。あたたかさ、明るさ、思いやり、謙虚さ、慈悲の心があるかどうか。そしてどことなく上品な、高雅な品格がただよう人でなければならない。この条件が満たされなければ、それはにせものです」

本物の教祖には「高雅な品格」があるが、「にせもの」の「教祖」は「下品な人」であると対置する。「にせものは、強欲な感じとか、油断ならない感じ、威圧感がある。それからどこかにヒヤッとするもの、わがままそうなところ、傲慢そうなところがある。いばる。どこか見下した倣岸そうなところ、軽薄なところ、ずるそうなところ、こういうものがチラッチラッと見えますからね。なんとなく下品な人。きたない卑しそうな人。これはにせものです。そういうところは金もうけだけの企業にすぎないから、そういう宗教に入るのはおよしなさい。ひどい目にあいます」と警告する。

このような美輪の観点は、霊性を美＝高雅な品格＝文化と結びつけるものである。

ところで、一九九八年、ＷＨＯ（世界保健機関）で、「健康」の概念の中に、従来の「身体的、心理的、社会的」良好に加えて“spiritual”という語を加えようという提案がなされ、執行理事会では承認された。が、総会にかけられないまま今なお中座している。

その新しい「健康」の定義とは次のようなものであった。“Health is a dynamic state of complete physical, mental, spiritual and social well-being and not merely the absence of disease or infirmity.（健康とは、完全な肉体的、精神的、霊性的及び社会的福祉の活力ある状態であり、単に疾病または病弱の存在しないことではない）”

この「健康」の定義に“spiritual”を入れることは、イスラーム世界からの提言であったが、欧米諸国や日本は難色を示した。しかし、ＷＨＯでそのような議論がされるに至ったこと自体が時代の大きな変化を示している。

そうした事態の変化を示す事例の一つが、二〇〇六年（平成十八）四月に高野山大学で「スピリチュアルケア学科」が日本で初めて開設されたことである。高野山大学は高野山真言宗を基盤に、一八八六年（明治十九）に創立された古い仏教系宗門大学である。平安時代初期に「綜藝種智院」を開き、一般市民に幅広く教育と奉仕の機会を提供した真言宗宗祖・弘法大師空海の精神に基づき創立された。それまで密教学科、日本文化学科、社会福祉・社会学科を置き、「密教」を中核とした総合人間教育を実施してきたが、二〇〇六年度から「密教に特化した大学に進化」し「密教の生命観や文化を背景に、現代社会が抱える『いのち』の問題をサポートできる人材を育てて」いくことを目指して、密教学科と「スピリチュアルケア学科」の二学科だけに改組した。高野山大学にとっては、大学の生き残りを賭けた選択であった。

一般にスピリチュアルケアは終末期医療において死を間近にした人々へのケアを指すが、それを「いのち」や「こころ」のケアへと、さらにはよりよく生きるための「気づき」のケアへと拡大深化させようと企図したのが高野山大学のスピリチュアルケア学科の方向性であった。

興味深いのは、ケアをする側とされる側の関係性を四国遍路における「同行二人」の関係に見立てたところだ。「ケアにおいて重要なのは『する側』と『される側』の信頼関係です。その理想的なかたちを本学は『同行二人』の関係に見たいと考えています。一人でお遍路めぐりをされた方が身近に弘法大師空海の存在を感じるように、出すぎず、対等な視線でケアする相手に寄り添えるようになるための学習とトレーニングをめざします」「四国のお遍路さんには、歩き続ける自分に弘法大師が常に寄り添い見守ってくれているという信仰があります。これは同行二人と呼ばれます。寄り添われているという意識がその人を励まし、前に進もうという気持ちを支えるのです。かたわらに寄り添うということを通じてその人を支える、こうした同行二人のあり方を日常生活の中でめざすのが、スピリチュアルケアなのです」

そして、スピリチュアルケア理論や臨床心理学を「身口意」の三密理論と結びつけた。真言密教では如来の三密と衆生の三業を一致させるところ、すなわち三密加持させるところに「即身成仏」が実現すると説く。空海は『即身成仏義』において、それまでの成仏論では考えることもできなかったこの身のままで速疾に成仏する方法を説き、呪術性と芸術性を加味して多くの信奉者を得た。

このように「同行二人」とか「三密加持」とかの真言密教思想を現代のスピリチュアリティの文脈に置き換えて再解釈や拡大解釈を試みたのである。このスピリチュアルケア学科で創設から専任教員を務めたのが、瞑想指導者で『呼吸による気づきの教え――パーリ原典「アーナーパーナサティ・スッタ」詳解』(佼成出版社、二〇〇五年)の著者井上ウィマラである。井上は、「スピリチュアルケアでは、問題を抱えているクライアントさんの話を誰かが丁寧に聞きながら、その人が今何を感じているのかをはっきりと確認するところから出発します。その人の人生に純粋な関心を持ち、共感的に無理なく会話してゆく姿勢が大切です。すると自然にその人の家族背景が浮かび上がってきます。/ある家の誰某が不幸な死に方をして、そのことについての不安や悲しみや怒りや罪悪感などをみんなが話し合うことができないでいると、消化されずに抑圧されたまま抱え込まれているエネルギーは家族のさまざまな心身の症状となって現れます。フロイド以降の精神分析では、このような状態は〝対象喪失による喪の仕事〟が充分になされていないことによって引き起こされると考えます。/スピリチュアルケアは、このような喪の仕事や自分自身の死を受容する仕事を中心として、クライアントの心の仕事に共感的に寄り添い、共に見つめ、本人が気づいて受けとめることができるようにサポートしながら、本人が自分の人生に責任を持って生きることを学べるように手助けをします」と述べている。

これは、いかに他者の「身口意」の三業を傾聴し、「共感的に寄り添い、共に見つめ」、そして「同行二人」という信頼関係の中で共に気づくことによって、クライアント自らが生への意欲と力と方向性を獲得するという「ケア」である。

高野山大学では二〇一〇年にスピリチュアルケア学科の学生募集を停止したが、東日本大震災後、スピリチュアルケアの重要性の高まりから、二〇一四年に別科スピリチュアルケアコース、二〇一五年に大学院臨床宗教教養講座を開設。二〇一七年にはスピリチュアルケア師の資格などに関する教育課程を統合し、高野山大学密教実践センターを開設している。

こうした動向には、一九六〇年代から起こってきた「新霊性運動」が、ヨーガや禅や気功やトランスパーソナル心理学やプロセス指向心理学などの実践や探究を経た後の次なる新しい展開があるといえよう。

こうした動きを予言するかのように、別の局面から「霊性＝スピリチュアリティの目覚め」を喚起したのが、龍村仁（一九四〇－二〇二三）監督の『地球交響曲《ガイアシンフォニー》』である。「地球（ガイア）の声が聞こえますか？」という印象深いキャッチフレーズを掲げて、龍村は、一九九二年製作の第一番から二〇二一年製作の第九番までコンスタントに自主上映でドキュメンタリー映画『地球交響曲』を発表し続け、幅広い支持を集めた。

第一番（一九九二年）では、ラインホルト・メスナー（登山家）、ダフニー・シェルドリック（動物保護活動家）、野澤重雄（植物学者）、エンヤ（シンガーソングライター）、鶴岡真弓（ケルト研究家）、ラッセル・シュワイカート（アポロ宇宙飛行士）、第二番（一九九五年）では、ジャック・マイヨール（素もぐり一〇五メートル記録保持者）、ダライ・ラマ十四世（チベット仏教最高指導者）、佐藤初女（森のイスキア主宰）、フランク・ドレイク（天文学者）、第三番（一九九七年）では、星野道夫（写真家）、フリーマン・ダイソン（宇宙物理学者）、ナイノア・トンプソン（ハワイ先住民カヌー航海者）、第四番（二〇〇一年）では、ジェームズ・ラブロック（生物物理学者）、ジェリー・ロペス（サーファー）、ジェーン・グドール（動物行動学者）、名嘉睦稔（版画家）、第五番（二〇〇四年）では、アーヴィン・ラズロー（哲学者）、石垣昭子（染織家）、第六番（二〇〇七年）では、ケリー・ヨスト、ラヴィ・シャンカール、アヌーシュカ・シャンカール、ポール・ウィンター、奈良裕之、KNOB、雲龍、長屋和哉の八人の音楽家を取り上げ、それぞれのスピリチュアル・メッセージをわかりやすく伝えている。

第七番（二〇一〇年）では、アンドルー・ワイル（統合医療医学博士）、高野孝子（環境教育活動家）、グレッグ・レモン（ツール・ド・フランス覇者）、第八番（二〇一五年）では、梅若玄祥（能楽師）、見市泰男（能面打）、柿坂神酒之祐（天河大辨財天社宮司）、中澤宗幸（ヴァイオリン製作者）、中澤きみ子（ヴァイオリニスト）、畠山重篤（カキ養殖業・NPO法人「森は海の恋人」理事長）、畠山信（NPO法人「森は海の恋人」副理事長）、最終章の第九番（二〇二一年）では、小林研一郎（指揮者）、スティーヴン・ミズン（認知考古学者）、本庶佑（分子生物学者）などが出演している。

このシリーズで、とりわけ第四番（二〇〇一年製作）では、「霊性＝スピリチュアリティ」そのものが主題となっている。第四番の挨拶文に龍村は次のように記している。

「二一世紀は、人類のあらゆる営みの基盤にやわらかな〝霊性〟（スピリチュアリティ）が求められる時代になって来ると思います。教育、文化、芸術の分野ではもちろんのこと、従来は〝霊性〟とは縁遠いと思われていた政治、経済、科学などの分野でも、それが最重要な課題になってくると思うのです。なぜなら、〝霊性〟を持たない人類の営みが、我々人類だけでなく、この地球の全生命の未来を危うくしていることに、もう誰もが気づき始めているからです。／〝霊性〟とは、私たちひとりひとりが、日々の何気ない営みの中で、『自分は、母なる星地球（ガイア）の大きな生命の一部分として、今ここに生かされている。』ということを、リアルに実感できる、その力のことをいうのです。／自分の内なる〝霊性〟に目覚めることによって、人は謙虚になります。日々の出来事に対して、感謝の気持ちを持って対処できるようになります。自分以外の生命のことを、本気で考え、行動し、祈る、ことができるようになります。遠い未来を想い、遙かな過去を感じる力だって増してくるでしょう。見えないものを見る力、聴こえない音を聴く力だって甦ってくるかもしれません。／そしてそのことが、結局、自分自身を最も幸せにするのだ、ということに気づき始めるのです。内なる〝霊性〟に目覚めるのに、必ずしも旧来の宗教が必要だとは思いません。／二一世紀に生まれ、育つ子どもたちにとって、〝霊性〟に目覚める道は無限にあります。科学、芸術、スポーツ、教育、経済、政治……、一〇〇人の人がいれば、一〇〇通りの道がある、というのがこれからの時代でしょう」と。

龍村は、「全ての人の中に〝霊性〟の芽が必ずある」ということへの揺るぎない信頼に注意を喚起しつつ、「この〝霊性〟の芽は、育まなければ開花しない」と訴えている。ここでは「霊性」は人類の通奏低音をなす基台であり、教育や経験を通して「開花」してゆくものと考えられている。三十年に及んだ龍村の『地球交響曲』の製作・発表は、「ガイア」意識に覚醒した「霊性」への気づきとそれに基づく静かなやさしさや利他への促しに溢れている。それもまた現代における「霊性」復興運動の力強い事例であるといえるだろう。

13、今、ここでの死生観探究

マインドフルネスと死の受容

現代は大人も子供も非常にストレスフルな世界に晒されて生きている。だからこそ、分子生物学者のジョン・カバット・ジン（一九四四年生）によって、ストレス低減法として仏教色を排して医療的観点から再編・処方された「マインドフルネス瞑想」がこれほどの流行を見せてもいるのである。また同時に、修験道のように、身体を使って山岳を跋渉する中で脱ぎ棄てられていく自分のガードを外し、大自然の中でのいと小さきおのれの存在を身に染みて感じ取り、そのことを含めてすべてのいのちや存在に対する畏怖・畏敬や感謝の念を持つようになる身心変容技法に強い関心と実践が向けられることになる。インドアで心を見つめるか、アウトドアで体を酷使しながらおのれを見つめるかの違いはあっても、生きにくい現状を打破していきたいという衝動と志向性に支えられている点では両者は共通した動機を持っている。

内観的瞑想も外界没入的修験道も共に、「嘘をつかない体と嘘をつく心と嘘をつけない魂」の相関を串刺しにしつつそれぞれの位相をクリアにする体験をもたらす。両者は共に自己と世界を見る解像度を上げる経験をもたらす。また、メタノイアをもたらす機会となる。

現代における死生観の新しい体験的探究の一つとして、“G.R.A.C.E.”の活動がある。G.R.A.C.E.は、医療人類学者であり僧侶でもあるジョアン・ハリファックス（一九四二年生）が考案した死にゆく過程と共にある“Being with Dying”のプログラムを研究し実践する集まりである。そこでは、仏教的実践の中核になるコンパッション（compassion：慈悲心・思いやり）に基づいて、ケア者自身のあり方や死生観を見つめ深めていくプログラムが最新の脳科学や認知科学の成果を取り入れながら考案されている。

そのG.R.A.C.E.とは、

①Gathering attention（注意を集中させること）
②Recalling intention（動機と意図を想い起こすこと）
③Attunement to self/other（自己と他者の思考、感情、感覚に気づきを向けること）

④Considering what will serve（何が役に立つかを熟慮すること）

⑤Engaging and Ending（行動を起こし、終結させること）

の頭文字をとった合成語であるが、英語で「優雅・気品・思いやり・恵み・神の恩寵」などの意味を持つ“grace《グレース》”との掛詞でもある。最初の〝G〟の「注意の集中」は、まさにそれが「マインドフルネス」であり、今ここのこの瞬間に注意を集中させて、落ち着いていることができるかどうかをチェックする。そして次に、〝R〟の自分がなぜここにいるのか、その動機や意図を想い起す。さらに、〝A〟の自分や他者に波長を合わせて深い交感ができる状態に導く。そして、〝C〟の今ここで何ができるか、何が役に立つのかを熟慮する。最後に、〝E〟の関わりを持ちながら実際に行動し、終結させる。このような過程をプログラムしているのである。

このプログラムの発案者のジョアン・ハリファックスは、『死にゆく人と共にあること――マインドフルネスによる終末期ケア』（井上ウィマラ監訳、春秋社、二〇一五年）の中で、バーニー・グラスマン老師の提唱した平和構築の基礎となる「三つの信条」を示している。その三つの信条とは、

①「知らない（わかったつもりにならない）ということ」(not knowing)

②「見届ける（見守る）こと」(bearing witness)

③「慈悲深い行為」(compassionate action)

である。ジョアン・ハリファックスは、同書の中で、「これら三つは、死にゆく人や、悲嘆にくれる人や、ケアを提供する人たちとのあいだで私が経験したことを反映しています。三つの信条は、死にゆくプロセスと共にあることを実践するとき、私にとってのガイドラインになっています」と述べている。

また、自分自身をモニターチェックするテーラワーダ（上座部）仏教のヴィパサナ瞑想や禅に端を

発する「マインドフルネス」の三つの鍵を、

①気づき

②リラックス

③手放すこと

と述べている。

最初に、注意を凝らして、自分の状態に気づかなければならない。そして、自分が陥っている状態に気づくことによって、意識と行動との間に余白が生じ、余裕が生まれる。そして、自分の傾向や気がかりなことを手放すことによって解放される。そのようなプロセスを辿ることによって、心をクリーニングし、リフレッシュし、ノンストレスにメインテナンスする。それがマインドフルネスの目指す方向である。

マインドフルネスをエビデンスに基づいてストレス低減法として医療の領域に活用し定着させたジョン・カバット・ジンは、『マインドフルネスストレス低減法』(春木豊訳、北大路書房、二〇〇七年)の中で、マサチューセッツ大学メディカルセンター(マインドフルネスセンター)での四千例の症例を基に、「マインドフルネスとは、意図的に、この瞬間に、評価することなく注意することで湧き上がる気づきである」と述べ、その瞑想の特徴を、①判断しないこと、②忍耐強さ、③ビギナーズマインド、④信頼、⑤頑張らないこと、⑥受容、⑦手放すこととした。

ジョン・カバット・ジンは身心の相互関係を臨床研究し、慢性疼痛やストレスを持つ患者に有効なハタヨガと瞑想を組み合わせた八週間のプログラム、マインドフルネスストレス低減法(MBSR)を開発し、一九七九年からマサチューセッツ大学のマインドフルネスストレス低減センターで臨床応用を始めた。

だが、どのようにマインドフルネスを講じても、いつかは必ず誰にでも死が訪れてくる。また、死を含むさまざまな喪失や破局的事態に直面する。その時、どのような心構えで向き合えばよいのか。最終的にはそれぞれの死生観と覚悟を構築するほかないのだが、ジョアン・ハリファックスは前掲書の中で次のように述べている。

「破局的事態というのは、たいてい、息も詰まるほどの恐怖に囚われた状態から、力強さや、智慧や、やさしさが解き放たれる局面となります。死に向かいながら、私たちはさらに生き生きとすることができます。心あるいは人生が溶解していく只中で、それに立ち会いケアをするなら、慈悲の種をまくことができます。このようにすることで、私たちは成熟し、透明性や親密さが生みだされます。私たちが肉体的にも精神的にも傷つきやすいということは、もしそれを自分に許すなら、進むべき道と今ここを教えてくれます。それはまた感謝と謙虚さをも育んでくれます。破局的であることは、スピリチュアルな道の本質です。一連の挫折を経ることによって、私たちは、人生のすべてを一枚の布全体に織りあげる糸を発見することができます」

ジョアン・ハリファックスは、人は死に向かいながらもさらに生き生きとすることができると言う。そこから力強さや知恵や優しさが生まれてくるとも言う。破局的な過程を通過することがスピリチュアリティを深めていくという事態は、生易しくも簡単でもないが、味わい深い人生過程である。

精神科医のエリザベス・キューブラー＝ロス（一九二六－二〇〇四）は、『死ぬ瞬間――死にゆく人々との対話（*On Death and Dying*）』（原著一九六九年、川口正吉訳、読売新聞社、一九七一年）において、死の過程で現れる五つの心理的段階を提示し、注目を浴びた。

①否認
②怒り

③取引
④抑鬱
⑤受容

の五段階である。

　がんなどで死を告知されたり、死を目前にした患者は動揺する。衝撃を受け、そんなはずはないと否定する。だが、その事実が打ち消し難いものと知ると、どうしてこの今、この自分が死ぬ羽目にならねばならないのかと怒りが湧いてきて、それを周りにぶつける。そして、何とかならないか、何とかして助かる方法はないかと延命への道を探し、いろいろと取引を試みようとする。何でもするから命だけは助けてほしいとかとすがる思いで神に祈ったりする。しかしそれも無駄なことだとわかると、いかんともし難い事態に無力を覚え、失望感を抱き、抑鬱状態に陥り、絶望と悲嘆に暮れる。そして最後に、死を受け容れるほかないと諦める。

　その死の受容の過程で、いろいろなレベルでの和解が生まれるかどうかが、死に至る最終段階の課題である。自分自身との和解、他者との和解（肉親・友人・知人・先祖・子孫など）、自然・生命・宇宙との和解。一言で言えば、「ごめんなさい。ありがとう。愛している」ということを心の底から言えるかどうかである。もしその言葉が素直に言えるとしたら、死の受容は穏やかでピースフルなものになるだろう。

「嘘をつけない自分」との直面

　そもそも、宗教の根本三要素は神話と儀礼と聖地である。人は何によって生きるかという問いを宗教という観点から考える時、人にとって神話や儀礼や聖地がどのような意味とはたらきを持っているかを考えることはさまざまな示唆をもたらすことになるだろう。

神話は、私たちの住むこの世界はどのようにして出来上がってきたのか、われわれはどこから来てどこへ行くのか、人間はどのような意味と価値を持っているのかなど、自分たちを支える根源の物語である。神話は人間のアイデンティティの一等根幹を支えている物語で、世界と人間についての物語的説明と言語表現である。その中に当然のことながら、死や死後世界（霊界・他界・異界）のことも含まれている。私たちは生きていく上で、何がしか、そのような根源的な物語を必要としている。それは生の必需品であるといえる。

儀礼は神話に基づき、連携し補完し合いながら、神や霊などの超越的な存在世界との接触を果たし、この世界で生きていく活力や癒しを得る身心変容技法であり行為表現である。私たちは生きていく上で、何らかの儀礼を必要とする。というよりも、人間的な生存の形がそもそも儀礼的な性格を持っている。歌うことも踊ることも祈ることもみな儀礼の形である。

そして、神聖な物語である神話が語られたり、儀礼が執行されたりする聖なる場所が聖地である。そこは、神仏や精霊など、聖なるものが示現し立ち現れた場所であり、超越世界への孔・通路・回路・出入り口である。聖次元へのチャンネルとなる場所が聖地である。私たちは生きていく上で、何がしか特別な場所や空間を必要とする。例えば、自分の家や部屋や住処のような、自分の体と心が安全で平安でいられる場所が必要となる。そうした場所や空間なしに私たちは生きていくことができない。とすれば、神話（物語）と儀礼（芸術・芸能を含む）と聖地（家や部屋を含む）は、それぞれみな生活必需品である。

宗教は「聖なるものとの関係に基づくトランス（超越）技術の知と実践の体系」といえる。トランスとは境界を踏み越えていくことを意味するが、その最も普遍的な（誰しも経験する）事態が死である。しかし、それを経験し終える時には、肉体を伴う自己を失っているので、厳密な意味で、生きたまま死を経験することはできないし、死のリアルを語ることもできない。それに近い事態が臨死体験（near-death experience）や体外離脱体験（out-of-body experience）であるが、それも死そのものではない。

そのような死の体験の普遍性と不可能性ゆえに、死についてはさまざまな観念や思想が語られてきた。宗教は死について各宗各派の独自の思想と儀礼を生み出した。だが、そのような伝統があったとしても、死は個別的で一人ひとり代替の利かないものである。ゆえに、人はみな死者になるし、同時に、死者に向き合う存在、弔い人ともなる。

かつて、宮沢賢治は一九二六年（大正十五）に『農民芸術概論綱要』を著し、その中の「農民芸術の産者……われらのなかで芸術家とはどういふことを意味するか……」において次のように記した。

職業芸術家は一度亡びねばならぬ
誰人もみな芸術家たる感受をなせ
個性の優れる方面に於て各々止むなき表現をなせ
然もめいめいそのときどきの芸術家である
創作自ら湧き起り止むなきときは行為は自づと集中される
そのとき恐らく人々はその生活を保証するだらう
創作止めば彼はふたたび土に起つ
ここには多くの解放された天才がある
個性の異る幾億の天才も併び立つべく斯て地面も天となる

この宮沢賢治の「農民芸術の産者」の言葉に倣って言えば、「職業宗教家も職業葬儀者も一度亡びねばならぬ／誰人もみな弔い人たる感受をなせ」と宣言する必要があるだろう。つまり、一人ひとりの各人各個が死の当事者なのであるから、それを人任せにすることはできないということだ。死に関しては、専門家はいない。というよりも、全員が当事者であり、専門家であるべきだということになる。

死を前にした時、人は否応なく嘘をつけない自分自身に直面する。例えば、死の不安が湧き上がってくるとして、それを避けることはできない。自分の心の中に起こることを否応なく見つめるほかなくなる。マインドフルネスを意識しなくても、マインドフルネス的な状況が生まれる。だがそこで、マインドフルネス瞑想などの身心変容技法をわきまえていたとしたら、動揺する自分の心をいくらか冷静に見つめ、チェックすることができるだろう。それによって、次の心の状態に移行することも可能である。この時人は、「嘘をつかない体＝死に向かって衰弱していく身体」と「嘘をつけない魂（霊性・スピリチュアリティ）＝見て見ぬふりをできない自分」の間で揺れ動く「嘘をつきたがり、見えを張りたがる自分の心と行動」に気づくことだろう。

これを別の角度から言うと、「死」は「史」を深め「詩」を物語る契機となる、ということになる。人は死を目前とした時、必ず自分の生涯を振り返り、なぜこの時を迎えるに至ったかを問いかける。私は何処から来て何処へ行くのか、と。ごまかしのきかない、その越し方・行く末を見通す作業とともに、それを確認し、反省し受容するためにも、それを物語る行為を必要とする。それが「死」が「史」となり「詩」を生み出すという事態である。最終的に、受容とは物語を作ることであり、物語によって区切りをつけることである。そして、物語ることが手放すこととも解放ともなる。

この物語は嘘をも含むが、同時にその嘘を見通している自分（魂・霊性・スピリチュアリティ）もはたらいているので、自分で自分をごまかすことはできない。より素直にならざるを得ない。そのことがまた次世代への継承やリレーともなっていく。そのような物語的連環を持ち得た時、人は人生の円環を閉じることができ、何によって生きるかの意味を確認し、納得することができるのではないだろうか。

宮沢賢治は『農民芸術概論綱要』の「農民芸術の綜合……おお朋だちよ　いっしょに正しい力を併せ　われらのすべての田園とわれらのすべての生活を一つの巨きな第四次元の芸術に創りあげようではないか……」において、次のように宣言した。

まづもろともにかがやく宇宙の微塵となりて無方の空にちらばらう
しかもわれらは各々感じ　各別各異に生きてゐる
ここは銀河の空間の太陽日本　陸中国の野原である
青い松並　萱の花　古いみちのくの断片を保て
『つめくさ灯ともす宵のひろば　たがひのラルゴをうたひかはし
雲をもどよもし夜風にわすれて　とりいれまぢかに歳よ熟れぬ』
詞は詩であり　動作は舞踊　音は天楽　四方はかがやく風景画
われらに理解ある観衆があり　われらにひとりの恋人がある
巨きな人生劇場は時間の軸を移動して不滅の四次の芸術をなす
おお朋だちよ　君は行くべく　やがてはすべて行くであらう

死がどのような形態であり過程であろうとも、葬儀の形が火葬であろうが土葬であろうが水葬であろうが風葬であろうが、それぞれ「各別各異」の道を通り、「宇宙の微塵」となって「無方の空」に散らばっていく過程を辿る、「時間の軸」の「移動」であることに間違いはない。その「移動」の際に、「詞は詩であり　動作は舞踊　音は天楽　四方はかがやく風景画」のような詩や舞踊や音楽や絵画とともに「行く」ことができるかが、この世における「各別各異」の人生修業になる。その「各別各異」の生き方にごまかしはきかない。

人は何によって生きるか。歌（詩）によって生きる。舞踊（踊り）によって生きる。音楽と共に生きる。輝く風景の中で生きる。目を覚ましてみれば、あらゆる事象がメッセージであり、歌となる。「生きとし生けるもの、いづれか歌をよまざりける」（紀貫之『古今和歌集』仮名序、九〇五年）であるが、それは「嘘をつけない魂」に近づいていく道程だといえるだろう。

和歌《やまとうた》は、人の心を種として、万《よろづ》の言の葉とぞなれりける。世の中にある人、事《こと》・業《わざ》しげきものなれば、心に思ふ事を、見るもの聞くものにつけて、言ひいだせるなり。花に鳴く鶯、水に住むかはづの声を聞けば、生きとし生けるもの、いづれか歌をよまざりける。力をも入れずして天地《あめつち》を動かし、目に見えぬ鬼神をもあはれと思はせ、男女のなかをもやはらげ、猛き武士《もののふ》の心をもなぐさむるは、歌なり。

（『古今和歌集』仮名序、佐伯梅友校注、岩波文庫、一九八一年）

「心のケア」から「スピリチュアルケア」へ

現代日本人の死生観と弔いの作法が問われたのは、二〇一一年三月十一日に起きた東日本大震災によってである。この時、津波による多数の行方不明者と身元不明者が出た。地震から約半年後の二〇一一年八月二十七日の発表では死者数は一万五千七百三十五人、行方不明者数は四月五日の発表では一万五千三百四十七人、八月二十七日付で四千四百六十七人であった。これほどの行方不明者数の多さは阪神淡路大震災や中越地震ではなかった事態だった。津波によってどこへ行ったかわからない肉親。しかし、一ヶ月たっても二ヶ月たっても見つからない。見つからない肉親をどのように扱えばよいのか？ それは死者なのか？ 生者なのか？

また、遺体が見つかっても、損傷がひどく、姿形も全体がわからない。肉親が探しに行っても確信を持てるほどの痕跡をとどめていないこともある。それは、死体であり、遺体であり、死者であることはわかっているけれども、どこの誰の死体であるかわからない。身元不明の遺体。その遺体をどう扱えばいいのか？

東日本大震災では、否応なく、このような行方不明者と身元不明者の葬儀と埋葬に関わらなければならなかった。わからなくても葬儀を行なう必要があった。そのようなやむにやまれぬ事情の中で、合同葬儀が執り行なわれることになった。その時、神道、仏教、キリスト教、新宗教など、さまざまな宗教・宗派の宗教者が集まって合同礼拝の形で葬儀を執り行なうことになった。身元不明者の場合、どのような宗教・宗派に属しているのかわからない。わからないけれども、これ以上埋葬を先延ばしにするわけにはいかない。とすれば、さまざまな宗教・宗派の合同葬儀で死者に対し、遺体に対して哀悼の意を表しつつとりあえずの葬儀を執り行なうほかない。どこの誰かがわからなくても、死者と死体に祈りを捧げ、儀礼的に弔わなければならない。

このような事態が東日本大震災の時に起こってきた。そのことは諸宗教・諸宗派の宗教者の連携を促すことになった。自分たちの一宗一派の立場などにこだわってはいられなくなった。合同で葬儀をし、共に敬虔に祈り、鄭重に弔う儀式を行なうことが死者への供養や鎮魂だとするしかなかった。そうした経緯や事情と経験を通して「臨床宗教師」という新しい公共的な宗教家が生まれてきた。

一九九五年一月十七日に起きた阪神淡路大震災の際、「心のケア」が大きな社会問題となり、「心的外傷後ストレス障害」(PTSD : Post-traumatic stress disorder)の「ケア」が取り沙汰された。安克昌『心の傷を癒すということ──大災害と心のケア』(作品社、初版一九九六年、新増補版二〇一九年)は、その当時の貴重な証言である。

その十六年後の二〇一一年三月十一日に起こった東日本大震災でも、同様に、「心のケア」が大きな問題となり、いち早く対応も図られた。だが、震災現場では、「心のケアお断り」というビラが貼られる局面もあった。

これはいったい何を意味しているのだろうか?

おそらく、東日本大震災においては、「心のケア」という言葉や方法では対処することができないほどの深い喪失や絶望や悲嘆があったということであろう。また、上から目線の「心のケア」の押しつけがましくこれ見よがしな提供や強制や、それにかこつけた宗教的布教やビジネス的な勧誘もあったのかもしれない。そこではだから、次の段階として、「心のケア」の一種であることは間違いないが、もう一歩踏み込んだ「ケア」や対人援助が求められた。それが、「グリーフケア」や「スピリチュアルケア」や「寄り添い」や「傾聴ボランティア」という言葉と「ケア」のあり方となって現れた。同時に、それが「スピリチュアルケア師」や「臨床宗教師」などの資格制度の確立ともなって現れた。

スピリチュアルケアの先駆的取り組みとしては、前述したように高野山大学が二〇〇六年にスピリチュアルケア学科を創設し、日本で最も早く大学教育を開始している。同学科は仏教および密教の教えを基に、現代社会が直面する医療・福祉・教育等の分野における「いのち」に関わる諸問題に対応できる人間性豊かな人材の養成を目的とするものであった。

二〇一三年九月十四日から二十日までの一週間、東北大学と仙台の公共施設で第六回日本スピリチュアルケア学会と第一〇回アジア太平洋パストラルケア・カウンセリング学会との合同学術大会が行なわれた。この日本スピリチュアルケア学会は、二〇一七年に百五歳で死去した日野原重明を初代理事長とし、二代目の理事長が当時上智大学グリーフケア研究所所長であった高木慶子、三代目が日本のホスピス運動の草分けの柏木哲夫・大阪大学名誉教授・淀川キリスト教病院名誉院長、そして現在の理事長が宗教学者の島薗進・上智大学グリーフケア研究所前所長・東京大学名誉教授である。この学会は、医師、看護師、宗教家、研究者が一緒にやっている会員千人ほどの学会で、二〇〇七年に設立された。

そして、日本スピリチュアルケア学会の立ち上げから六年を経た二〇一三年の第六回学術大会で、初めて「スピリチュアルケア師」の専門資格と認定資格が認定された。この資格認定とは直接の関係はないが、関連し連繫・連動する資格として、東日本大震災後、「心の相談室」の事務局となった東北大学で、二〇一二年度より「臨床宗教師」を養成・認定する教育プログラムが始まり、資格認定を出している。このような動きは、阪神淡路大震災後の動きとは異なるいっそう複雑で深刻な社会のニーズに応える新しい試みである。

「心のケア」が問題となった阪神淡路大震災後の臨床心理学や精神医学の隆盛に対して、東日本大震災後においては、それに加えて、スピリチュアルケアや宗教的ケアが前景化してきている。これはこの間の大きな変化といえるものである。

もう一つ大きな変化は、「心のケア」に関わる臨床心理学や精神医学などの「心理療法」に対して、直接脳の機能とメカニズムの解明と処方に活路を開く脳科学・神経科学・認知科学の隆盛だ。「心のケア」から「脳のケア」へと大方の関心と方法論が移行しているかに見えた矢先に「三・一一」の東日本大震災が起きた。ここにおいて、身体的（physical）、精神的（mental）、社会的（social）だけでない、はからずも「スピリチュアル（spiritual、精神的・霊性的）」な次元に深く直面せざるをえない事態となったのである。

東日本大震災では、津波によるこれまでにない多数の行方不明者や身元不明者が出た。気の遠くなるような捜索と確認の作業とその過程での悲嘆や絶望、そして葬儀の問題。死者をどのように見送り、埋葬し、鎮魂・供養すればよいのか？ 人間の生存と生死に関わる本質的な問題に直面せざるを得なかった。

また、福島原子力発電所の炉心溶融による放射能被害により、居住地を離れるほかない故郷喪失者が多数出たことも、これまでにない新たな深い喪失経験となった。町ごと、コミュニティごと、その自然と生活圏全体を喪うことになったのである。

加えて、被災地の大半を占める東北地方には古くからのシャーマニズム的な民間信仰が色濃く残っていた。恐山のイタコのように、死者の霊と交信・交流する習俗も特異な事例ではない。この習俗化し身体化した民間信仰の基盤は知的な認識や意識的な行動を超えて、あるいは包み込んで作用する、まさにスピリチュアルなリアリティを持っている。そこで、幽霊体験なども多く報告され、死者との民間伝承的な交信現象も多数浮上してきている。

このような、一九九五年の阪神淡路大震災から二〇一一年の東日本大震災までの間の精神文化や世相の変化を踏まえて、私は『講座スピリチュアル学』全七巻（ビイング・ネット・プレス、二〇一四－一六年）を構想し、その第一巻に、上記のような理由と経緯で、医療・健康、平和、環境、教育、芸術・芸能、宗教などに先だって、喫緊の問題として「スピリチュアルケア」を取り上げることになったのである。

「スピリチュアルケア」とは、単に「ケア」の一領域でも応用的な方法でもない。それは本質的に人間学的な探究と取り組みとしてある。死生観や死生学や終末期医療や緩和ケアなどと深く関わりながら、超越性に刺し貫かれている人間存在の丸ごとのケアと探究として立ち現れているからである。

スピリチュアルケアと日本の風土

「スピリチュアル（spiritual）」も「スピリチュアリティ（spirituality）」も「スピリチュアルケア（spiritual care）」という言葉も外来語である。

が、その言葉を日本語の文脈で使用する時には、それが本来持っていた英語文化圏やまた欧米の言語圏と異なるイメージや概念に膨らんだりスライドしたりすることになる。そこで、「スピリチュアル」や「スピリチュアリティ」や「スピリチュアルケア」に対応する日本語の文脈や概念、思想言語、それに関わる文化的バイアスなどについて考えておきたい。

そもそも、「スピリチュアル」や「スピリチュアリティ」という言葉を日本語にどう訳すか、それ自体が大変難しい問題である。例えば、ＷＨＯ（世界保健機関）の健康の定義の“physical, mental, social”に関しては、ほぼ誰しも身体的・精神的・社会的と訳すことに異論はないだろう。だが、“spiritual”を「霊的」と訳すと、「霊的？　ちょっといかがわしすぎるのではない？」という反応が起こるかもしれない。

というのも、「霊的」という言葉は、日本語の含意の中では、歴史的に、祟りや怨霊や幽霊などの現象と切り離せないからである。それは、ギリシャ語の気息や霊魂を意味する「プシュケー（psyche）」

や「プネウマ（pneuma）」が「ヌース（nous、叡智）」や「ロゴス（logos、理性・論理・規則・言語）」と結びついた文脈とは大きな違いである。少なくとも、『日本書紀』には「荒魂《あらみたま》・和魂《にぎみたま》・幸魂《さきみたま》・奇魂《くしみたま》」という記述はあるが、それらも各種の情的状況を示しており、日本語的文脈では、「霊的」と「理性的」とは普通結びつかない。

だが、プラトンや新プラトン主義やストア学派を引き合いに出すまでもなく、ヘレニズム―ヨーロッパ的な文脈においては、「スピリチュアル（霊的）」と「ロジカル（理性的）」とは当然差異はあるものの、必ずしも相反する概念や事態ではない。実際、ストア学派とも近しい哲学者キケロは、『神々の本性について』第一巻の中で、ストア学派のクリューシッポスの説を取り上げ、「彼（クリューシッポス――引用者注）は、神の力は理性の中に置かれている、ないしは自然全体の魂や知性の中に置かれていると主張したかと思うと、今度は宇宙そのもの、あるいは万物に浸透する宇宙の魂そのものが神であると述べ、また別のときには、知性と理性の中に存在する魂自体の統轄的力や、さらには森羅万象に共通し、万物を包摂する共通の本性を神とみなし、あるいは運命の力、言い換えれば、未来の出来事を導く必然の力、さらには炎や、先ほどふれたアイテールを神ととらえたりもする。かと思うと、水、土、空気といった、流れやすく拡散しやすい性質をもつもの、あるいは太陽、月、星、これらすべてを包括する宇宙の全体、さらには不死性を手に入れた人間といったものをことごとく神であると主張する」（『キケロー選集』11、山下太郎他訳、岩波書店、二〇〇〇年）と述べている。ストア学派においては、神と霊魂と原理と理性と自然がひとつながりの原理的な関係性と体系的整合性を持っているとされる。霊魂と理性は相反しない。

このことは、日本語の言語使用者には驚きである。どうして「霊的」と「理性的」とが結合しうるのか？「理性的」な事態や構えを超えることが「霊的」ということではないのか？それは常に相反するベクトルを持つものではないか？　と。

例えば、菅原道真公の「怨霊」は「恨み」を持って「祟り」をなしたが、それは「理性的」なふるまいではなく、負の感情、すなわち怨嗟という「パトス（pathos）」の発露であると考えられた。そこで日本語で「霊的」と人が言う時、そこに「理性」や「論理」の介入する余地はまずありえない。むしろ、「霊的」事態とは、非論理的で非合理な神秘不可思議な錯綜とイメージされやすい。

もちろん、それは「霊的」という語の今日的な語感やイメージであり、個々の思想家や文学者がそれをどのように概念規定し使用してきたかという詳細な事例分析を考察した結論ではない。だから単純に割り切ることはできないが、ここではひとまず、「霊的」という言葉が、一種の負の引力を持ってさまざまな怪しげでいかがわしげな事象や事態を引き付けやすいということに注意を促しておきたい。そうした比較語彙論的な文脈をくぐりぬけるところから「スピリチュアル」や「霊的」事象を考えていきたい。

そこでここでは、論理（理性・合理）的―非論理（非理性・非合理）的という対極の構えにかぶさる形で「霊的」という概念位相を想定しておきたい。

日本語の「霊・霊魂・霊性・霊的」という漢語的な表現は大変多義的で複雑な意味作用を持っている。ここではそれらの語の概念規定や用例分析をする余裕はないが、その多義的な曖昧さを指摘することで、「スピリチュアル」や「スピリチュアリティ」や「スピリチュアルケア」に関わる日本語的世界の困惑と混乱が、この問題領域の深みと複雑さとそれゆえの重要性を帯びていることを指摘しておきたい。そして、『万葉集』の時代から「言挙げせず」という態度を倫理的で美的なありようと考えがちであった人々にとって、「言挙げしない」ということと「霊的」ということと「真実は隠れている」とか「幽玄である」ということがいつもどこかで軽々とつながり得る事態であることにも注意しておきたい。

次に、日本で「スピリチュアル」や「スピリチュアリティ」や「スピリチュアルケア」を考え、実践する際に、自覚しておくべき日本文化的バイアスを日本の風土や思想の基本的条件から吟味しておきたい。もちろん、その「日本文化的バイアス」なるものが、常に、通史的・通文化的にあると考えているわけではないが、一つの仮説的偏差条件として念頭に置いておくべき事柄として取り上げてみたい。

実際問題として、欧米で発達した「スピリチュアルケア」が日本で受容され定着していくためには、在来の基層文化とどのように折り合いをつけるかが重要な課題となるだろう。その際、日本列島を支える基層信仰やその発現のあり方に対する一定の知識と判断基準と自分なりのスタンスが必要となるだろう。

「むすひ」と「ナチュラルケア」

このような問題意識の中で、考えておかなければならない観点は、日本における「スピリチュアルケア（spiritual care）」のありようが、「ナチュラルケア（natural care）」（healing through nature, natural approach to care）とでもいうべき自然の力動の感受と深く結びついているという点である。直截に言えば、「人が癒す」つまり「人間関係の関わりの中で支えられ癒される」局面だけではなく、「自然が癒す」すなわち「自然と人間との関わりこそが癒しと支えの根幹となる」という事態があるということだ。

論証過程を飛ばして結論のみ言えば、『古事記』における「むすひ」の神々の自然生成力への畏怖・

畏敬の心ばえが、「草木国土悉皆成仏」という命題に集約される天台本覚思想などを生み出していくという、本源的に脱人間主義的かつ汎自然的な感覚と思想の問題となるということである。自然「災害」が多発するということは、言い換えると、自然の奥深い底知れぬ「むすひ」の威力に対する畏怖・畏敬の念が強化され堆積されていくということでもある。

その畏怖・畏敬の念と不可分の「むすひ」感覚が「ナチュラルケア」として、日本型「スピリチュアルケア」を包含していると仮定する。ということは、「自然」や「むすひ」への認識なしに日本での「スピリチュアルケア」を実践することには根本的な不足や欠落があるということになる。日本のスピリチュアルケアは日本人の死生観を踏まえておく必要があるだろう。

八世紀に編纂された各地（国）の『風土記』や近代日本の倫理学者・和辻哲郎の『風土――人間学的考察』（岩波書店、一九三五年）を取り上げるまでもなく、日本の文化と思想は日本列島の「風土」と無関係であるどころか、それによって彫琢され陰影を深くしてきたもっとも基底的な存立条件である。

その和辻哲郎が日本の「風土」をモンスーン型に分類したことは大枠としてはもちろん間違いではないが、日本列島の多様性を単純な二極類型にまとめているところには注釈が必要である。和辻の時代にはプレートテクトニクス理論はなかったから、和辻が日本列島が四つのプレートの重なりの上に実に流動的に成り立っているという認識を持つことはできなかった。和辻は日本を太平洋と日本海の水が台風と大雪となって降り注ぐ「モンスーン域中最も特殊な風土を持つ」と指摘し、特殊日本型モンスーン気候を「熱帯的・寒帯的の二重性格」と述べている。また、その日本を「台風的性格」と「珍しさ」の二点から考察を加え、日本人の「忍従」的性格などを指摘しているが、その考察は類型的で比較文化論的には面白くわかりやすいものの大雑把で恣意的である。

むしろ、八世紀にまとめられていった各国『風土記』の世界に立ち返りつつ、日本列島の多様性を

「ちはやぶる八百万の神々の交響」として捉え直していく視点が必要であろう。もちろんその「交響」の中には、天つ神と国つ神の激突や対立や戦闘や「国譲り」も含まれているのだが、しかし古来日本列島が強い流動性を持った風土であることを、八世紀に成立した『古事記』のイザナギ・イザナミノミコトによる国生み神話や『出雲国風土記』の朝鮮半島から綱を掛けて「国」を引っ張ってくる「国《くに》来《こ》」伝承や、さらに、すでに室町時代に描かれていた日本の国々を龍蛇が取り巻いている地図や、江戸時代に描かれた日本列島の地面の下の鯰が蠢くと地震が起こると説明する「鯰絵」（C・アウエハント『鯰絵――民俗的想像力の世界』小松和彦他訳、岩波文庫、二〇一三年）などをつなぎ合わせながら考えてみる必要があるだろう。つまり、国生み神話も国来伝承も龍蛇図や鯰絵もみなプレート的流動性や噴火・地震・造山活動の生成と関係していると解釈できる。『古事記』ではその生成する力の根源を「むすひ」の神として表現しているわけである。

ユーラシアプレート（西方）、北米プレート（北方）、太平洋プレート（東方）、フィリピン海プレート（南方）というプレートがぶつかって潜り込んだり盛り上がったりしている四つ巴の地域、それが日本列島である。その四極構造と十字路的融合。日本列島は世界にも稀なる「プレートの十字路」をなす風土を持っており、それが日本列島を南北に走る地溝帯のフォッサマグナと東西に走る中央構造線となって現れている。東西南北にクロスする揺れる多次元的に流動し変動する列島、それが日本列島なのである。

四面を海に囲まれたその列島では、海流もまた大きく四流あり、黒潮（日本海流）と対馬海流の暖流と、親潮（千島海流）とリマン海流の寒流の二種四流がある。黒潮と親潮は太平洋の三陸沖から銚子・房総沖でぶつかり、対馬海流とリマン海流は若狭沖から能登沖でぶつかり、交じり合う。植生も主に西日本の照葉樹林帯（低地日本）と東日本のブナ・ナラ林帯（高地日本）があるが、日本列島には四千メートル近い高低差もあるので、西日本の高地にもブナ・ナラ林帯は広がっている。例えば、九州における修験道の拠点地の英彦山の北岳には立派なブナ林が広がっている。

このように、日本列島が東日本と西日本という対極と北国と南国という対極の四極構造を持っていることを考えれば、そこにおいて、この複雑多様な自然生成力を「むすひ」の神のはたらきとして感得し表現することのリアリティを読み取ることができるだろう。少なくとも、日本列島は陰陽両極の二極構造を東西南北に二重化して配置しているといえる。

このプレートの十字路であることの地質学的特性を十分に認識しなければならない。そしてその地質学的かつ自然地理学的特性が、風土の上で繰り広げられる文化や歴史や人間関係にも大いに作用し影響を与えていることにも十分な注意と認識が必要である。

悲嘆に寄り添う「臨床宗教師」

二〇一六年二月二十八日に「日本臨床宗教師会（Society for Interfaith Chaplaincy in Japan）」が設立され、京都の龍谷大学で設立記念シンポジウムが行なわれた。すでに「臨床宗教師」を養成していた東北大学と龍谷大学、二〇一五年度に養成講座を設けた高野山大学、二〇一六年度開講の種智院大学と武蔵野大学などの仏教系大学のほか、カトリック系の上智大学や仏教系の鶴見大学、愛知学院大学など国立および私立の八大学が設立に参画し、会長には宗教学者の島薗進・上智大学グリーフケア研究所所長・東京大学名誉教授が就任、副会長には大下大圓・高野山大学客員教授や金田諦應・曹洞宗大通寺住職、窪寺俊之・関西学院大学元教授、鎌田東二が就いた（島薗初代会長の後、二〇二一年四月から二代目会長を私が務めている）。

同会の設立趣意書では、「臨床宗教師（interfaith chaplain）」とは、「被災地や医療機関、福祉施設などの公共空間で心のケアを提供する宗教者」であると規定される。いつでも、どこでも、誰とでも真剣に向き合い、スピリチュアルケアや宗教的ケアを実践する宗教者であることを目指して互いの質的向上を図っていく団体が同会である。

この「臨床宗教師」という言葉は、これまで台湾などでも用いられてきたが、日本では、欧米の聖職者「チャプレン」に対応する日本語として、緩和ケアの第一人者であった岡部健医師が二〇一二年に提唱し、徐々に使用されるようになり、大きなうねりを生み出している。

基本的に、「臨床宗教師」は、自宗の布教や伝道をすることを目的としない。むしろ、相手の価値観や人生観や信仰を尊重しながら、各自が立脚する「宗教者」としての経験を活かして、苦悩や悲嘆を抱える人々に「寄り添う」存在である。彼らは、さまざまな専門職とチームを組み、「宗教者」として全存在をかけて、人々の苦悩や悲嘆に向き合い、かけがえのない個人の経験と物語をあるがまま受けとめ、そこから感じ取られるケア対象者の宗教性を尊重し、スピリチュアルケアと宗教的ケアを行なう。

この「臨床宗教師」という名称は、これまで用いられ、いろいろな活動を展開してきたチャプレン（病院や刑務所や軍隊などで行なうキリスト教聖職者の宗教的ケア実施者）やビハーラ僧（仏教聖職者の仏教的ケア実施者）やパストラルケアワーカー（キリスト教司牧者のケア実施者）などをすべて包含している。そして、各宗教の一宗一派の立場や方式を超えて、各宗教者のそれぞれの宗教的基盤を尊重しそれに敬意を払いながらも、それにとらわれずに広く協力していく願いが込められている。そこで、仏教やキリスト教や神道や新宗教など、さまざまな信仰を持つ宗教者が協力して活動と展開を始めているのである。

前述のとおり、こうした「臨床宗教師」が誕生するきっかけとなったのは、二〇一一年三月十一日に起こった東日本大震災であった。「三・一一」後、医師や看護師や臨床心理士らによる「心のケア」と、悲しみに寄り添う宗教者の支援活動が被災者に生きる希望と助けと支えとなった。加えて、支援した宗教者みずからが被災者の思いやりや優しさに支えられ、生きる意味と宗教の存在意義を改めて学び直した。二〇一一年に、島薗進を中心に、宗教者や宗教学者や医療関係者らによって宗教者災害支援連絡会が設立され、それに連動しつつ、被災直後に設立された「心の相談室」を母胎に、二〇一二年に東北大学大学院文学研究科実践宗教学寄附講座が開設された。そしてそこで日本で最初に「臨床宗教師」の名で、宗教学や死生学やスピリチュアルケアや臨床実習を組み合わせた研修と養成が始まり、それが各大学に拡がっていったのである。

その後、八つの諸大学研究機関も協働して取り組むようになった。すでに修了者は二百名を超え、全国各地で活動している。ソーシャルキャピタルとしての宗教の役割が見直され、社会から臨床宗教師への期待も高まりつつある中で、「日本臨床宗教師会」は、現場に立つ者と教育を担う者が協力して、臨床宗教師の教育と実践を支援し、そのあるべき姿を検討する共通基盤を構築していく。新しい専門職として心のケアを実践するために、臨床宗教教育の継続研修に基づいて「臨床宗教師」資格認定制度を確立し、資格授与をしている。そして、「インターフェイス（Interfaith）」という概念を軸に、宗教間理解・対話・協力・協働を進めつつある（これについては、日本臨床宗教師会編『スピリチュアルケア――インターフェイスな臨床宗教師』作品社、二〇二五年三月刊を参照されたい）。

台湾における「臨床宗教師」と「臨床仏教宗教師」について、法鼓文理学院校長を務めた釋恵敏師より次のような教示を得たので、ここに追記しておきたい。

台湾では、一九九五年より仏教蓮華基金会の陳榮基医師（元NTUH副院長）から国立台湾大学付属病院緩和医療病棟の陳慶餘医師や釈恵敏師などに「スピリチュアルケアパターンの研究」「ホスピス・緩和ケアへの仏教適用についての研究」「ホスピス・緩和ケアに関与する臨床仏教宗教師養成計画」が依頼され、二〇〇七年の臨床仏教学協会の設立につながった。

「臨床仏教学」とは、終末期ケアのために仏教の教えを医学と融合させたもので、①終末期の苦しみ、②死の準備、③人生の意味や受容、④仏教の臨床的実践、⑤死への恐れ、⑥スピリチュアル・死生学をカバーする。「臨床仏教学」として重要な視点は、キリスト教文化に端を発する「霊性ケア（スピリチュアルケア）」に対して、『正法念処経』に説かれる「四念住（四念処）」に基づいて人間を「身・受・心・法」から成ると見なし、「法」を観察対象とする「マインドフルネスケア」へと目を向けるものであるとされる。「臨床仏教宗教師」育成課程は、年齢が二十八－四十歳の大学卒業者で僧臘五年以上の者で、六十時間以上のホスピス・緩和ケア基礎課程を勉強したことのある僧侶を対象とする。また、さらに三ヶ月の進級訓練を受け、教学活動に携わると同時に、論文を発表した者とする。「臨床仏教宗教師」育成は、三ヶ月の基礎級訓練を経て、他のホスピスや緩和ケア病室で一年以上実習し、「臨床宗教師」のカリキュラムには、ケース研究討論、臨床実習、臨床訓練、コア知識、専門家セミナー、課程訓練が必修とされる。「臨床仏教宗教師」は、一九九九年に二名、二〇〇〇年に八名、二〇〇一年に十名、二〇〇二年に十七名を募集し、二〇一一年には四十三名が臨床仏教宗教師の課程を終了して、中山医科大学付属病院や中国医科大学付属病院や台中栄民総合病院などの台湾全土三十三ヶ所の病院のホスピス・緩和ケア病棟で働いているという。（「生命から環境へのスピリチュアルな発達──四無量心に基づいた日本仏教のはかり知れない可能性」釋恵敏、二〇一四年七月五日講演より）

私は、二〇一一年三月十一日に起きた東日本大震災後の東北の「復興」の過程を半年に一度、定点観測しながら、ハード面での復興とソフト面や心の復興とのタイムラグや齟齬を強く感じてきた。

何度も述べるように、東日本大震災後、臨床心理学や精神医学的な「心のケア」から一歩踏み込んで、「スピリチュアルケア」「グリーフケア」の必要が認識され、二〇一三年から「日本スピリチュアルケア学会」（二〇〇七年設立）が「スピリチュアルケア師」を認定し始め、また同年より、国立大学法人東北大学文学部寄附部門「実践宗教学講座」が「臨床宗教師」の教育と認定を始めた。これは、一九九五年一月十七日に起きた「阪神淡路大震災」から二十年を経ていく過程での大きな変化であった。この動きがスピリチュアルケアやグリーフケアや宗教的ケアだけでなく、これからのアジアや世界の「平和や和解へのケア」につながっていくはずだ。いや、つながっていかなければならない。

14、おわりに

宗教史的に見ると、キリスト教の霊性論は「聖霊」や「愛」の思想と関係し、仏教の霊性論は「仏性」や「如来蔵」や「即身成仏」や「菩薩道」や「慈悲」と関係し、神道の霊性論は「神」や「たま」や「鎮魂」や「清浄」や「正直」と切り離せない。そして、精神世界やニューエイジの霊性論は瞑想や自己実現（自分探し）や神秘主義や近代批判と不可分である。またＷＨＯの霊性論は第三世界から出てきた人間の幸福や価値や生きる意味（生活の質、ＱＯＬ）の探究と結びついている。

こうした宗教思想史的な文脈を踏まえて、霊性―スピリチュアリティ論の意味の地平を整理しておきたい。するとここに、三つの志向性（外延）があることが見えてくる。それは、

①普遍志向性（超宗教性・通宗教性）
②平等志向性
③開放志向性（解放性、閉鎖性の突破）

の三つである。

また、霊性―スピリチュアリティ論が内包する要素として次の三要素を挙げることができる。

①全体性＝丸ごと
②根源性＝根っこ
③深化＝深まり

霊性ないしスピリチュアリティという言葉は、精神性のより深い根源的・全体的次元への洞察と関心を示す言葉である。その語は、全体性と根源性と深化という三つの要素を含み持っている。それは、全体的で、根源的でありつつ、人間の深化と成熟と変容を指し示し得る言葉なのだ。仏教学者の故玉城康四郎の言葉を借りれば、それは人類の「業熟体」実現を志向する言葉であるといえるだろう。

こうして、霊性―スピリチュアリティという語は普遍志向性を持ち、すべての宗教に通じる超宗教性ないし通宗教性とすべての人間に通じるような平等志向性を持ち、人権思想をさらに深く支える基盤ともなり得る。それ以上に人権を超えて、アニミズムやトーテミズムとも結びつく、あらゆる生命の生命性を包含する概念としても用いられ得る。かくして霊性―スピリチュアリティは、神性や仏性や心性や精神性とも異なる、より開放的で閉鎖性や偏りのない包括的概念として使用され得る可能性を持っている。

私自身はそうした霊性―スピリチュアリティ論の中で、もののあはれやもののけやものがたりやものぐるいを含む「モノ学・感覚価値」研究を二十一世紀の「霊」あるいは「霊性」の探究として進化発展させたいと考えている。

第二章　うたといのりと聖地の死生観

1、はじめに

国学者たちが「古学＝国学」に目覚めていったのは、まず何よりも『万葉集』の研究を通してであったことを確認しておきたい。『万葉集』研究は日本人の自己認識の学としての国学の起爆剤となった。契沖、荷田春満、賀茂真淵、彼らはみな万葉研究を志した。

考えてみると、『万葉集』という歌集（＝詩集）は世界にも類例を見ない書である。短詩型文学書とはいえ、これほど多種多様なアンソロジーが成立したということ自体、驚きである。当代の著名な宮廷歌人から、防人から、詠み人知らずまで、分け隔てなく歌の前での平等を享受している。雄略天皇の歌で始まり、大伴家持の歌で閉じる四千五百余首の集成は、日本人の心性と歌心を余すところなく伝えているといっていい。それは『源氏物語』研究を通して「もののあはれ」を抽出した本居宣長に倣って言えば、「もののあはれ」の宝庫であり、万葉研究こそ、万葉人の「もののあはれを知る」ための不可欠な作業であった。

本居宣長は『宇比山踏《うひやまぶみ》』の中で、「すべて人は、雅の趣をしらでは有るべからず。これしらざるは、物のあはれをしらず、心なき人なり。／かくてそのみやびの趣をしることは、歌をよみ、物語書などをよく見るにあり。然して古へ人のみやびたる情をしり、すべて古への雅たる世の有りさまを、よくしるは、これ古の道をしるべき階梯也[1]」と述べている。

宣長は言う。人としての根幹・大事は、「雅の趣」を知ることにあると。それが「物のあはれ」を知ることであり、すべての知と行動の前提となるのだと。その「雅の趣＝物のあはれ」を知るためには歌を詠み、物語をよく読み知ることが肝要で、それによって「古《いにしえ》」への感性の回路が開けて「古の道」が通じていくのだ。歌を詠むことは上手い下手が規準ではなく、あくまでも「物のあはれを知る」ことが規準なのである。それは審美でも倫理でも信仰でもなく、感覚の開かれと絶えざる洗練、情趣の感受性の深化であると。

宣長は日本の国がらを「物のあはれを知る」〝詩の国〟、〝詩人の国〟と考えているのだ。そしてそのような詩的人間の形成こそが道学びの第一階梯であると断固主張するのである。

また本居宣長は『源氏物語玉の小櫛』の中で、「すべてあはれといふは、もと、見るもの聞くもの触るる事に心の感じて出る嘆息の声にて、今の俗言にも、ああといひ、はれといふこれなり」と述べ、『石上私淑言《いそのかみのささめごと》』では、「物のあはれを知るといひ、知らぬといふけぢめは、たとへばめでたき花を見、さやかなる月に向ひて、あはれと情の感《うご》く、すなはちこれ、物のあはれを知るなり」と述べている。つまり、天地自然万物の発する声に感応して「もののあはれを知る」心が揺らぎ立ち、それが深まって歌や絵などに表現される。「すべて何事にても、殊にふれて心のうごく事也」「阿波礼といふは、深く心に感ずる事也[2]」と。こうした「もののあはれ」を解する詩的人間の形成と詩の国・詩人の国の確立こそが日本の国がらであり、向かうべき方向であると宣長は考えているのだ。

そもそも、『源氏物語』も『伊勢物語』もその核心部分はすべて歌で表現されている。『古事記』、然りである。であれば、歌こそが日本文化のアイデンティティの根幹をなすものであり、国学がその歌の研究から出発したことの意味を繰り返し確認しておく必要があるだろう。

後に、『古代研究』「追ひ書き」において、「新しい国学を興す事である。合理化・近世化せられた古代信仰の、元の姿を見る事である[3]」として、民俗学と国文学との融合による「新しい国学を興す事」を宣言した折口信夫も、『万葉集』の研究から彼の「古代研究」を出発させている。折口が何度も稿を改めた「国文学の発生」とはまさに歌の発生の現場をつかまえる作業であったといえる[4]。

私はこうした国学の先人たちの仕事を踏まえ、ここで、『万葉集』および歌の重要性を主張してきた国学者や新国学者の仕事を念頭に置きながら、『万葉集』を「聖地」と祈りと祭りという観点から捉え、そこから日本人の死生観につながる古代日本人の精神世界を解読してみたい。

2、聖地の生物学的・惑星的基盤

「聖地」とは、神仏や精霊あるいは超自然的存在などの聖なる諸存在が示現したり、または記念したりしたある特異な場所を総称して言う。それは空間の特異点のような場所で、あの世とこの世とが交通し、往来する場所とされる。そうした「聖地」がどのようにして〝発生〟してきたか、その生物学的基盤を考察してみたい。

手がかりになるのは、次のイギリスの動物行動学者ジェーン・グドールの発言である。ジェーン・グドールはチンパンジーが道具を用いることや肉食をすることを世界で初めて観察して衝撃を与えた女性の動物行動学者である。彼女はアフリカ・タンザニアのゴンベにある美しい滝の前のチンパンジーのある行動について次のように述べている。

「ゴンベの森の中に美しい滝がある。ここに来ると、彼らは決まって不思議なふるまいをする。毛を逆立て、蔓を揺らし、何かに取り憑かれたように踊る。チンパンジーはすでにこの世の不思議に気づいている。われわれと同じように、何か大いなる存在の力に気づいている。もし彼らがその感覚を他者に伝える言葉を持っていたなら、きっと宗教の原点のようなものが生まれただろう。でも、彼らは目の前にあることしか子供たちに伝えられない。思いをたましいにまで高められない。だから人間が言葉を持ったことはとても重要なことなのだ[5]」

ジェーン・グドールはタンザニアの熱帯林の森の中の「美しい滝」の前でのチンパンジーの不思議な行動について報告している。チンパンジーは、その滝の前に来ると、決まって「毛を逆立て、蔓を揺らし、何かに取り憑かれたように踊る」というのである。なぜであろうか？

その「滝」を見て、いったいチンパンジーたちは何を感じているのだろうか。その感受が「毛を逆立て、蔓を揺らし、何かに取りつかれたように踊る」という行動を生み出しているのは間違いない。その「滝」のインパクトとは何であろうか。私はここで、那智の大滝の前に出た時の感覚を思い出す。そこでは思わず知らず、「おおー！」と感嘆の声が上がるような感受がある。本居宣長の言葉を使えば、「あはれと情の感く」「もののあはれを知る」感覚がある。チンパンジーも「あはれと情の感く」感受を経験しているのだろうか。

ジェーン・グドールが「チンパンジーはすでにこの世の不思議に気づいている。われわれと同じように、何か大いなる存在の力に気づいている」と述べているように、チンパンジーも「あはれと情の感く」経験を持っているだろう。そしてその滝場で、「大いなる存在の力」を感じ取っているのだろう。しかし、ジェーン・グドールが言うように、チンパンジーはそれを言葉や歌にする能力と方法論を持っていない。そこに聖なる何ものか、大いなる何ものかは感じても、それを言語や象徴によって表現し伝えるわざを持ちえてはいないのである。とはいえ、チンパンジーにおいても「聖地」の感受能力はあると私は考える。

同じくイギリスの生物学者であるライアル・ワトソンは、聖地の始まりについて、『アースワークス――大地のいとなみ』の中でこう言っている。

「心に霊感を与えてくれると信じられている場所は世界各地にある。ギリシアのデルフォイの神殿、オーストラリアのエアーズ・ロックのふもと、イギリスのグラストンベリー・トールの山頂、日本の伊勢神宮の森などがそうで、これらには風光の美しさと神秘的な雰囲気以外にとりたてて共通するものはない。いずれも古くから聖地とされ、シャーマンや呪術師らがこれを見つけ、吟遊詩人や魔女が繰り返し訪れ、僧や仙人が日々これを護ってきた場所である(6)」

また、人間が抱く「本質的調和への希求」について、「われわれには、本質的な調和ともいうべきものについての意識と希求があるらしいのだ」とも、「われわれはみな、本質的に大地のことを身体《からだ》で知っていて、この天与の智慧を表現するゆとりさえ与えられれば、この惑星上でもとりわけ調和がとれている場所の方へと苦もなく、しかも抗いがたく、流れてゆくものらしい。そういうところでこそ、心安らかにくつろぎ、眠ることができる。そこでこそ、思うままに夢を見、より偉大なるものに連なる喜びを味わうことができる(6)」とも述べている。

ライアル・ワトソンによれば、「聖地」には「風光の美しさと神秘的な雰囲気」があり、「シャーマンや呪術師らがこれを見つけ、吟遊詩人や魔女が繰り返し訪れ、僧や仙人が日々これを護ってきた」が、そこでは「思うままに夢を見、より偉大なるものに連なる喜びを味わうことができる」という。霊感やスピリチュアルな感覚を持ったシャーマンや詩人たちがそこでイマジネーションを膨らませ、夢見を体験し、大いなる存在に出会う場所、それが「聖地」であり、そこはまたこの地球という「惑星上でもとりわけ調和がとれている場所」であるとされる。そのような聖なる場所が世界各地にあるというのだ。

3、聖地の特性

それでは、そうした「聖地」とはいかなる特徴を持つ場所なのか？

それを私は次のようにまとめておきたい。

①魂を飛ばす場所（異界・他界への境界）
②魂をつなぐ場所（神・精霊／人／自然）
③魂を浄化する場所（祈り・修行）
③魂を強化し生命力を活性化する場所（神遊び、神事芸能）
⑤タマフリ・タマシヅメ・行の場所（鎮魂・瞑想）
⑥宇宙的調和と神話的時間を感じ取る処
⑦異次元回路としての次元孔

こうした聖なる場所において人間は特異なイマジネーションを発動してきた。ゲーテはそうしたイマジネーションを、「花崗岩について」と題するエッセイにおいて、花崗岩を「時間の記念碑」と読み解き、そこから大地の生成をパノラマのように幻視する力であるとしている。つまり、花崗岩を地球の運動の軌跡を覗き込む時空孔と見ているのである。ライアル・ワトソンの言葉を使えば、「この惑星上でもとりわけ調和がとれている場所」が聖なる場所であるということになる。

宮沢賢治は「龍と詩人」の中で、詩人が詩想を得る場所を、龍の棲む洞窟のある岬の上として描いている。詩人は毎日毎日岬の突端に行って詩を歌った。それを詩のコンクールで発表して優勝するのだが、その時誰かがひそひそ声で、詩人は岬の洞窟に住む老龍の歌う歌を盗み聞いてそれを詩にして発表して優勝したのだという声が聞こえたのである。詩人は驚き、これまで自分が作ったとばかり思っていた詩が龍の歌の盗作だという話を聞いて、すっかり自信を失い、もしそれが本当なら龍に謝らなければならないといつも行く岬の突端に行って、龍に「わたしはここにおまえの居るのを知らないでこの洞穴のま上の岬に毎日座り考え歌いつかれては眠った。そしてあのうたはある雲くらい風の日のひるまのまどろみのなかで聞いたような気がする。そこで老いたる竜のチャーナタよ。わたくしはあしたから灰をかぶって街の広場に座りおまえとみんなにわびようと思う。あのうつくしい歌を歌った尊ぶべきわが師の竜よ。おまえはわたしを許すだろうか」と謝った。すると、老龍は詩人スールダッタに次のように語った。

「スールダッタよ、あのうたこそはわたしのうたでひとしくおまえのうたである。いったいわたしはこの洞に居てうたったのであるか考えたのであるか。おまへはこの洞の上にいてそれを聞いたのであるか考えたのであるか。おおスールダッタ。／そのときわたしは雲であり風であった、そしておまえも雲であり風であった。詩人アルタがもしそのときに冥想すれば恐らく同じいうたをうたったであろう。けれどもスールダッタよ。アルタの語とおまえの語はひとしくなくおまえの語とわたしの語はひとしくない韻も恐らくそうである。この故にこそあの歌こそはおまえのうたでまたわれわれの雲と風とを御する分のその精神のうたである[7]」

老龍は許しを乞う詩人に対して、さらに、「誰が許して誰が許されるのであろう。われらがひとしく風でまた雲で水であるというのに」と語りかける。これは、聖なる場所においては誰もが似たような感受と体験を持つということであろう。すなわち、誰もが「冥想すれば恐らく同じいうたをうた」うことができるというのだから。そこにおいては誰しもが雲になり風になる。そのような自然のエネルギーと運動に同化した時に、「同じいうた」が聴こえてくる、そう老龍は諭すのである。だから、詩人の歌った歌は、まぎれもなく、「おまえのうたでまたわれわれの雲と風とを御する分のその精神のうた」となるのだ。

この「龍と詩人」という童話は、詩が生まれてくる場所、詩の発生現場の洞察に満ち溢れて大変興味深い。これをわれわれの文脈で言うならば、詩の生まれる場所とは「聖地」であるということになる。

私は、場所はエネルギーと情報を保持していると考えている。そして、聖なる場所はそのエネルギーと情報において、特異で強烈なメッセージを孕んでいる。その「聖地」において、詩人やシャーマンたちの意識の変容が起こり、気・波動・トランス・癒しなどが生起するのである。

4、「うた」はどこで歌われたのか？

そこで、問題は「聖地」と歌との関係になる。言い換えると、歌はどこで歌われたのかという問題である。私は、古くは、歌は「聖地」において、特別の聖なる時に歌われたと考える。民俗学的に言えば、ハレの日である。もちろん、恋の歌など、日常生活の中で恋する人々の間で歌われ、交換されたであろうことは容易に推測されるが、しかしそれとても以下に見るように特別の聖なる時（性なる時）があったと思われる。

『常陸国風土記』を見ると、歌垣、歌會が筑波の岳で行なわれたとある。つまり、祭りの夜に、聖なる場所や特別な場所、例えば喪の場所などでさまざまな歌が歌われたということである。沖縄のモーアシビ（毛遊び）では、長らく満月の夜、海辺で歌が歌われるという風習があった。それは歌垣と共通の民俗事象であったと考えられる。

　こうした、集団で歌が詠まれる歌垣や歌會の場所として、『万葉集』や『風土記』などに挙げられているのは、摂津の歌垣山、大和の海石榴市や軽市、常陸の筑波岳、肥前の杵島岳などである。

　もう少し具体的に『常陸国風土記』を見てみよう。――昔、「祖神尊《みおやのかみのみこと》」が諸神のところを巡行し、福慈神《ふじのかみ》に一夜の宿を請うたが、「新粟の初嘗」で「家内諱忌」しているのでと断られた。そこで、次に筑波岳で宿を請うたところ、筑波神が「新粟嘗」にもかかわらず、丁重に招き入れられて歓待を受けた。祖神尊はたいへん喜び、「愛しき子の坐す神宮は高く聳え、天地とともに、また日月とともに、人民が集まりことほぎ、飲食富豊かに、代々絶えることなく、日に日に弥栄え、千代万歳に遊楽の尽きることがないだろう」と祝福された。このことがあって、富士山は常に雪が降って登ることができず、筑波岳には人々が行き集い、歌舞、飲食の楽しい宴が絶えることがないと記されている。

　また、それに続けて、「坂より以東の男女、春は花の開ける時、秋は葉の黄つる節、携え連なり、飲物持ち来てよぢ登臨《のぼ》り、遊楽《あそ》びいこえり。（中略）詠える歌もいと多くして、載車《のす》るに勝《た》えず。俗の諺にいわく、筑波嶺の會《かがひ》に妻問いの財を得ざれば、児女とせずといえり」と記されているのである。つまり、春秋の季節のよい花盛りや紅葉の森で、飲食物を持ち寄って、筑波の峰に登り、そこで「遊楽」し、歌を歌い合う「會《かがひ》」を行なうというのだ。

　この筑波の峰には筑波山神社が祀られているが、この山が富士山同様、古くから聖なる山と崇められてきたことはいうまでもない。その聖なる山の「心安らかにくつろぎ」、そして、「思うままに夢を見、より偉大なるものに連なる喜びを味わうことができる」場所で、若い男女が歌を詠み交わし、一夜を共にするのである。それは、歌祭りの夜、あるいは聖婚の夜と言ってもよいだろう。それを聖なる時＝性なる時と呼ぶこともできるであろう。

5、どこで、「いのり」が捧げられたか？

さてここで、迂回して、どこで祈りが捧げられたかを考察しておこう。祈りが捧げられる祭りの場所を古語で「斎庭《ゆには》」と言った。その「斎庭」はまた「さには」（沙庭・審神者）とも言い、本来、それは聖なる祭儀の庭であり、神懸りの場であったが、それが次第にそこでの神懸りの言葉を判定する審神者の意味に転じていった。

このことが『古事記』や『日本書紀』や『古語拾遺』などで、天の岩戸の前での神祭り（神事）として記されている。天の岩戸とは高天原にある洞窟で、日の神天照大神は弟神の乱暴に耐えかねて、この天の岩戸と呼ばれる洞窟にさし籠もってしまう。すると、世界は暗黒に包まれ、もろもろの災いが矢継ぎ早に襲ってくる。そこで神々は相談して、この洞窟の前で祭りを行なった。神籬《ひもろぎ》を立て、鏡や紙垂《しで》を取り付け、祝詞を奏上し、そしてアメノウズメノミコトが手に笹葉を持ち、ウケフネを踏み轟かして踊りを踊っているうちに、神懸りとなり、胸乳と女陰（ホト）を露わにした。それを見て神々は花が咲くように笑い、その笑い声に引かれて、天照大神が顔を覗かせ、世界に光が戻ったのである。アメノウズメは日の神を再び岩戸の外に招き寄せ、復活させることに成功した女神なのである。天の岩戸という女陰を象徴する空間で自らの乳房と女陰を露出する所作によって太陽神の復活を導いたのだ。女陰を見せることは太陽神の復活に欠かせない儀礼的所作である。

興味深いのが、このアメノウズメが「神懸り」になることが、別の言い方で、「わざおぎ」、すなわち魂を招き寄せる「俳優」の振る舞いをすると記されている点である。この時のアメノウズメの状態は、『古事記』には「神懸《かみがかり》」、『日本書紀』では「顕神明之憑談《かみがかり》」「俳優《わざおぎ》」と記されているのである。「わざおぎ」とは、神を呼び出す（おぎ）業＝技＝術＝伎（わざ）で、やがてそれは滑稽な振る舞いをも伴い、芸能化していく。これが、「神楽」の始まりであり、神事・芸能の起源神話である。

このように、アメノウズメの「ワザオギ（俳優）」が「神懸り」であり、「神楽」でもあり、「鎮魂」でもあり、「神の怒り」を鎮める行為でもあり、それが日本の祭祀の原型を表現しているという点は注目すべきである。『古語拾遺』には、「凡《すべ》て、鎮魂《たましずめ》の儀《わざ》は、天鈿女命《あめのうずめのみこと》の遺跡《あと》なり」と記されていて、鎮魂のワザがアメノウズメのワザオギの重要部分をなしたことがわかる。それがやがて神楽となり、芸能的要素を交えて神々の御霊を慰め、怒りや祟りを鎮める所作ともなったのである。

もう一つ、注目したいのは、この女神が神懸りになった時、その場にいた神々が喜び、楽しみ、「天晴れ。あな面白。あな手伸《たの》し。あなさやけ。おけ」と口々に囃し立てたと『古語拾遺』に記されている点である。これは歌舞音曲や歌の始まりとも関わりのある伝承である。ここで神々によって、ある言葉が発せられたことを重要視したい。上記の言葉は、歌謡の原型をなすものと考えられるからである。いずれにせよ、アメノウズメの「俳優＝神懸り＝鎮魂」の所作によって、天が晴れ、神々の顔に光が射して面が白くなり、神々が手を振りかざして「手伸し＝楽し」のわざを踊りで表し、歌い、それに草木も一緒になって靡《なび》いたのである。

神懸りに関して、もう一つ注意すべき記事がある。神功皇后の神懸りである。神功皇后すなわち「オキナガタラシヒメ（息長帯姫）」は、夫の仲哀天皇の弾く琴の音に誘導されて、「帰神」（＝神懸り）状態に入ってゆく。この時、神功皇后の神懸りを判定したのが「審神者《さには》」の役を果たした武内宿禰《たけのうちのすくね》である。つまりここでは、神事を行なう聖なる庭（祭場）としての「沙庭＝斎庭」から、そこでの神聖言語・神託言語の判定を行なう者としての「審神者」に「さには」の指示対象が変化しているのである。これが祈りの行なわれた聖なる場所の記録である。

6、「聖地」としての「神社」の存在理由

このような聖なる場所としての沙庭＝斎庭はやがて「神社」という様式に定式化されていくが、その制度が定まったのが、崇神天皇の世だと記紀は記載する。その神社制度が明治時代に政府の政策により一町村につき一社に神社を合祀するようにとの命が下された。それに猛然と反対したのが南方熊楠である。南方熊楠は次の八つの理由を挙げて、神社合祀に激しい反対の意を表した。

①敬神思想を弱める。
②民の和融を妨げる。
③地方を衰微させる。
③国民の慰安を奪い、人情を薄くし、風俗を害する。
⑤愛国心を損なう。
⑥土地の治安と利益に大害がある。
⑦史蹟と古伝を滅却する。
⑧天然風景と天然記念物を亡滅する。(8)

明治政府は国民教化として「敬神崇祖」を掲げたが、そのような神を敬い祖先を崇める心が神社合祀によってなし崩しに崩れていくことを鋭く指摘した。政府の政策は国民教化の大目的と矛盾している。そして何よりも森の自然と文化、すなわち景観と庶民の暮らしと歴史地理を踏みにじるものであ

ると。

南方は言う。「わが国の神社、神林、池泉は、人民の心を清澄にし、国恩のありがたきと、日本人は終始日本人として楽しんで世界に立つべき由来あるを、いかなる無学無筆の輩にまでも円悟徹底せしむる結構至極の秘密儀軌たるにあらずや」と。だが、そんな「結構至極の秘密儀軌」であったにもかかわらず、そのような国の至宝を自ら破壊する、天に唾する許さるべからざる行為をやっておると。

この南方熊楠の神社合祀反対運動は、日本人にとっての「神社」という様式をとった「聖地」の意味と意義を余すところなく示している。そこは、ライアル・ワトソン風に言えば、「心安らかにくつろぎ、眠ることができる。そこでこそ、思うままに夢を見、より偉大なるものに連なる喜びを味わうことができる」場所であり、根深い生物学的基盤を有するものなのである。そこは、いのちの多種多様・多元多層の立体交差する生命十字路なのだ。

7、延喜式内社と大和国の式内社

ところで、日本全国の最初の神社一覧ができたのが、醍醐天皇の命により延喜五年（九〇五）に藤原時平やその弟の忠平らによって編纂された『延喜式神名帳』（九二七年完成）においてであった。そこでは延喜式内社として、三一三二座の神々の社が記載されている。同じ社に複数の神の座があることもあるので、神社数としては二八六一処になるが、二七一座はその中の複数の座ということになる。

その中で、「大」の社格の社が四九二座で、「小」の社格の社が二六四〇座である。平安京の内裏の宮中神は三六座で、畿内神は六五八座である。そのうち、山城国には一二二座だが、大和国は全国で式内社が一番多く、二八六座もあり、山城国の二倍以上の数を有する。ちなみに、伊勢国は二五三座で全国第二位の多さ、出雲国は一八七座、尾張国は一二一座、四国では、阿波国が五〇座、讃岐国と伊予国がともに二四座、土佐国が二一座である。また、大和国のうち、城上郡が三五座で、その筆頭が、「大神大物主神社」で、名神大社に列している。

この「大神大物主神社」は、大和盆地の東に位置する三輪山の南麓に鎮座する。ここには本殿はなく、秀麗な円錐形の山容を持つ「神奈備」山を神の鎮まる山、すなわち神体山として篤く尊崇してきた。『古事記』や『日本書紀』には「御諸山《みもろやま》」「美和山」「三諸岳《みもろのおか》」と記され、蛇体の姿としても現れた大物主神の鎮まる神体山として信仰され、三諸の神奈備と称されている。標高四六七メートル、周囲一六キロメートルで、南に初瀬川、北に巻向川が流れ、この山の南麓周辺に古代王朝や巨大前方後円墳が築かれた。祭神は大物主神を祀り、大己貴神と少彦名神が配祀されている。

日本で最初の本格的な都城は藤原京であるが、その藤原京は三輪山をよく見渡すことのできる大和三山の中に建都された。

8、日本の都城と聖地

ここで、参考までに、古代の大津宮以降の都を確認しておこう。

大津宮（近江宮）　六六七－六七二年
飛鳥浄御原宮　六七二－六九四年
藤原京（藤原宮）　六九四－七一〇年
平城京　七一〇－七四〇年
恭仁京　七四〇－七四四年

難波京　七四四年
紫香楽宮　七四五年
平城京　七四五―七八四年
長岡京　七八四―七九四年
平安京　七九四―一一八〇年
福原京　一一八〇年
平安京　一一八〇―一八六九年
東京　一八六九年―

さて、この都城建設とその周辺の聖地・聖域との関係について見ておこう。

まず、藤原京（藤原宮）においては、先に述べたように、大和三山と三輪山が重要で、それぞれの山には神社がある。とりわけ、三輪山には大神神社があって、藤原宮の東北方、すなわち鬼門の方角にある。

が、第四十一代持統天皇の孫の第四十二代文武天皇が二十四歳で夭折し、都は奈良平城京に遷された（七一〇年）。そしてそこで、『古事記』（七一二年）と『日本書紀』（七二〇年）と各国『風土記』と『万葉集』が編纂された。これらは、わが国最古の古典の画期的編纂として、特筆に値する。

それが、仮に飛鳥京であろうが、平城京であろうが、長岡京であろうが、そして平安京であろうが、まずそもそも、人がある場所で安全に平和に住もうと思ったら、第一に水や食べ物などのライフラインと互助もしくは互恵関係的な人々のネットワークを確立しなければならない。しかし、それ以上に重要な次元がある。それはライフラインやネットワークの一番の根っこをどこにどうつなぐかという問題である。「心安らかにくつろぎ、眠ることができ」「より偉大なるものに連なる喜びを味わう」ためにはどうすればいいのか。それが地鎮祭を行なったり、その土地の地霊を鎮めたり、土地のヌシ神に祈ったりすることとして形式化されてきたのだが、ライフすなわちいのちをいのちたらしめている「たまきはる」次元への回路をつなぐことが必要になるのである。そのことは、個人や家族においてのみならず、集団・社会・国家においてもそうである。それゆえ、都城建設と聖地・聖域もしくは寺社との関係は大変重要な政治的かつ宗教的課題であった。

藤原京において三輪山が特別の聖地であるとしたら、平城京のそれは春日山（標高四九八メートル）と御蓋山（標高二九四メートル）である。御蓋山山頂には本宮神社が鎮座し、春日大社第一殿の祭神武甕槌命《たけみかづちのみこと》が白鹿に乗って天降りしたとされる降臨地跡があり、承和八年（八四一）以来神山として狩猟と伐採が禁止された。問題はしかし、この神山が藤原氏の氏神を祀る神社の神山とされたことであろう。おそらく、平城京の東方に位置する太古からの山岳信仰のあったところに最大勢力の藤原氏が拠点を構築して、一族一門の繁栄を祈願したのである。

それに対して、平安京においては、鬼門の方角（東北）に位置する比叡山と北方に位置する貴船・鞍馬山が重要であった。この比叡山には、平安京遷都六年前の延暦七年（七八八）、最澄によって現在の根本中堂の位置に薬師堂、文殊堂、経蔵からなる一乗止観院が建立され、やがて王城鎮護の拠点となり、日本仏教のセンター的な役割を果たすことになる。

藤原京においては三輪山と大神神社、平城京においては春日山（御蓋山）と春日大社、また東大寺・西大寺と興福寺、平安京においては比叡山と日吉大社・延暦寺と上賀茂神社（賀茂別雷神社）・下鴨神社（賀茂御祖神社）が鎮護拠点として重視された。後に春日大社の春日祭、賀茂神社の葵祭、石清水八幡宮の石清水祭は三勅祭となる。

この鎮護宗教の拠点化においては、必ず在地勢力との緊密な結びつきと協力・支援体制が生じてくる。藤原京における三輪氏や葛城鴨氏、平城京における中臣・藤原氏、平安京における賀茂氏や秦氏との連繫によって「霊的国防」、すなわち鎮護国家体制を強化していったのである。この「霊的国防」とは聖なる山および神仏の霊力によって都城を護るという思想と技法である。

9、「聖地」としての三輪山と磐座信仰と箸墓と「ホト」のシンボリズム

先に見たように、三輪山は神奈備信仰の原像とでもいうべき最重要の聖地であるが、ここには奥津磐座《いわくら》・中津磐座・辺津磐座と呼ばれる高層・中層・低層のイワクラ群があり、これが聖地の霊的中核をなしている。このうち、低層の辺津磐座は現在磐座神社として祀られ、少彦名神を祭神としている。三輪山南麓を南北に走る山の辺の道を北上し、三輪山北西麓に至ると檜原《ひばら》神社がある。この檜原神社は崇神天皇の世に最初に天照大神を奉斎した場所、すなわち元伊勢の始まりだとされる。天照大神はこの檜原笠縫の邑《むら》を出て、近畿一円を転々として、最後に三輪山の東方に位置する伊勢の五十鈴の地に入って、そこに鎮まることになる。

この檜原神社から少し西に下ったところに、四世紀後半の最大の前方後円墳の箸墓《はしはか》がある。一九九八年九月十一日の『毎日新聞』朝刊に、「奈良箸墓古墳、『周濠』と『渡り堤』確認」と題する記事が掲載された。そこには、「邪馬台国の女王、卑弥呼の墓とする説があり、最古の巨大前方後円墳とされる奈良県桜井市の箸墓古墳（全長約280メートル）が、周濠《しゅうごう》と外堤に囲まれ、墳丘と外堤をつなぐ『渡り堤』も持っていたことが分かった。10日発表した同市教委によると、周濠や外堤、渡り堤は、後の大王墓（天皇陵）に代表される巨大前方後円墳にあり、その原形が箸墓古墳で既に整っていたことになる。『大和政権の権力の象徴』とされる前方後円墳のルーツだったことをうかがわせるもので、古

代国家成立の過程を考えるうえで重要な資料となる」とある。

また、二〇〇七年九月二十六日の『朝日新聞』朝刊に、「日本最古の木製仮面　鬼追いの起源？　呪術師が着けた？　3世紀前半　奈良・纒向遺跡」と題する次のような記事が写真入りで掲載された。「奈良県桜井市の纒向《まきむく》遺跡で、木製の仮面（弥生時代末～古墳時代初頭、3世紀前半）が出土し、市教委が26日、発表した。古代の木製仮面としては国内最古で、これまでの例を約400年さかのぼる。同じ場所から木製盾の破片や鎌の柄が見つかり、盾などを手に面をつけて踊る呪術師の姿をほうふつとさせる。古代祭祀の具体像を知る一級資料で、農耕儀礼や鬼追いのルーツという見方が出ている。宅地造成に伴う発掘で見つかった。3世紀前半ごろの土器とともに、井戸跡（直径1・5メートル、深さ約1・4メートル）に埋もれていた」

この仮面はアカガシ製で、縦二六センチ、横二一・五センチ、厚さ六ミリで、三日月形のまゆを線刻し、周りに赤い顔料がわずかだが残っていたという。ここでの問題は、三輪山北西麓に広大な纒向遺跡が広がり、その中に箸墓やホケノ山古墳などの巨大古墳群が点在していることである。三世紀以降の古墳時代に三輪山の北西麓に大規模古墳が築造されたのはなぜなのか。この一帯にヤマト王権が確立されたのである。箸墓古墳は『魏志倭人伝』に出てくる邪馬台国の女王・卑弥呼の墓だとする説があるが、その真偽はともかく、『日本書紀』に次のような記事が記載されていることは注目に値する。

美しく聡明で未来を予知するシャーマン的能力に秀でていた女性（崇神天皇の大叔母）であったヤマトトトヒモモソヒメのもとに、夜な夜な人の姿で通ってくる神がいた。三輪山の神・大物主神である。しかしその訪問がいつも夜で、尊顔を拝することができないので、ヤマトトトヒモモソヒメは神の本当の姿を見せてほしいと懇願する。すると神は、「明くる朝、汝の櫛箱の中に入っているが、わが姿を見ても決して驚かぬように」と言って承知する。翌朝、ヒメが櫛箱の中を覗くと、そこには光り輝く美しい小さな蛇がいた。それを見て、ヒメは「あっ！」と声をあげて驚いた。そこで、神は怒って空を飛んで神の山である三輪山に帰っていった。ヒメはそのことを悔いて、箸で自分の女陰（ホト）を突いて死んだ。その死を悼み、昼は人が墓を作り、夜は神が墓を作った。そこでこの墓をいつしか「箸墓」と呼ぶようになったというのである。

異様な伝承である。第一に、神が蛇の姿を正体として現したということ。第二に、ヒメが女陰を箸で突いて死ぬという死に方をしたこと。第三にそのヒメの死を悼み、昼は人が夜は神が墓を作ったこと。すべてが本当にこんなことがあったのか疑いたくなるような話ばかりである。それが日本の筆頭史書である『日本書紀』に記載されているのである。

墳墓は卑弥呼の墓であるとも言われてきたが、卑弥呼は、三世紀後半の邪馬台国の女王であり、墓の築造年代と合わないので疑問視されてもいたが、最近この築造年代が一世紀ほどさかのぼるとの説や近くにホケノ山古墳が発見され、卑弥呼説を裏づける結果ともなっている。私は邪馬台国は大和地方にあり、この箸墓は卑弥呼の墓である可能性が高いのではないかと考えているが、看過できないのは、ヤマトトトヒモモソヒメという「鳥」の名を含み持つシャーマン的皇女が三輪山の蛇体の神・大物主神の祭祀に失敗したという記録である。実際、このヤマトトトヒモモソヒメの活動した時代は、崇神天皇の時代であるが、この天皇の治世に大物主神はさまざまな祟りを起こし、子孫のオホタタネコをもって自分を祀らせることによってようやく鎮まり、世に平安が戻ると記録されているのである。『日本書紀』のヤマトトトヒモモソヒメの箸墓伝承とは異なるオホタタネコの伝承は『古事記』にのみ記載されている。対して、ヤマトトトヒモモソヒメの伝承は『日本書紀』にしか記載されていない。このオホタタネコは、大物主神と「容姿端麗」で「美人」の活玉依毘賣《いくたまよりびめ》との間に生まれた「神の子」であった。夜な夜な形姿威儀のすぐれた「壮夫」が活玉依毘賣のもとに訪ねてきて、孕んだので、父親の身元を知ろうと、赤土を床の前に散らして麻糸を巻いた針を壮夫の衣服に刺すと、その麻糸は三勾のみ残して美和山の「神の社」に続いていた。やがて崇神天皇の世となり、その時疫病が流行ったので、大物主神の夢告により「神の子」のオホタタネコをもって「神主」となし、「御諸山に意富美和大神」を祀らしめ、国に平安が訪れたというのである。

これまた異様な伝承であり、ヤマトトトヒモモソヒメ伝承とも類似する点が見られる。それは神が夜な夜な男の姿で通ってくるという点である。この『日本書紀』と『古事記』の異なる伝承を結びつけて考察すると、天皇家の女性ヤマトトトヒモモソヒメが大物主神の祭祀に失敗したので、大物主神の子孫とされるオホタタネコが三輪山の神を祀り、ようやくにして神の祟りがおさまったということだろうか。いずれにせよ、鳥の女が古き蛇の神を祀ることに最終的に失敗して、自分の女陰を突いて死に、後には箸墓だけが残ったというわけである。

ここにもう一つ「ホト（女陰）」に関わる大変重要な伝承が『古事記』にだけ記載されている[9]。初代皇后として迎えられ、神武天皇の妻となったホトタタライススキヒメの記事である。このホトタタライススキヒメの伝説で、注目すべきは、その名前の頭に女性性器を表す古語の「ホト」が付けられている点が次のように説明されているところである。

ある日、美人の女性セヤダタラヒメが厠に入って糞をしていた。その時、その女性を見初めた神が赤い矢（丹塗り矢）に変身して、川を流れていって厠に入り、その女性の性器を突いた。驚いたその女性は赤い矢を家に持って帰り、床の辺に飾ると、その矢はたちまちに麗しい男性に変わり、二人は結ばれて生まれたのが、ホトタタライススキヒメであった。こうして、大物主神が赤い矢になって、美人の女性の性器すなわち「ホト」を突いて生まれた女の子なので、その名前の一番初めに「ホト」の語を冠したというのである。

とすれば、大物主神とセヤダタラヒメとの間に生まれた子供はオホタタネコ同様に「神の子」であろう。初代天皇である神武天皇（カムヤマトイハレヒコ）は、その「神の子」である娘を妻とし、初代皇后としたのである。これは、神武天皇が大和の神の娘を妻に迎えることによって、古代国家を政治的にも宗教的・祭祀的にも統一することができたということを意味している。天の神（高天原・天つ神系）の子孫である神武天皇が大物主神という地の神の子孫ホトタタライススキヒメと結ばれることによって、象徴的に天と地、すなわち天下を統合したということである。その統合に際し迎え入れた地の神の娘である皇后の名に女陰を意味する「ホト」の名が冠されていることは実に意味深長であり、ヤマトトトヒモモソヒメや箸墓伝承や、また女陰開示をしたアメノウズメノミコトを想起させる、その象徴的意味がさらに膨らんでくる。

ところで、『日本書紀』にだけ、景行天皇五十一年に、伊勢神宮の蝦夷を「御諸山」の傍らに移したと記録があり、また、敏達天皇紀十年に、「蝦夷数千、辺境に寇《あたな》う」たので、敏達天皇が「魁帥（大毛人）アヤカス（綾糟）」らを召して「悪」の誅殺を宣告すると、アヤカスは恐れ、泊瀬川の中流に下りて、「三諸岳」に向かい水で口を漱いで、清明心をもって朝廷に仕えると忠誠を誓ったと記録されている。なぜ伊勢の「蝦夷」が三輪山の近くに移され、また「蝦夷」の首長が三輪山に向かって服従を誓う服属儀礼を行なったのだろうか。それは三輪山が大和朝廷以前からの「聖地」であり、「蝦夷」にとっても威力を持つ「聖地」であったことを示すものではないだろうか。

10、『万葉集』と三輪山

さて、ここでいよいよ『万葉集』となる。『万葉集』の筆頭の歌は言うまでもなく雄略天皇の長歌である。

籠もよ　み籠持ち　ふ串もよ　みふ串持ち　この岳に　菜摘ます子　家聞かな　告らさね　そらみつ　大和の国は　おしなべて　我れこそ居れ　しきなべて　我れこそ座せ　我れこそは　告らめ　家をも名をも
（籠毛與　美籠母乳　布久思毛與　美夫君志持　此岳尓　菜採須兒　家吉閑名　告紗根　虚見津　山跡乃國者　押奈戸手　吾許曽居　師吉名倍手　吾己曽座　我許背齒　告目　家呼毛名雄母）

『万葉集』の劈頭を飾るこの歌は、大和の支配者としての雄略天皇の政治的勢力を誇示している。「大和の国」には「我れこそ居れ」「我れこそ座せ」と宣言するのだから。その雄略天皇が名を名乗り、相手の少女に名前を告げよと誘う恋の歌でもあるが、問題は「菜摘ます子」とはいかなる「子」であり、「この岳」とはいかなる「岳」であるか、ということである。

私はそれを、「菜摘ます子」とはホトタタライススキヒメのような大物主神に仕える聖少女であり、「この岳」とは三輪山のことであると考える。『万葉集』はその冒頭に三輪山を讃える歌を掲げているのではないだろうか。神武天皇が三輪山の神の子を正妻＝初代皇后としたように、その子孫とされる雄略天皇も三輪山の神に仕える少女を妻とすることによって大和の支配者であることを内外に宣言しようとしたのではないだろうか。

このことを傍証するような伝承が『古事記』にのみ伝わっている。それは、三輪山周辺に住む「赤猪子《あかいこ》」の物語である。

雄略天皇は、「遊行」していたときに、「美和河」のほとりに至り、河辺で衣を洗っている「容姿甚麗」な童女に、「汝は誰が子ぞ」と問いかけた。すると童女は、「引田部《ひけたべ》の赤猪子」と答えたので、天皇は、宮廷に呼ぶから結婚せずに待っていよと告げて帰った。赤猪子はその命を信じ守り、齢八十歳になるまで待っていたが、いつまで待っても雄略天皇からのお召しはなかった。このままでは命も尽きてしまう。そこで「赤猪子」は意を決して天皇の前に参出で、「大命」を守って今まで待ち続けていたと奏上する。そのことをすっかり忘れていた天皇はいたく驚き、「赤猪子」をいとおしんで次の二首の歌を詠んだ。

御諸の　嚴白檮《いつかし》がもと　白檮がもと　ゆゆしきかも　白檮原童女
引田の　若栗栖原　若くへに　率寝てましもの　老いにけるかも

それを受けて、「赤猪子」は次の二首を返した。

御諸に　つくや玉垣　つき余し　誰にかも依らむ　神の宮人
日下江の　入江の蓮　花蓮　身の盛り人　羨しきろかも

実に、切なくも不思議な伝承ではないだろうか。雄略天皇はここで、「御諸」の聖樹「嚴白檮」のもとで自分を待ち続けていたかつての少女を「白檮原童女」と呼んでいる。この呼び名の中に、御諸山すなわち三輪山に仕えた神の少女の面影を見て取ることが可能であろう。

そのことは、「赤猪子」の返しにもはっきりとうかがえる。それは「御諸」の「神の宮人」と詠んだ言葉に端的に表されている。この「童女」は三輪山に仕える「神の宮人」であったのだ。その神に仕える少女が天皇に仕えるために身を持し続けていたのである。かつての美しく清らかな聖「童女」も今は老いさらばえ、「身の盛り」を遥か過ぎてしまった。ある意味では滑稽な、ある意味では哀しく切ない物語が雄略天皇記に記載されているのだ。その天皇の歌が『万葉集』の劈頭を飾っているのである。

さらに『万葉集』は巻一の第一七番と第一八番に額田王の二首を記載する。

味酒　三輪の山　あをによし　奈良の山の　山の際に　い隠るまで　道の隈　い積もるまでに
つばらにも　見つつ行かむを　しばしばも　見放けむ山を　心なく　雲の　隠さふべしや

三輪山を　しかも隠すか　雲だにも　心あらなも　隠さふべしや

とりわけ、後者は三輪山を詠んだ歌として有名であるが、この歌は、「額田王、明日香から近江遷都に際して詠む」と注記されているように、額田王が天智六年（六六七）に飛鳥から近江に遷都する時、三輪山麓の山の辺の道を辿った際に雲に覆われていてその秀麗な山容を拝せなかった残念さを歌にし、飛鳥・大和との別れを惜しんだものである。

額田王は大和の国から近江の国に移るに際して、大和の代名詞ともいえる三輪山を拝して行きたかった。だが、それが雲にさえぎられてできなかった。もう二度と三輪山を見ることができないかもしれない。だから最後に一目見たい……。その切なる思いと名残惜しさが伝わってくる。額田王にとってはそれほど三輪山が大切だったし、思い出の聖なる場所でもあった。

天智天皇は、そんな額田王の三輪山思慕の念を知ってか否か、近江朝の守護神社とも言うべき日吉大社の主祭神として、わざわざ大和の三輪山から大物主神を日吉神社に勧請し、東本宮の祭神として丁重に祀ったのである。なぜ、天智天皇は三輪山の神を都と共に遷し祀ったのだろうか。それは、大物主神が都の守護神だという思いがあったからではないか。

『万葉集』には他にも、三輪山（三諸の山）のことを歌った歌は非常に多い。例えば、

三諸の神の神杉夢にだに見むとすれども寝ねぬ夜ぞ多き（一五六）
三輪山の山辺真麻木綿短か木綿かくのみからに長くと思ひき（一五七、以上高市皇子十市皇女の死を悼み詠む）
三諸つく三輪山見れば隠口《こもりく》の泊瀬の檜原思ほゆるかも（一〇九五）
木綿懸けて祭る三諸の神さびて斎むにはあらず人目多みこそ（一三七七）
味酒三輪のはふりの山照らす秋の黄葉の散らまく惜しも（一五一七）
祝部らが斎くみもろのまそ鏡懸けて偲ひつ逢ふ人ごとに（二九八一）
みもろは人の守る山　本辺は馬酔木花咲き　末辺は椿花咲く　うらぐはし山ぞ泣く　子守る山（三二二二）
葦原の　瑞穂の国に　手向けすと　天降りましけむ　五百万　千万神の　神代より　言ひ継ぎ来

る　神なびの　みもろの山は　春されば　春霞立つ　秋行けば　紅にほふ　神なびの　みもろの神の　帯ばせる　明日香の川の　水脈速み　生しためかたき　石枕　苔生すまでに　新夜の　幸く通はむ　事計り　夢に見せこそ　剣太刀　斎ひ祭れる　神にしませば（三二二七）
神なびの三諸の山に斎ふ杉思ひ過ぎめや苔生すまでに（三二二八）

みもろの　神なび山に　五百枝さし　しじに生ひたる　栂の木の　いや継ぎ継ぎに　玉葛　絶ゆることなく　ありつつも　やまず通はむ　明日香の　古き都は　山高み　川とほしろし　春の日は　山し見がほし　秋の夜は　川しさやけし　朝雲に　鶴は乱れ　夕霧に　かはづは騒く　見るごとに　音のみし泣かゆ　いにしへ思へば（三二四）

などなど。ここには三輪山が「斎ひ祭れる」祈りの場所であることが修辞を変えて繰り返し詠み込まれている。三輪山は「神杉」に覆われた「祝部」が祈りを捧げる神奈備山で、そこで「木綿」を懸けて祈る聖地であった。またそこは「人の守る山」であり、「子守る山」でもあった。それは常に人々の生活の中で、祈りや祭りと共にある聖なる神山であった。「神なび山」とはこの三輪山の代名詞であり、その聖なる山と土地が祈りの場所として、また歌の場所、詩の生起する場所として尊崇されたのだ。『万葉集』には、そのような、祈りと祭りの聖地としての、それがゆえに人々の頼みとし支えとなる三輪山の力が明確に表現されているといえる。

11、歌の始まりと歌の力――むすびにかえて

『万葉集』巻一の第二番の歌は舒明天皇の歌で、「高市岡本宮御宇天皇代［息長足日廣額天皇］　天皇登香具山望國之時御製歌」との題詞が付けられている。

大和には　群山あれど　とりよろふ　天の香具山　登り立ち　国見をすれば　国原は　煙立ち立つ　海原は　鴎立ち立つ　うまし国ぞ　蜻蛉島《あきづしま》　大和の国は

（山常庭　村山有等　取與呂布　天乃香具山　騰立　國見乎為者　國原波　煙立龍　海原波　加萬目立多都　怜國曽　蜻嶋　八間跡能國者）

この歌は、「大和の国」は「うまし国ぞ」、吉き土地であると国褒め、すなわち「国見」儀礼を表現した歌であるが、ここで大和三山の一山である天の香具山で「国見」したことが詠み込まれている。これが、巻一第五二番の「藤原宮の御井の歌」になると、さらに明確に大和三山のコスモロジーが詠み込まれている。

やすみしし　我ご大王　高照す　日之皇子　麁妙の　藤井が原に　大御門　始め賜ひて　埴安の　堤の上に　在り立たし　見し賜へば　日本の　青香具山は　日の経《たて》の　大御門に　春山と　しみさび立てり　畝傍の　此のみづ山は　日の緯《よこ》の　大御門に　みづ山と　山さび坐す　耳成の　青

菅山は　背ともの　大御門に　宜しなべ　神さび立てり　名細し　吉野の山は　影ともの　大御門ゆ　雲居にぞ　遠くありける　高知るや　天之御蔭　天知るや　日之御蔭の　水こそは　常にあらめ　御井の清水

ここには、

①日の縦＝春山＝天香具山（東）
②日の横＝みづ山＝畝傍山（西）
③背＝耳成山（北）
④影＝吉野の山（南）

が一つの全体として位置づけられている。東に位置する天の香具山が「日の縦」の「春山」で、それに対して、西に位置する畝傍山が「日の横」の「水山」とされ、それを両脇に抱きかかえるように「背」としての耳成山が位置し、さらに南には吉野の山が控えているというのだ。ここに、素朴ではあるが、風水的なコスモロジーの存在を見て取ることができよう。この大和三山の象徴構造の中では、吉野の山々は「影ともの大御門」として位置づけられている。大和三山の前景に広がっている吉野の山々は、大和三山が光の山々とすれば、それは「影」の山々として認識されていたのである。

注意したいのは、藤原京において、このような聖地と都城のコスモロジーがはっきりと頭をもたげてきたことである。そして、このコスモロジーの座標軸として三輪山が位置しているのである。

さて最後に、歌の始まりについて確認しておきたい。よく知られているように、わが国の和歌の濫《らん》觴《しょう》はスサノヲノミコトの歌った「八雲立つ……」歌にある。

八雲立つ　出雲八重垣　妻籠みに　八重垣作る　その八重垣を

この歌は、スサノヲと櫛稲田姫《くしなだひめ》との祝婚歌である。スサノヲは出雲の地で八俣大蛇《やまたのをろち》を退治し、「我が心すがすがし」と言って、上記の歌を歌った[10]。このスサノヲによる歌の始まりをスサノヲの事蹟に沿って読み解いていくと、次のような流れが見えてくる。

①原母（イザナミ）憧憬・思慕と啼《な》きいさちり――その暴力性
②高天原での暴力と天岩屋戸隠れと「歓喜咲楽」（あそび＝神事＝鎮魂＝神楽、祈り・祭りの始まり）
③高天原追放
④大蛇退治と歌うこと――剣と歌、あるいは叫びと浄化

重要なことは、歌の思念が原母憧憬ないし原母思慕から始まっていると考えられる点である。そして、その原母憧憬ないし思慕が、姉神アマテラスとの別れとなり、そこでの疑いから暴力の発現となり、その暴力が変容されて怪物退治に向けられ、その力で国つ神々を助けることができた時、原母への思慕は鎮魂され、祝婚の歌として溢れ出る。

ここには、言霊の力とその発現の過程が、歌の立ち起こってくる心的プロセスとして余すところなく表現されているように思う。歌の始まりには憧憬ないし思慕があるということ。そしてその思いは聖なる場所での歌う行為や儀礼によって鎮魂（たましずめ・たまふり）され、祝詞や歌謡や和歌の力で再現されつつ変容をとげるということ。この歌の力動がスサノヲに始まることの意味を考えねばならない。そしてそのことは、『万葉集』の冒頭が、「菜摘ます子」に歌いかける勇壮なる天皇、すなわち

雄略天皇の歌に始まることと思いのほか深くつながっていることと併せ、考えねばならないことなのである。

註

(1)『本居宣長全集』第一巻、筑摩書房、一九六八年。また、鎌田東二『霊的人間——魂のアルケオロジー』作品社、二〇〇六年、参照
(2)『本居宣長全集』第四巻、筑摩書房、一九六九年
(3)『折口信夫全集』第三巻、中央公論社、一九五五年
(4)『折口信夫全集』第一巻、中央公論社、一九五四年
(5)龍村仁監督『地球交響曲第四番』におけるインタビュー、二〇〇一年製作
(6)ライアル・ワトソン『アースワークス——大地のいとなみ』内田美恵訳、ちくま文庫、一九八九年
(7)『校本宮澤賢治全集』第十一巻、筑摩書房、一九七四年
(8)『南方熊楠全集』第七巻、平凡社、一九七一年
(9)鎌田東二『神道のスピリチュアリティ』作品社、二〇〇三年
(10)鎌田東二『翁童論——子どもと老人の精神誌』新曜社、一九八八年

第三章　いのちをめぐる東西の自然理解と死生観

――環境・生命・倫理〜神道の立場から

1、「いのち」と「命主社」――出雲神話から探る

日本人の死生観を考える際に避けて通ることができないのが「出雲問題」、つまり、国造りと国譲りと国避《さ》りと出雲大社（杵築大社）の創建と「幽世《かくりよ》」の問題である。

この出雲大社より東南東五百メートルほどのところに「命主社《いのちぬし》」と呼ばれる小さな神社がある。出雲大社に参拝する人もこの神社の存在は知らない人が多く、訪れる人はそれほど多くはない。

だが、この小社は『延喜式神名帳』に「神魂伊能知奴志神社《かみむすびいのちぬしのかみのやしろ》」として記載されている由緒のある延喜式内社である。「かみむすびいのちぬし」という神は、『古事記』冒頭の天地開闢のところで造化三神として現れ出る天之御中主神《あめのみなかぬしのかみ》・高御産巣日神《たかみむすひのかみ》・神産巣日神《かみむすひのかみ》のうち、「神産巣日神」（『日本書紀』では「神皇産霊神」と表記）のことである。

わが国最古のテキストである『古事記』（七一二年編纂）や『日本書紀』（七二〇年編纂）に「かみむすひ」とある神が、平安時代に編纂された『延喜式』では、それに加えて、「いのちぬし（伊能知奴志）」

のである。その神名は分節すると、「かみむすひ・いのちぬし」という神名により具体的に膨らんでいる。その名は、〈神聖な「むすひ」の力を持つ「いのち」の主の神〉という意味と神格を表していると解釈できる。

実は、この「いのちぬし」が、『古事記』の神統譜上では出雲系の神々の祖神とされ、兄神たちに殺されたオホナムヂ（大国主神の別称）を二度も生き返らせるはたらきをする。出雲大社の主祭神として祀られている大国主神は、『古事記』では一番多い異名を持つ神である。元々の名は「大穴牟遅神《おほなむぢのかみ》」で、その神名は「大きな穴を持つ威力ある神」という意味であろう。その他に、「葦原色許男神《あしはらのしこをのかみ》・八千矛神《やちほこのかみ》・宇都志国玉神《うつしくにたまのかみ》」の名前を持つ。

このオホナムヂには八十神《やそがみ》と呼ばれる大勢の兄神がいた。しかし、オホナムヂは一番下の弟として邪険にされ、兄神たちに力仕事などでこき使われた。ある日、兄神たちは隣の稲羽国《いなばのくに》の八上比売《やがみひめ》に求婚をしに行くが、この時、オホナムヂは兄神たちの荷物を全部負わされ、一番後からついて行くことになった。

兄神たちからずいぶん遅れて気多《けた》の岬まで来ると、「素兎《しろうさぎ》」（因幡の白兎）が泣いているのに出会った。そこでオホナムヂが泣いている理由を尋ねると、白兎は傷を受けた理由を語り、先に通過した兄神たちに教えてもらった傷を癒す処方を実行するとますます痛みがひどくなったと打ち明けた。オホナムヂはその話を聞いて、川へ行って真水で体を洗い、柔らかな蒲黄《かまのはな》を草の上に敷いて寝転がって体を休めると傷ついた肌は元に戻る、と傷を癒す方法を教える。その通りにすると傷が癒えたので、白兎はお礼に、オホナムヂが兄神たちを差し置いて八上比売様の心を得ることができるだろうと予言と祝福の言葉を述べた。

すると、事態は白兎の言う通りになったので、オホナムヂはこのことで兄神たちの猛烈な嫉妬といじめと攻撃を受け、二度も兄神たちに殺されたのである。一度目は、猪を追いかけるから下で待っていて射止めろと言われたので、そのようにしていると、上から兄神たちが落とした真っ赤に焼けた大石が転がってきてオホナムヂを下敷きにしてしまい、焼け死んでしまう。

兄神たちは弟の死を大いに喜んだが、母神の刺国若比売《さしくにわかひめ》は嘆き悲しみ、天に上って「神産巣日之《かみむすひの》命《みこと》」に助けを求めた。そこで、「カミムスヒノミコト」は、赤貝の神である「𧏛貝比売《きさがひひめ》」と蛤《はまぐり》の神である「蛤貝比売《うむぎひめ》」を遣わし甦らせた。キサガヒヒメはバラバラに飛び散ってしまったオホナムヂの体を集め、ウムギヒメが「母の乳汁」を塗って、元通りの立派な男に甦らせたのである。「ここにその御祖《みおや》の命《みこと》、哭《な》き患《うれ》ひて、天に参上りて、神産巣日之命に請《まを》し時、すなはち𧏛貝比売《きさがひひめ》と蛤貝比売《うむぎひめ》とを遣はして、作り活かさしめたまひき。ここに𧏛貝比売、刮《きさ》げ集めて、蛤貝比売、待ち承けて、母の乳汁を塗りしかば、麗しき壮夫に成りて、出で遊行びき」と『古事記』上巻にはある。

このようにして、母神「ミオヤノカミ＝サシクニワカヒメ」が、親神「カミムスヒ」の力を借りてオホナムヂを再生した。これが出雲の祖神たる「命主社（神魂伊能知奴志）」の神、「カミムスヒ」のはたらきである。そして、オホナムヂは殺されて再生した、「死と再生」の神である。

だが、この再生を見て、ますます怒りと憎しみにかられたのが兄神たちである。兄神たちは再び策略をめぐらせ、オホナムヂを山の中に引き入れ、大木を切り倒して、木に茹矢《ひめや》のくさびを挿し込み、その木の割れ目のところに連れて行ってくさびを抜き、オホナムヂを木の間に差し挟んで殺した。

それを知った母の刺国若比売はまたもや泣きながら死体を木から引き抜いて、もう一度甦らせた。だがこのままではオホナムヂの命がいくつあっても足りないと、兄神たちの仕業を恐れ、祖神のスサノヲのいる「根《ね》の堅洲国《かたすくに》」に行くように命じた。こうしてオホナムヂは根の国に赴き、そこで一人前の神となり、祖神のスサノヲから「大国主神」の名を授けられることになった。

この『古事記』上巻の出雲神話の中で物語られる「オホナムヂ＝大国主神」伝承は、大変ドラマティックで複雑である。その大国主神を主祭神として祀る出雲大社（杵築大社）の巽の方角の東南東に、ひっそりと大国主神を見守るかのような佇まいで「神魂伊能知奴志神社」が配置されているのは、なかなか意味深長なものがある。

この神社の奥には巨岩の磐座があり、境内からは新潟県糸魚川産の翡翠《ヒスイ》を使った硬玉製勾玉が出土し、国指定の重要文化財となっている。また社殿前方には、高さ約二〇メートル、幹の太さ約六メートル、枝張り約一九メートルの樹齢約千年の椋の大木が聳え立っている。その椋の大木の存在感は圧倒的で、「命主社」の神木としてふさわしい迫力を発している。

さて、「東西の自然理解——環境・生命・倫理」について、神道の立場から考える時、まずはこの「命主社」の神社名ともなっている「いのち」という言葉を手掛かりに考えていくことができる。この「いのち」の感覚と思想は、『古事記』の中では「神産巣日神」の「産巣日」、すなわち「むすひ」として表されている。それが、『延喜式神名帳』では、「神魂伊能知奴志神社」の「魂＝むすひ」として表記された。

それは天然自然万物の根源的な生成力・生命力を表す言葉である。それに対して、仏教的存在観・現象観は「（諸行）無常」として捉えられるが、共に生成変化する存在の裏表をなす感覚である。生成変化の創造性の方にアクセントを置いた語が「むすひ」で、その破壊・崩壊・消滅の方にアクセントを置いた語が「無常」であると捉えることができる。とすれば、「むすひ（産巣日・産霊）」と「むじょう（無常）」はそれほど隔たっているわけではないとも考えられる。そのような「むすひ」と「むじょう」の両方を包み込む語が「いのち」である。

「いのち」は生と死の両極を含み持つ言葉である。例えば、『万葉集』に見られる「いのち」に掛かる枕詞は「たまきはる」であるが、それは、「魂・来・経る（膨る・張る）」、すなわち「魂が来訪して膨らみ経ていくもの」の意味で、魂の来訪と通過を核として成立している。とすれば、「いのち」の中には「たま（たましい）」をも含んでいるということになるだろう。そのような日本人の「いのち」観に基づきながら、「環境・生命・倫理」について神道の立場から考えてみたい。

2、「いのち」と「むすひ」――『古事記』における「成れる神」と「生まれる神」

それでは次に、わが国最古の文献となる『古事記』にどのように「いのち」の成り立ちが物語られているかを見てみよう。そこでは、いのちの出現は、生成と出産の二つの過程として表現されている。和語で言えば、「なる（成る）」と「うむ（生む・産む）・うまれる（生まれる・産まれる）」である。「天地《あめつち》初《はじ》めて発《ひら》けし時、高天《たかま》の原に成《な》れる神の名は、天之御中主神。次に高御産巣日神。次に神産巣日神。この三柱の神は、みな独神と成りまして、身を隠したまひき」（『日本古典文学大系1　古事記』倉野憲司校注、岩波書店）とあるように、「天地初発時」に高天原に最初に「成り」出でる神々は、①天之御中主神《あめのみなかぬしのかみ》、②高御産巣日神《たかみむすひのかみ》、③神産巣日神《かみむすひのかみ》、④宇摩志阿斯訶備比古遅神《うましあしかびひこぢのかみ》、⑤天之常立神《あめのとこたちのかみ》の「別天神《ことあまつかみ》」と呼ばれる五柱の神々である。この第一段階のいのちの生成は、「独神《ひとりがみ》」で「隠身《かくりみ》」とされる神々顕現であり、「なる（成る）神々」の生成である。これらの「成る神々」は、誰かが産（生）んだ神々ではない。おのずから成り出で、現れる神々である。その自然生成力を二番目と三番目に成り出でる「タカミムスヒ」と「カミムスヒ」という「むすひ」という語を共通に含む神名で表現している。なぜ「むすひ」の名を持つ二柱の神々が現れ出てくるのかと言えば、男女や夫婦や陰陽のように、対極にあるものを結びつけることによって生成していく対構造を示す必要があったからであろう。

　この世界の初期設定を動かしている「むすひ」のはたらきは「成る」力として表現されている。世界の生成の過程で、「むすひ」の神々の力が発動し、いまだ形は生まれていないが、はたらきとして生成している。このプレ世界における形態なき「隠身・独神」の顕現が語られ、続いてより具体的に対関係の神々が「隠身」ではなく〝顕身〟として現れ出てくる。順に、⑥国之常立神《くにのとこたちのかみ》、⑦豊雲野神《とよくものかみ》、⑧宇比地邇神《うひぢにのかみ》、⑨妹須比智邇神《いもすひぢにのかみ》、⑩角杙神《つのぐひのかみ》、⑪妹活杙神《いもいくぐひのかみ》、⑫意富斗能地神《おほとのぢのかみ》、⑬妹大斗乃弁神《いもおほとのべのかみ》、⑭於母陀流神《おもだるのかみ》、⑮妹阿夜訶志古泥神《いもあやかしこねのかみ》、⑯伊邪那岐神《いざなきのかみ》、⑰妹伊邪那美神《いもいざなみのかみ》の十二柱の神々で、先の五柱の別天神と合わせて十七柱の神々が「成り」出る。ここまでの神々はすべて「成る神々」である。

　しかし、その次に現れ出てくる神々は「生まれる神々」である。上記の八番目のウヒヂニから十七番目のイモイザナミまでの十柱の神々はみな対遇のペア神で、女神神格には「妹」が接頭語として付いている。中でも、最後のイザナキ・イモイザナミは人間同様の身体性を持つ神々として表現されている。そしてこのイザナキ・イモイザナミという生殖器を持つ男神と女神が性行為（「みとのまぐはひ」）を行ない、国生みをする。つまり、出産するように「大八島」と呼ばれる島々を生んでいくのである。とすれば、イザナキ・イモイザナミは、器官的身体性を持つ神々である。

　高天原の神々は、最後に成り出でたイザナキ・イモイザナミの二柱の神々に、「この漂える国を修《おさ》め、理《つく》り、固め、成せ」と命じ、「みとのまぐはひ」による「国生み」をさせる。これが次の段階の「むすひ」の具現化である。つまり、イザナキ・イモイザナミは、天の神々のミコト（命＝御言）、すなわち国生みのミッションを受けて、夫婦となり、国生みを始めるのである。

　この時、イザナミノミコトは、まず「水蛭子《ひるこ》」と「淡島《あはしま》」を生む。だが、これらの「子」や「島」は子の数には入れられず、次に生まれた「淡道《あはぢ》の穂《ほ》の狭別島《さわけのしま》」（淡路島）が最初の子供と認定される。

続けて、「身一つにして面四つ」を持つ「伊予《いよ》の二名島《ふたなのしま》」（四国：阿波・土佐・伊予・讃岐）が生まれる。ここで興味深いのは、生まれてきたそれぞれの島が「神名」を持つこと、男か女かの「性別」を持つこと、一つの島でも地域によって神格・神名・性別・地域特性が異なることである。「伊予の二名島」すなわち「四国」は、「身一つにして面四つ」、つまり、一つの島であるが四つの地域の顔と特性を持つとされ、東南の顔は粟（阿波）の「大宜都比売《おほげつひめ》」、西南の顔は土左（土佐）の「建依別《たけよりわけ》」、西北の顔は伊予の「愛比売《えひめ》」、東北の顔は讃岐の「飯依比古《いひよりひこ》」と命名される。

この四つの神名を分析すると、男神二神と女神二神に分かれる。オホゲツヒメとエヒメの「ヒメ」神（女神）グループと、タケヨリワケとイヒヨリヒコの「ヨリ」の共通名を持つ男神グループである。その内、東南のオホゲツヒメと東北のイヒヨリワケはどちらも生産や食料の男女神であり、西南のタケヨリワケと西北のエヒメは「猛々しい男」と「麗しい女」という意味の男性性と女性性を最大限に発揮した男女神である。要するに、最初に子として認定された「一身四面」の四国は陰陽のバランスのとれた島ということになる。

イザナミは、続けて隠伎の三子島《みつごのしま》（天之忍許呂別《あめのおしころわけ》）、筑紫島（九州）、伊伎島（天比登都柱《あめひとつばしら》＝壱岐）、津島（天之狭手依比売《あめのさでよりひめ》＝対馬）、佐度島、大倭豊秋津島《おほやまととよあきづしま》（天御虚空豊秋津根別《あまつみそらとよあきづねわけ》＝本州）の島々を生む。これらの八つの島々が「大八島国」と呼ばれる。この中で、「筑紫島」すなわち九州も、四国と同様「身一つにして面四つ」とされる。北の筑紫の国は「白日別《しらひわけ》」、東の豊の国は「豊日別《とよひわけ》」、西の肥の国は「建《たけ》日向日豊久士比泥別《ひむかひとよくじひねわけ》」、南の熊曾の国は「建日別《たけひわけ》」と呼ばれ、すべての地域神名に「日」と「別」の名と文字が入っている。ということは、陰陽男女が組み合わさっている四国とは異なり、九州の土地の霊性（日＝霊）はみな雄々しく火を噴く（別＝湧く＝沸く）男神たちである。このような地域特性を『古事記』の国生み神話と神名の分析から読み解くことができる。

『古事記』に「自然理解」という抽象度の高い記述をそのまま見出すことはできないが、このような神話の分析を通して、より神話的伝承の中の「自然理解」の具体的な形象を探り当てることができるだろう。

さて、この国生みの後、イザナミはさらに石や土や砂や海や川や山や谷や火など山川草木の神々の「神生み」をする。だが、火の神カグツチを産んでホト（女陰）が焼かれ、病み衰えて黄泉の国に身罷《みまか》る（「神避《かむさ》る」）。『古事記』においては神々も死の世界に赴く。その表現が「神避る」であるが、それはあくまでも「さる（避る・去る）」こと、つまり移行することであって、消滅ではない。死は生滅ではなくて、移行である。この世とは異なるあの世への、すなわち黄泉の国や根の国や常世の国への移行ということになる。このような生死観を『古事記』の神話伝承から読み取ることができる。

3、「神道」とは何か？

「東西の自然理解──環境・生命・倫理～神道の立場から」という課題を考えていく際、「神道」をどう捉えるかをはっきりとさせておかなければならない。この「神道」の捉え方もさまざまな立場があるので、これ自体が議論の焦点になるホットなテーマである。その議論の全体を取り上げることはできないので、ここで大きな枠組みとして神道の起源をどう考えるかの考え方を整理しておきたい。

神道の起源と成立を考える際に、大きく次の五つの立場がある。

①縄文（時代）起源説
②弥生（時代）起源説
③律令（時代）起源説

③平安（時代）起源説
⑤鎌倉（時代）起源説

①の縄文起源説は、神道のレンジをもっとも広く取る立場で、神道史学者の西田長男、哲学者の梅原猛、革命思想家の太田竜などであるが、一般に広く認められているわけではない。この立場は神道のアニミズム起源説ともいえるもので、神道的思考の根源にあるものをアニミズムや自然崇拝に認めようとするものである。

②の弥生起源説は、稲作農耕と神道の成立を結びつける考えで、國學院大學の神道学者の安津素彦や上田賢治や安蘇谷正彦などがいる。『古事記』に「天照大御神の営田《つくだ》の畔《あ》を離《はな》ち、その溝を埋め、またその大嘗《おほにへ》を聞こしめす殿《との》」、『日本書紀』神代下巻に「吾が高天原に所御《きこしめ》す斎庭《ゆには》の穂《いなほ》を以て亦吾が児に御《まか》せまつるべし」とあり、高天原で稲作農耕が行なわれていた記述や、天孫降臨に際していわゆる「斎庭の稲穂の神勅」と呼ばれる命が天照大神より発せられたとの記述があるので、神道学界などでは広く支持されている考えである。

③の律令起源説は、天武天皇や持統天皇の律令体制が確立してくる時代に神道の制度の骨格が定まったという考えで、哲学者の上山春平や梅原猛、仏教学者の末木文美士などの広がりを持つ。近年具体的な証拠に基づく妥当性を持つ考えとして支持されているはこの説であろう。

④の平安時代起源説は、奈良時代から平安時代初期に仏教勢力とは距離を置く神仏分離が行なわれたと考える高取正男や平安時代中期以降に朝廷で「二十二社」の制度が固まりその後「諸国一宮」制の確立につながっていくのを神道の成立と考える井上寛司などがこの立場を採る。

⑤の鎌倉（以降）起源説は、伊勢（外宮・度会）神道や吉田神道（唯一宗源神道）などの神道思想や神道教義が確立してきた時を神道の成立と考える立場で、顕密体制論で知られる黒田俊雄がいる。

これらの神道起源説や神道成立論には、相応の論拠があるが、私は神道史の俯瞰的仮説（神道史大局図）として次のような見取り図を提示してきた。

①古代以前～神神習合時代（カミも多種多様に習合。その典型・代表が天照大神と大国主神や八幡神。また稲荷神・諏訪神も複数の神々の集合体である）

②古代・中世・近世～神仏習合時代（神仏相補・神仏補完・神仏併存・神仏隔離を含む）

③近代～神仏分離時代（王政復古、律令体制期の「神祇官」再興を含む）

④現代・未来～神仏諸宗共働時代（新神仏霊場の巡礼などの動きを含む）

この見通しの根幹にあるアイデアは、『古事記』や『日本書紀』の編纂過程でも、日本の神々は一定しておらず、さまざまな伝承の揺らぎの中にあるという事実認識である。そのことを、折口信夫は『古代研究』（大岡山書店、一九二九年）の中で、「統一なき神々の行状」と言っている。また、神道神学者の小野祖教は『神道の基礎知識と基礎問題』（神社新報社、一九六三年）の中で、神道に明確な教義はないが「潜在教義」があると指摘し、宗教民俗学者の堀一郎も『聖と俗との葛藤』（平凡社、一九七五年）の中の「日本文化の潜在意志としての神道」と題する論考の中で、「神道的なるもの」や「日本的なるもの」の「潜在的主体性」を考察し、それを「『神道』の名のもとに包括しうるような日本的潜在意識」と述べている。

これらの先行研究とは異なる視点から私は『神と仏の精神史――神神習合論序説』（春秋社、二〇〇〇年）や『神と仏の出逢う国』（角川選書、二〇〇九年）などで、日本文化の底流に「神仏習合」文化があるが、その「神仏習合」が成立してくる基盤に「神神習合」があったと主張してきた。「神仏習合」以前に、律令体制期に「八百万《やおよろず》の神」とか「八十万《やそよろず》の神」と呼ばれるようになる多神の集合体を持つ文化基盤の上に接ぎ木されるようにして「神仏習合」という、神々と仏菩薩との出会いと相互関係性が形成されていったと考えたのである。そしてこの「神神習合」は、縄文時代以前、旧石器時代や新石器時代からのユーラシア大陸北東部や日本列島の形成期の歴史の中で培われてきた神観が生み出した初期文化形態であると仮説した。その土壌の上に仏教が入ってきて、千四百五十年に及ぶ神仏（仏神）関係の中で、日本の神々との習合や共存関係が形づくられたと考えたのである。

そして、このような「神神習合」や「神仏習合」を支えているのは、日本列島の地質学的・地理学的条件であると指摘した。日本の習合的宗教文化は、この日本列島という自然と風土の上に花開くことになる。日本の自然・風土の特徴は、南北東西に細長く伸びた島嶼列島ゆえの多様性にある。日本は島国の狭い国土ではあるが、大変複雑で多様な列島の自然風土を持っている。それが「神神習合」や「神仏習合」や「神儒仏習合」などの異質な他者を結びつける複雑で多様多彩な習合文化をつくり上げていく土壌となった。

古代の神祇信仰にも平安時代の神道にも明確な教義を認めることはできない。しかし、そこに小野祖教や堀一郎が見ようとした「潜在教義」や「潜在意志」を見て取ることは可能である。私は神道の根幹をなす神話と儀礼と聖地を総合して考察し、「あらわれ（表現）としての神道」として次の七項を抽出した。

①「場」の宗教としての神道
②「道」の宗教としての神道
③「美」の宗教としての神道
③「祭」の宗教としての神道
⑤「技」の宗教としての神道
⑥「詩」の宗教としての神道

⑦「生態智」としての神道

後に「鎮守の森（杜）」と呼ばれるようになる「神社」という「あらわれ（表現）」を中核とする「神道」は、何よりも「場」（場所）として、一種の「空間の宗教美学」として成立した。これを、「森（杜）の詩学」とか、「斎庭《ゆにわ》の幾何学」とか、「聖地のトポロジー」とか、「場所の記憶（メモリー）と記録（ドキュメント）」と比喩的に言うこともできるだろう。私は「神社」という神道的宗教施設とそれを支える場所としての「鎮守の森」をそのような観点で捉える。

もちろんそれは、明示的な教義や信条や教えの体系ではない。しかし、神話と儀礼と聖地の相関の中で明確な様式性を保つ「道＝生の歩み方（ライフスタイル）」の生活実践である。またいのちと暮らしの構えであり流儀であった。そのようないのちの道の伝承文化として、「神社」の中に、「神社」を通して、「神社という場」と共に、「神道」は息づいてきた。そしてその「神社」および「神道」に祭り（祭祀）や歌や神楽などのさまざまな技芸が生み出され、そこに「生態智（ecological wisdom）」とでもいうべき叡智が宿っていると捉えたのである。

国立科学博物館編『日本列島の自然史』（東海大学出版会、二〇〇六年）によると、南北東西に三千キロメートルもの距離を持つ日本列島には、亜寒帯から亜熱帯までの実に多様で豊富な動植物が生息している。日本列島は、よく知られているように、ユーラシアプレート（西方）、北米プレート（北方）、太平洋プレート（東方）、フィリピン海プレート（南方）という四枚のプレートが潜り込み合うことでできているが、世界中でこれほど複雑多様にプレートが重なり合う国はない。日本は四方を海に囲まれた島嶼列島であるが、およそ一万二千年前に現在のような形の日本列島となった。氷河期が終わって北極圏の氷床が溶け出し水位が上がると、それまでユーラシア大陸とつながっていた半島は完全に四方を海に囲まれた島嶼列島となった。その頃から土器文化を持つ縄文時代が始まり、独自の日本列島の風土と文化の形成が始まった。

大小合わせて六千八百を超える島々から構成されるこの島嶼列島の周囲には、南方からは暖流の黒潮と対馬暖流が流れ込み、北方からは寒流の親潮とリマン海流という四つの海流が流れ込み、ぶつかり合っている。太平洋側からも日本海側からも暖流と寒流のぶつかり合う対極性を内包している。この地質学的なプレート集合や海洋学的な海流集合のさらにその上に、半島的要素（北方）、大陸的要素（西方）、南島的要素（南方）を持つ歴史地理学的条件が加わった。すなわち、朝鮮半島や中国大陸や太平洋諸島などからの人々と文化・文明の流入により、極めてハイブリッドな習合文化が生じた。それが宗教にも直接間接に反映している。このような多層多元的な習合構造の中に習合的宗教文化としての神道や神仏習合や神儒仏習合が成立してきたのである。

このように、まさにプレートと海流と文化・文明の十字路の上にあるのが日本列島である。これは生命多様性と文化多様性が「神仏多様性」を生み出すことになる条件であり、土壌であった。この習合的宗教文化は、単なるごった煮や雑居ではない。独自の神仏関係理論（本地垂迹説や反本地垂迹説など）や様式を持ち、実験的洗練を重ね、美と聖と霊性が具体的な形態表現を通して練り上げられ、それが例えば寺社建築や祭りや庭園や能楽や茶道や華道などにも発現している。そこで私は、『霊性と東西文明——日本とフランス「ルーツとルーツ」対話』（竹本忠雄監修、勉誠出版、二〇一六年）の中の論考を「神道とは何か？——ユーラシア・環太平洋交響楽としての神道」と題して、神道を「ユーラシア・環太平洋交響楽」として観る視点を提示した。これは神道をあまりに拡張するものだという批判もあるだろうが、まずはそのような仮説を提示することによって日本文化に通奏低音として鳴り響いている神道潜在力を定位した。

4、一つの具体例——「鳴鏑を持つ神」

二〇一六年八月三日から九日まで一週間、私は中華人民共和国内モンゴルをめぐり、オーラ（阿古拉）、ハイラル（海拉尓）、フルンボイル大草原、ロシアとの国境の満州里などを回った。その旅の途中で思いがけず比叡山の神「大山咋神《おほやまくひのかみ》」の持ち物に行き当たった。「鳴鏑《なりかぶら》」である。

『古事記』上巻には「鳴鏑」という語が三度登場する。スサノヲノミコトのいる根《ね》の堅州国《かたすくに》に至ったオホナムヂ（大国主神）に、スサノヲが「鳴鏑を大野の中に射入れて、その矢を採らしめたまひき」とあるのが初出である。スサノヲは「鳴鏑」の矢を放ってオホナムヂにその矢を取って来くるように命じ、オホナムヂが矢を取りに野に入った時、火を放って焼き殺そうとした。すると鼠がやってきて、「内はほらほら、外はすぶすぶ」と言ったので、その地面を踏みしめると土が落ちて穴倉のようになった。オホナムヂはそこに入って、野火が通り過ぎるのを待っていると、「鼠、鳴鏑を咋《く》ひ持ちて、出で来て奉りき」、つまり、鼠がその「鳴鏑」を口に銜《くわ》えて持ってきて、オホナムヂに捧げ、助けた。これが二度目の表記である。

この「鳴鏑」について、本居宣長は『古事記伝』の中で、『日本書紀』では「なるかぶら」と読ませているが、「鳴神夫理矢《なりかみぶりや》」で、「かみ」の「み」を省いて「りや」が「ら」に縮まったものとしている。また『日本書紀』巻二十七の天智天皇紀に、「日本の高麗を救ふ軍将等、百済の加巴利浜に泊りて火を燃く。灰変りて孔に為りて、細響有り。鳴鏑の如し」とあるが、細い響きの音がして「鳴鏑」のようだったとあるので、射ると空を鳴りながら飛ぶさまが雷に似ていると解し、「蔓菁根《なのかぶら》」の形に似ているという説は誤りであると指摘している。そして、この「鳴鏑」の矢が『古事記』のところどころに見えているので、古代にはよく使用されたものと推測し、『日本書紀』に「八目の鳴鏑」が出てくるのを指摘している。この「八目」とは鏃《やじり》にたくさんの穴が開いていることを指している。さらには、『万葉集』巻九の一六七八番歌に「響矢」とあることにも触れている。

また、「内はほらほら、外はすぶすぶ」と言った鼠の言葉については、「富良《ほら》」は、「洞」で、ものの中が空虚で広いことを指し、「須夫《すぶ》」は窄《すぼ》んでいて狭いさまを言うとする。そこで、地中に掘った穴は広く、入り口は狭いから焼ける心配はないので、そこに隠れて危難を切り抜けてくださいという意味を持ち、「内はほらほら、外はすぶすぶ」とは鼠の鳴き声の模倣かもしれないとも推測している。

さて、問題は、『古事記』上巻での三度目の「鳴鏑」の表記である。そこに、比叡山の神「大山咋神」が出てくる。「大山咋神」は、スサノヲが大山津見神の娘の神大市比売を娶って生んだ「大年神」の神裔である。興味深いのは「鳴鏑を用《も》つ神ぞ」とこの比叡山の神を名指しで説明している点である。「大山咋神《おほやまくひのかみ》、亦の名は山末之大主神《やますゑのおほぬしのかみ》。この神は近つ淡海国の日枝の山に坐し、また葛野の松尾に坐して、鳴鏑を用つ神ぞ」とあるのがそれである。

この比叡山に鎮座する「大山咋神」は別名「山末之大主神」といい、「近江」の「日枝の山」（比叡山の『古事記』表記）に鎮座すると同時に、「葛野の松尾」すなわち松尾大社に鎮座し「鳴鏑」を持っている「神」であるというのである。私はその「鳴鏑」を内モンゴルのハイラルのフルンボイル民族博物館の展示物の中に見出した。

この「鳴鏑」は、通常、矢の先端に付けて、弓で射て音を鳴らす道具である。木や鹿角や牛角や青銅などで蕪《かぶ》の形に作り、中を空洞にし、周りに四個ほどの小さな孔を穿つ。そのまま息を吹き込むと音を出すこともできるが、矢に付けた鳴鏑は、弓で射られて飛んでいく際に自然にその孔から空気が入って高い音が鳴る仕組みである。

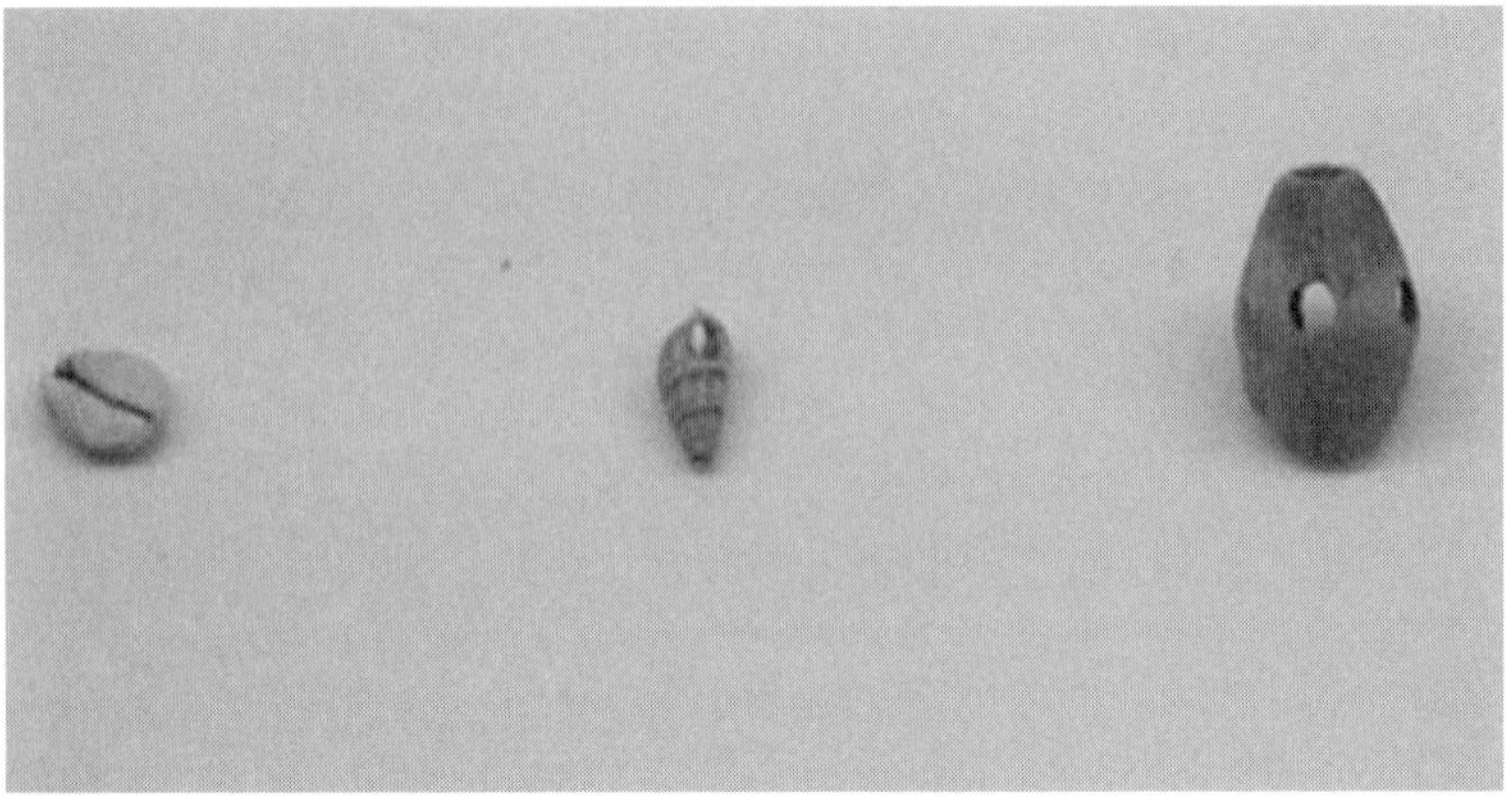

中国内モンゴル・ハイラルのフルンボイル民族博物館に展示された子安貝（左）と海螺（中）と鳴鏑（右）

中国の北部を遊動していた匈奴は、この「鳴鏑」を用いていたという。東北アジア一帯でも「鳴鏑」は用いられた。古代日本に匈奴〜鮮卑系の「鳴鏑」文化が入ってきていたことは間違いない。それをスサノヲ〜オホナムヂ〜オホトシ〜オホヤマクヒという神々が担っている。そして、秦氏が斎《いつ》いた松尾の神すなわち「大山咋神」が「鳴鏑」を持つ神であると『古事記』は明言している。

もっとも、この『古事記』の「大年神の神裔」の条は、西田長男らによって、平安時代初期に後から挿入されたのではないかと疑われている箇所でもあり、『古事記』上巻本文中でもとりわけ解釈の難しいところである。とはいえ、スサノヲの系譜に三度も「鳴鏑」が出てくることの意味を考察する必要がある。

『日本書紀』には、スサノヲが朝鮮に渡っていることがはっきりと記されている。そこからスサノヲと鮮卑系の接続点を考えることができる。鮮卑は二世紀に全モンゴルを統一した後、慕容氏（前燕・後燕・西燕・南燕）、乞伏氏（西秦）、禿髪氏（南涼）、拓跋氏（北魏）などに分裂し、拓跋族は華北を統一して「北魏」を建国する。彼らは強力な騎馬軍団を率いていたが、北魏、東魏、西魏、北斉、北周、隋、唐も、祖先は鮮卑系であるとされる。そこで検討しなければならないのは、スサノヲと朝鮮との関係や馬との関係である。

『日本書紀』神代上巻には、スサノヲが「新羅国の曾尸茂梨之処《そしもりのところ》」や「韓郷之島《からくにのしま》」に行ったことが記されているが、『古事記』には一切そのような記述はない。代わってあるのが、天照大御神との「宇気《うけ》比《ひ》」を行ない、それによって自分の心が「清明」であることが証明されたとして、高天原の農耕の邪魔をした末に、馬の皮を剥いで血だらけにして、神聖な機織りをしているところに投げ入れて若い機織り女を殺してしまったという記述である。「天照大御神、忌服屋《いみはたや》に坐して、神御衣織らしめたまひし時、その服屋の頂を穿ち、天《あめ》の斑馬《ふちこま》を逆剥ぎに剥ぎて堕し入るる時に、天の服織女見驚きて、梭《ひ》に陰《ほ》上《と》を衝きて死にき」とあるのがそれである。

ここで唐突に馬が出てくる。そしてその馬の皮を「逆剥ぎに剥ぐ」という残虐に見える行為をスサノヲが行なったことが記されている。その唐突さは謎めいている。そこでスサノヲが馬の文化の圏内にいたということを想定してみる。つまり、スサノヲ神話には朝鮮や内モンゴルの騎馬文化が背景にあり、その接点を持っていると想定してみることによって、さまざまな接続点が見えてくる。

これまで、三品彰英をはじめ、何人もの研究者が日本神話と朝鮮神話との共通点や影響関係を指摘してきた。秦氏のことを考えるだけでもその接点を否定することはできないが、それだけでなく、さらに広く鮮卑文化圏との関係も視野に入れて検討していく必要がある。ハイラルのフルンボイル民族博物館に展示されていた石碑には、昔、托跋部がこのハイラル地域に住んでいたことや、洞窟内の祭壇で天地自然の神々や祖先を祭ったこと、またこの時期の鮮卑の首長が「可《か》汗《がん》」と呼ばれていたことが記されている。この鮮卑系の洞窟祭祀や鳴鏑文化やシャーマニズム文化が古代日本の祭祀文化とつながっていることを改めてよく考えてみなければならないのである。スサノヲの系譜にまつわる「鳴鏑」文化を接続点ないし補助線として、古代中国・古代モンゴルと『古事記』や『日本書紀』にまとめられていく古代日本および天つ神と国つ神の背景をなす「ユーラシア・環太平洋交響楽」の一つの事例を見ていくことができると考えるのである。

5、いのちの言葉としての「言霊」という事例

いのちのふるさとといえる出雲神話に登場する歌う神が須佐之男命と大国主神である。スサノヲに始まる出雲神話を「怪物退治と歌の発生」という観点から『古事記』を見ていくと、そこには「言霊」という語こそ用いられてはいないがその前奏曲を聴き取ることができる。

八雲立つ　出雲八重垣　妻籠みに　八重垣作る　その八重垣を

このスサノヲの歌が日本の和歌の濫觴《らんしょう》となるが、総計一一二の歌謡を持つ『古事記』は叙事詩であり、歌劇のような歌物語である。それは、『古今和歌集』仮名序に紀貫之が書いた、「和歌《やまとうた》は、人の心を種として、万《よろづ》の言の葉とぞなれりける。世の中にある人、事《こと》・業《わざ》しげきものなれば、心に思ふ事を、見るもの聞くものにつけて、言ひいだせるなり。花に鳴く鶯、水に住むかはづの声を聞けば、生きとし生けるもの、いづれか歌をよまざりける。力をも入れずして天地《あめつち》を動かし、目に見えぬ鬼神をもあはれと思はせ、男女のなかをもやはらげ、猛き武士《もののふ》の心をもなぐさむるは、歌なり」という宣言の基底をなす歌の世界の発動であった。

そこには、スサノヲに始まる声の力に対する畏怖の念と、人間ばかりではなく自然のさまざまな事

物も言葉を発するという言語生命観的なアニミズム的言語意識があった。『古事記』上巻には、スサノヲの泣き声を、「速須佐之男命、命《よ》させし国《こく》を治《し》らさずて、八拳須《やつかひげ》心《むね》の前に至るまで、啼《な》き伊佐知伎《いさちき》。其の泣く状《さま》は、青山は枯山の如く泣き枯らし、河海は悉に泣き乾しき。是を以ちて悪しき神の音は、狭蝿如す皆満ち、万の物の妖《わざはひ》悉《ことごと》に発《おこ》りき」と記している。スサノヲの泣き声は、青山を枯らし、河や海の水をすべて干上がらせてしまうほどの凄まじいエネルギーがあり、その悪しき力で神々の悪しき喧騒の声が満ち溢れ、ありとあらゆる禍が起こったというのである。

同様の記述がアマテラスが天の岩屋戸に隠れた場面に出てくる。「故是に天照大御神見畏みて、天の岩屋戸を開きて刺許母理《さしこもり》坐しき。爾に高天原皆暗く、葦原中国《あしはらのなかつくに》悉に闇し。此れに由りて常夜《とこよ》往《ゆ》きき。是に万の神の声は、狭蝿那須満ち、万の妖悉に発りき」。つまり、太陽神天照大御神の洞窟籠りによって世界は光を失い、真っ暗闇になって神々の悪しき喧騒の声が満ち溢れ、再びありとあらゆる禍が起こった。この禍を取り除き、光を取り戻すために行なわれたのが、「祭り」であった。そこで、「祭り」は神々の世界再生計画の実施であり、生存戦略であった。

太陽神が天の岩屋戸という洞窟に隠れてしまったために、世界にあらゆる災いが次々に起こってくる。この時、世界は、何も見えず、何もわからず、何もできず、何も生まれることのない、非生産的な世界に墜ちる。それは、生命力の根源である「むすひ」の力と働きが死に絶えた生命力の枯渇した死の世界である。そこには未来も希望もない。いのちの輝きもない。高天原といういのちの根源をなす世界が崩壊する。この絶体絶命の危機と崩壊を食い止めるにはどのような方策があるか。神々はこの暗黒の世界の中でどうするか「神集い」して相談論議した。そして、思金神《おもひかねのかみ》という名の智略の神が神々の議論を取り仕切り、結論を出した。祭りをしよう、と。

この思金神は、『日本書紀』や『旧事本紀』には、「思兼神《おもひかねのかみ》」とか、「八意思兼神《やごころおもひかねのかみ》」と表記されている。

複数の思いや心（意）をまとめる力を持つ知恵の神である。その思金神がこの暗黒世界を脱するには「祭り」しか方法がないと決断を下し、それを実行する。神々はそれぞれ役割分担して祭りを実行する。伊斯許理度売命《いしこりどめのみこと》は、ものづくりの神として高天原の祭りに欠かせない「八咫《やた》の鏡《かがみ》」を造り、玉祖神《たまのやのかみ》は「八尺《やさかの》の勾玉《まがたま》」を造り、布刀玉命《ふとだまのみこと》は天香山《あめのかぐやま》から採ってきた根の付いた大榊に紙垂《しで》を取り付け、鏡を飾り、玉を飾って依代《よりしろ》とし、天の岩屋戸の洞窟の前に祭壇を設けた。そして、中臣氏・藤原氏の祖神の天児屋命《あめのこやねのみこと》が「太詔戸《ふとのりと》言《ごと》」の祝詞を奏上し、猿女氏の祖神の天宇受売命《あめのうずめのみこと》が手に小竹葉《ささば》を持ち、「槽伏《うけふ》せ」踏み轟かして踊りを踊り「神懸り」となった。

そのさまを『古事記』は、「天宇受賣命、天香山の天日影を手次《たすき》に繫《か》けて、天真拆《あめのまさき》を鬘《かづら》として、天香山の小竹葉《ささば》を手草《たぐさ》に結《ゆ》ひて、天岩屋戸《あめのいわやど》に槽伏《うけふ》せて踏み轟こし、神懸《かむがか》りして、胸乳《むなち》をかき出で裳《も》緒《ひも》を陰《ほと》に押し垂れき。ここに高天原動《とよ》みて、八百万神《やほよろづのかみ》共に咲《わら》ひき」と記している。

先に引いたスサノヲは泣き叫ぶ力で世界を破壊したが、ここで八百万の神々は笑い声で岩戸を押し開く。その笑いを『古事記』は「咲」と表記している。それこそ、いのちの甦りと「春＝張る＝膨る」をもたらす「むすひ」の力であった。この生命力の復活の祭りは神々の「むすひ」の力の発動であり、そこで発せられる祝詞や笑い声はまさに言霊や音霊（声霊）の力の発現であった。

こうして八百万の神々の笑い声が天の岩屋戸の洞窟の中にも、声として音として伝わり響き渡った時、洞窟の中で閉じ籠っていた天照大御神は洞窟から出て来、天の岩屋戸は開放され、天照大御神が再出現したことで、世界に光と熱といのちが甦ることになる。こうして笑いという声の力の発動に導かれ出てきた天照大御神の光によって世界に再び光と輝きが戻り、「高天原も葦原中国も、自ら照り明りき」という状態に再生でき、いのちの最大の危機を脱することができた。これが祭りの発生に関する神話伝承である。ここに、神々の悪しき狂騒の声から麗しく聖なる「祝詞」と笑いによって負—

悪の声の力が正―生の声の力に転じていく音霊・言霊のはたらきがドラマティックに表現されている。そして、すべての禍の原因を作ったスサノヲは高天原を追放されて赴いた出雲の地で八頭八尾の怪物である八《や》俣大蛇《またのをろち》を退治し、櫛名田比売《くしなだひめ》を助けて、先に引いたわが国最初の歌を詠む英雄神となったのである。

スサノヲは自らの荒御魂の暴力性を和御魂の歌に転化することができた。この負の力の正と生への変容の中に『古事記』の物語と歌に現れた言霊思想があるといえる。

『古事記』が語る葦原中国の神々の悪しき声のことを『日本書紀』神代下巻では、「皇孫天津《あまつ》彦彦火瓊《ひこひこほのに》瓊杵尊《にぎのみこと》を立てて、葦原中国の主とせむと欲す。然も彼の地に、多に螢火の光く神、及び蝿声す邪しき神有り。復草木咸に能く言語有り。故、高皇産霊尊、八十神等を召し集へて、問ひて曰はく、『吾、葦原中国の邪しき鬼を撥《はら》ひ平《む》けしむと欲ふ。当に誰を遣さば宜けむ』」と記している。『常陸国風土記』にも、「豊葦原水穂国を依さしまつらむと詔りたまへるに、荒ぶる神等、又、石根・木立・草の片葉も辞語ひて、昼は狭蝿なす音声《おとな》ひ、夜《よる》は火《ひ》の光明《かがや》く国なり。此を事向《ことむ》け平定《やは》さむ大御神と、天降り供へまつりき」と似た記述がある。

ここに共通するのは、日本列島には狂騒の声を発する「邪しき神」がいて「草木」もみな「言語《こととひ》」、「荒ぶる神等」や「石根《いはね》・木立《きねたち》・草《くさ》の片葉《かきは》」まで「辞語《こととひ》」するという事態である。これを古き日本列島が草木も万物もみなそれぞれの言葉を発する言語アニミズム状態にあったと捉えることができる。それを高天原から降りてきた天孫（天皇家の祖先）が平定し統治していくさまが『古事記』や『日本書紀』の天孫降臨神話を核とする日本統一の神話物語であった。そのことが、『延喜式祝詞』の中に、「大八洲豊葦原の瑞穂の国を安国と平らけく知ろしめせと、言寄さしまつりたまひて、天つ御量もちて、事問ひし盤根木の立ち、草の片葉をも言止めて、天降りたまひし食国天の下と……」（大殿祭祝詞）、

「かく依さしまつりし国中に、荒ぶる神等をば神問はしに問はしたまひ、神掃ひに掃ひたまひて、語問ひし磐根樹立、草の片葉をも語止めて……天降り依さしまつりき」（大祓祝詞）、「経津主命・健雷命二柱の神等を天降したまひて、荒ぶる神等を神攘ひ攘ひたまひ、神和し和したまひて、語問ひし磐根樹立草の片葉も語止めて、皇御孫之尊を天降し寄さしまつりき」（遷却祟神祝詞）、「豊葦原の水穂国は、昼は五月蠅なす水沸き、夜は火瓫なす光く神あり、石根・木立・青水沫も事問ひて荒ぶる国なり」（出雲国造神賀詞）と表記されている。

ここから古代の言霊思想の発生を次のように考えることができる。

①最初に、自然のあらゆる存在が言葉を発する「草木《くさき》言語《こととふ》」というアニミスティックで根源的な言語意識や言語感覚があらゆる自然の物音を「こえ（声＝言葉）」として聴き取る態度があった。

②そのため、「語《こと》（事）問《と》ひ」には得体の知れない霊力があると畏れられていた。

③この原初的な言語（音声）生命観は、徐々に祝詞や歌謡や和歌などの定型化された詞章を唱えることによって神威に祈請し、自らを脅かすカオス的な力を統御しようとする言語呪術を生み出した。また実名忌避や忌詞など、みだりに唱えてはならない禁忌語や神聖語も定められ、言語定型の力の観念が生まれてくる。

④そのような言語生命観や言語呪術の上に、『万葉集』で「言霊」の観念が生まれてくる。

⑤ほぼ同時期に、言葉の神格化が果たされ、『古事記』や『日本書紀』において「事（言）代主神」「一言主神」「興台産霊神」など言葉を司る神々の存在が物語られるようになる。

このようないのちの言葉の観念として「言霊（事霊）」の語が成立してくると考えられるが、『万葉集』中にその語はわずか三例を数えるだけである。

志貴島　倭国者　事霊之　所佐国叙　真福在与具

磯城島《しきしま》の日本《やまと》の国は言霊の幸はふ国ぞま幸くありこそ（『万葉集』巻十三・三二五四）

事霊　八十衢　夕占問　卜正謂　妹相依

言霊の八十の衢《ちまた》に夕占《ゆふけ》問ふ占正《うらまさ》に告る妹はあひ寄らむ（『万葉集』巻十・二五〇六）

神代欲理　云伝久良久　虚見通　倭国者　皇神能　伊都久志吉国　言霊能　佐吉播布国等　加多利継　伊比都賀比計理

神代より　言ひ伝て来らく　そらみつ　倭の国は　皇神の　厳しき国　言霊の　幸はふ国と　語り継ぎ　言ひ継がひけり……（『万葉集』巻五・八九四）

前二者は柿本人麿歌集中の歌、後者は「天平五年三月一日、良宅対面、献三日、山上憶良謹上二大唐大使卿記室一」と左注の付いた山上憶良の作になる長歌である。人麿の歌の表記が「事霊」となっていることは、上代における言葉と出来事との本質的同一という観念の所在をうかがわせるが、同じ「事霊」の表記ではあっても、遣唐使への餞詞として歌われた「事霊の幸はふ国」という観念と、言霊のはたらく夕方の辻で人々の言葉を聞いて吉兆を占うという意味で枕詞的に用いられている「事霊の八十の衢」の観念とは異質の意味内容がある。

前者は長歌の反歌として詠まれたものだが、その長歌に、

葦原　水穂国　神在随　事挙不為国　雖然　辞挙叙吾

葦原の瑞穂の国は神ながら言挙せぬ国　しかはあれど言挙げぞ我がする……

とあり、「言挙せぬ国」にもかかわらず「言挙す我」によって、あえて大和《やまと》が「言霊の幸はふ国」であることを謳い上げ、それだからこそ相手の旅の無事息災を祈る言葉もその通り実現するだろうという、言葉の力への願いとそれがはたらいている国に対する讃仰が表現されている。つまり、ここでは、言霊意識が国家意識と緊密に結びついており、唐という大帝国に対する日本の国の独自性の自覚が見ら

れるのである。それは言語意識のあり方としては単なるアニミズム的な言語意識にとどまらない、抽象化され理念的に構成された言語意識の段階であろう。

それに対して、「事霊の八十の衢」での夕占問いは、アニミズム的かつ言語呪術的言語意識の残滓をとどめている。霊的存在の浮遊しやすい黄昏時に飛び交っている言葉には霊的世界からの前兆やメッセージが隠されている。そのしるしを読み取って未来を予測し吉凶を占う。こうした言霊理解が言霊観の古層にあった。

こうした『万葉集』時代に顕在化した「言霊」観念が基盤となり、空海の招来した真言宗の「真言」思想に接ぎ木されることによって、やがて和歌即陀羅尼説などの神仏習合的な和歌・言霊＝真言思想が生み出されていく。

『古事記』のスサノヲに集約表現された原初言霊の観念や「草木言語」の言語アニミズムを密教的存在論と真言の修法に接ぎ木して統合したのが空海であった。空海は『声字実相義』の中で次のように説いた。

五大にみな響あり　　　五大皆有響
十界に言語を具す　　　十界具言語
六塵ことごとく文字なり　六塵悉文字
法身はこれ実相なり　　法身是実相

この「五大皆有響、十界具言語、六塵悉文字」という思想の中にプレ仏教的な言霊・音霊観念はすべて呑み込まれ、位置づけし直された。この空海の真言密教が神道と仏教との最大の接合部となったのである。空海はまた『吽字義』で次のように述べている。

草木也《また》成ず

何《いか》に況《いわ》んや有情をや（中略）
草木に仏なくんば
波にすなはち湿《うるほひ》なけん

これこそ、『古事記』や『日本書紀』や『風土記』や『延喜式祝詞』に表現された神道の「草木言語」世界を仏教の言語世界に包摂し、ひいては天台本覚思想の「草木国土悉皆成仏」にまでつなぐ糊《のり》代《しろ》であった。つまり、「草木」も「言語う」世界から「草木」が「成仏」する世界まで空海は接続したのである。こうして、「草木也成ず」と言う空海によって神と仏あるいは神道と仏教は原理的差異を超えて一挙に習合化の道を辿り、「草木国土悉皆成仏」を説く天台本覚思想が接続する。そしてその先に和歌即陀羅尼説が出てくる。

『新古今和歌集』でもっとも多い九四首の歌が収録されている西行は真言僧であるが、瞑想の達人と謳われた明恵上人に、「此の歌即ち是れ如来の真の形体なり。されば一首詠み出でては、一体の仏像を造る思ひをなし、一句を思ひ続けては、秘密の真言を唱ふるに同じ。我れ此歌によりて法を得ることあり。若しここに至らずして、妄りに此の道を学ばば、邪路に入るべし」（『栂尾明恵上人伝記』巻上）と語ったという。このような、一首即一仏、一句即一真言という和歌即陀羅尼の思想が言霊思想と真言思想をつなぐ神仏習合思想の典型である。

無住の著した『沙石集』の「和歌ノ道フカキ理アル事」の中にも、「和歌ノ一道ヲ思トクニ、散乱麁動ノ心ヲヤメ、寂然静閑ナル徳アリ。又言スクナクシテ、心ヲフクメリ。惣持ノ義アルベシ。惣持ト云ハ、即陀羅尼ナリ。（中略）聖人ハ心ナシ。万物ノ心ヲ以テ心トシ、聖人ハ身ナシ。万物ノ身ヲモテ身トス。然バ聖人ハ言ナシ。万物ノ言ヲモテ言トス。聖人ノ言、アニ法語ニアラザランヤ。若法語ナラバ、義理ヲフクムベシ。義理ヲフクマバ、惣持ナルベシ。惣持ナラバ、即陀羅尼ナリ。此心ヲモテ思ニ、神明仏陀ノ和歌ヲ用給事、必ズコレ真言ナルニコソ」とあって、ここには歌を詠むことが瞑想であるという和歌即陀羅尼説が展開されている。臨済僧正徹の歌論書『正徹物語』にも「和歌仏道全二無」が主張され、その弟子の天台僧心敬の歌論書『ささめごと』にも「本より歌道は吾が国の陀羅尼なり」「歌道はひとへに禅定修行の道」「歌道即身直路の修行也」と和歌即陀羅尼説が説かれている。

「草木言語」といういのちの言葉の感覚が「言霊」という言語観念を生み出し、やがて仏教と融合して「草木国土悉皆成仏」という命題や和歌即陀羅尼思想を生み出した。『古事記』や『日本書紀』や『万葉集』や『延喜式祝詞』に表現された潜在思想がより広大で普遍的な真言密教や天台仏教と結びつき、わが国独自の天台本覚思想と和歌即陀羅尼説を生成していったのである。ここに古代の言語観念や言語思想を通して見た「自然理解」の変遷とその表現を読み取ることができるだろう。

6、「汎神論」と「アニミズム」——現代日本人の「自然理解」の二つの視点

紙幅の関係で、中世や近世の日本人の「自然理解」については、例えば、室町時代の神道家（唯一宗源神道の大成者）吉田兼倶の『唯一神道名法要集』の中にある「吾唯一神道は天地を以て書籍とし、日月を以て証明とす。是則純一無雑の密意なり」という表現や、兼倶の『神道大意』を注釈した江戸時代の神道家吉川惟足の『神道大意講談』の中に、「天地の霊気を感ずるに至りて、生成無窮なり」を「草木国土、悉皆成仏と説くに同じ」と解釈する箇所など検討すべきテキストや思想であるが、最後に現代日本人の「自然理解」として二人の作家の考えを検討してみたい。その二人とは遠藤周作（一九二三－一九九六）と石牟礼道子（一九二七－二〇一八）である。

遠藤文学は、『沈黙』（一九六六年）中でフェレイラ神父とロドリゴ神父の二人の「棄教」の苦悩を描いた。踏み絵を踏んで棄教したフェレイラ元神父は日本の思想風土を「泥沼」と表現した。フェレイラは弟子で後輩のロドリゴ神父に次のように語る。

「知ったことはただこの国にはお前や私たちの宗教は所詮、根をおろさぬということだけだ」「この国は沼地だ。やがてお前にもわかるだろうな。この国は考えていたより、もっと怖ろしい沼地だった。どんな苗もその沼地に植えられれば、根が腐りはじめる。葉が黄ばみ枯れていく。我々はこの沼地に基督教という苗を植えてしまった」

日本にキリスト教が根づかないことの不毛性を「怖ろしい沼地」と言うのである。さらに続けて、「この国で我々のたてた教会で日本人たちが祈っていたのは基督教の神ではない。私たちには理解できぬ彼等流に屈折された神だった」、だがもはやそのような「屈折された神」は「神じゃない」と。フェレイラによれば、日本人は「デウス」と「大日（如来）」を「混同」し、「屈折」させ「変化」させ、「別のもの」にしてしまった。そうして、「基督教の神は日本人の心情のなかで、いつか神としての実体を失っていった」「日本人は人間とは全く隔絶した神を考える能力をもっていない。日本人は人間を超えた存在を考える力も持っていない」「日本人は人間を美化したり拡張したものを神とよぶ。人間とは同じ存在をもつものを神とよぶ。だがそれは教会の神ではない」。こうして、「切支丹が亡びたのは、お前が考えるように禁制のせいでも、迫害のせいでもない。この国にはな、どうしても基督教を受けつけぬ何かがあったのだ」と結論づける。

元切支丹で今はキリシタン最大の迫害者となっている長崎奉行の井上筑後守も同様の主張をする。「パードレは決して余（引用者註――井上筑後守）に負けたのではない」「この日本と申す泥沼に敗れたのだ」「かつて余はそこもとと同じ切支丹パードレに訊ねたことがある。仏の慈悲と切支丹デウスの慈悲とはいかに違うかと。どうにもならぬ己の弱さに、衆生がすがる仏の慈悲、これを救いと日本では教えておる。だがそのパードレは、はっきりと申した。切支丹の申す救いは、それと違うとな。切支丹の救いとはデウスにすがるだけのものではなく、信徒が力の限り守る心の強さがそれに伴わねばならぬと。してみるとそこもと、やはり切支丹の教えを、この日本と申す泥沼の中でいつしか曲げてしまったのであろう」

遠藤は、『沈黙』を書く以前に、『宗教と文学』（南北社、一九六三年）の「日本的感性の底にあるもの――メタフィジック批評と伝統美」と題する評論でこう述べていた。「私がいつも考える西欧の美的感性とは、このようにメタフィジックであり、然し、神や超自然的な美にたいし限界を意識し、対立し、能動的であると言う特質をもっているのである。なぜなら、基督教的な世界では人間は神には絶対になりえないからである」「西欧の美的感性の、（一）境界の区分意識、（二）対立性、（三）能動的という三つの特徴が、日本人としての私たちの感性に非常に不足していることを指摘したかったからにすぎない。そして、その代りに日本的感性は汎神的風土を母胎としてうみだされたものであるために（一）個と全体との区分や境界を感じない、（二）したがって対立を要求しない、（三）受身的である、この三つに還元されると思われるのだ」と。

西欧と日本の大きな違いは、①境界区分意識、②対立性、③能動性だと遠藤は指摘する。西欧にはそれがあるが、日本にはそれがない。境界も曖昧、対立を避ける、極めて受動的だ。まるでそれは西欧とは正反対の形である。そこにキリスト教が入ってきても「泥沼」にずぶずぶと吸い込まれて定着し花を開かせることはない。

遠藤は、「汎神性とは全（神や自然）と個との限界を消すもの」で、「人間と全的なもの（自然や宇宙）が本質的に同一」の日本人の思考に底知れぬ「怖ろしい泥沼」を見る。日本人には、「境界や区分の意識、対立性、能動的という三つの特徴をその底にもった西欧の美的感性と、これらのものを持たぬ代りに、受身的であり、はっきりとした区別や境界を嫌い、全的なものへ、そのまま吸収されたいという郷愁をもった我々の、感性とのちがい」があり、「この日本的感性が孕む虚無は時として私を慄然とせしめるのである」とも慨嘆する。

この心情はしかし、遠藤にとってアンビバレントなものであった。遠藤はカトリック信者であった伯母と母の影響により十二歳の時、カトリックに入信した。遠藤は生涯カトリックの信仰を捨てることはなかったが、しかし彼にとってそのカトリックの信仰は「サイズの合わない洋服」であり、「身の丈に合わない借り衣装」であった。一九六七年、遠藤周作は『新潮』十二月号のエッセイ「合わない洋服――何のために小説を書くか」の中で次のように記している。

「少年時代のある時期、私は素直に信仰を信じ、毎日、教会に通って朝のミサをうけ、自分も神父になろうかと考えた時もあったのである。だがその後十年たって、私は初めて自分が伯母や母から着せられたこの洋服を意識した。洋服は私の体に一向に合っていなかった。ある部分はダブダブであり、ある部分はチンチクリンだった。そしてそれを知ってから、私はこの洋服をぬごうと幾度も思った。まずそれは何よりも洋服であり、私の体に合う和服ではないように考えられた。私の体とその洋服との間にはどうにもならぬ隙間があり、その隙間がある以上、自分のものとは考えられぬような気がしたからである。／もし、あの時、私が別の境遇にあったなら洗礼も受けなかったろうし、また生涯、この基督などという縁遠い洋服など着なかっただろうと私はしばしば悩んだ。だがその時でさえ、私はその洋服を結局はぬぎ棄てられなかった。私には愛する者が私のためにくれた服を自分に確信と自信がもてる前にぬぎすてることはとてもできなかった。それが少年時代から青年時代にかけて私をとも角、支えた一つの柱となった。／後になって私はもうぬごうとは思うまいと決心をした。私はこの洋服を自分に合わせる和服にしようと思ったのである。それは人間は沢山のことで生きることはできず、一つのことを生涯、生きるべきだと知ったからでもある。私は自分が身にあわぬダブダブの洋服を着ていて、それが人々に非難されたり、批判されたりしても構わぬという気持に少しずつなったからである。他の人のように素裸から自分の服をみつけ、それを選ぶこと――それは文学であろう。しかし他人から着せられたダブダブの洋服を自分の体に合うよう生涯、努力することも文学ではないかと言う気持になったからである」

遠藤は「合わない洋服」の喩《たとえ》を使って、カトリックの信仰との齟齬を繰り返し告白している。だが、遺作となった『深い河』の中で、神父に成り損なった大津に次のように言わせている。「神学校のなかでぼくが、一番、批判を受けたのは、ぼくの無意識に潜んでいる、彼等から見て汎神論的な感覚でした。日本人としてぼくは自然の大きな命を軽視することには耐えられません。いくら明晰で論理的でも、このヨーロッパの基督教のなかには生命のなかに序列があります。よく見ればなずな花咲く垣根かな、は、ここの人たちには遂に理解できないでしょう。もちろん時にはなずなの花を咲かせる命と人間の命とを同一視する口ぶりをしますが、決してその二つを同じとは思っていないのです」

大津には、生身の遠藤同様、「生命」の「序列」や存在の位階、ヒエラルキーに納得できない「感覚」があった。大津の中に潜んでいるその「感覚」は、「汎神論的な感覚」で、それは序列なき生命に対する讃美や尊崇だった。生命の根源的な平等性への親和や畏敬の念。そのような「神」観を持ってしまう大津は三人の先輩にこう反論する。

「神とはあなたたちのように人間の外にあって、仰ぎみるものではないと思います。それは人間のなかにあって、しかも人間を包み、樹を包み、草花をも包む、あの大きな命です」

大津ははっきりとおのれの隠すことのできない「異端」と呼ばれる信仰の内実を主張した。その

「汎神論的な感覚」が日本という国の「泥沼」の正体である。天台本覚思想が「草木国土悉皆成仏」と命題化したのが「泥沼」日本の思想の真髄である。それは、「唯一絶対」を限りなく相対化し、八百万の one of them の中に溶かし込んでしまう。それは、フェレイラ神父やロドリゴ神父から見ると、なし崩しの習合「地獄」であり、「泥沼」であった。その「絶対」を持つことのない思考と感覚。曖昧さの中で境界を失ってぐずぐずに溶けてしまう底なし沼。

大津の反論に対して、三人の先輩は「それは汎神論的な考えかたじゃないか」と批難する。大津が感受し抱いている「大きな命」に対する深い畏怖畏敬と讃仰の感覚は日本人の根源的な宗教心そのものであるが、これは正統的な先輩の思想には受け入れることのできない「汎神論」であった。すこぶる要領の悪いバカ正直な大津はまた神学校の「口頭試問」で、「神は色々な顔を持っておられる。ヨーロッパの教会やチャペルだけでなく、ユダヤ教徒にも仏教の信徒のなかにもヒンズー教の信者にも神はおられると思います」と発言する。するとすぐに「その考えこそ、君の汎神論的な過ちだ」と「烈《はげ》しく叱られ」る。大津の言う「色々な顔」を持っているなどという曖昧で変幻自在な神の「顔」は、唯一神の絶対性と純粋性と超越性を冒瀆する考えである。だが大津は一歩も引かず、シャルトルの大聖堂にはその地方の地母神信仰が聖母マリア信仰に溶け込み昇華されているし、十六世紀から十七世紀の日本人の切支丹信仰には仏教や汎神論が混在していると主張し、実はキリスト教の中にも「汎神論的なもの」が含まれていると反論する。

これに対して先生たちが、「では正統と異端の区別を君はどこでするのかね」と大津に訊ねると、彼は「今は中世とちがいます。他宗教と対話すべき時代です」「基督教は自分たちと他宗教とを対等と本当は考えておりません」「これでは本当の対等の対話とは言えません。ぼくはむしろ、神は幾つもの顔をもたれ、それぞれの宗教にもかくれておられる、と考えるほうが本当の対話と思うのです」と答えたのである。これはキリスト教カトリックの神父になるための試験としては最悪の解答であろう。大津は「正統と異端の区別」に境界線を引かず、他宗教との対話の必要を強調する。当然のことながら、大津の答えは査問官の反感と怒りを買い、結局大津はその「異端」思想のために二度も神父になる資格を獲得することに失敗する。それでもなお大津は、地動説を唱えるガリレオのように、「神とはあなたたちのように人間の外にあって、仰ぎみるものではないと思います。それは人間のなかにあって、しかも人間を包み、樹を包み、草花をも包む、あの大きな命です」という考えを捨てることはできない。

大津の信じた「神＝キリスト」は愛の塊りであり「ぬくもり」であるが、その愛はすべてのものを「包む、あの大きな命」である。その「命」のしもべたること。大津神父が殉じたのは、そのような「いのち教」とでもいうべきキリスト教であった。この「いのち教」のガリレオである大津は「信仰」の異端性を突かれてついに神学校や修道院を追い出され、インドのベナレスのガンジス河のほとりで、行き倒れて死んでいく人々に寄り添い、最後を看取り、火葬に付すボランティア活動をするようになる。そしてその河のほとりで事故に遭い、瀕死の状態で小説は幕を閉じる。

遠藤の小説に解決はない。葛藤と対立の中で引き裂かれた魂の軌跡を描くのみである。それを通して東西の「自然理解」の溝の深さを喚起せしめる。そのような異化のブリッジとして遠藤周作の文学は世界性と地域性の両極を含んでいる。

まったく立場は異なるが、石牟礼道子の文学にも似たところがある。石牟礼ははっきり自分がアニミストであることを告げている。

「民衆は論を言いませんから。歌で言いますから、あるいは演技で。演劇的に生きてると言いますかね。知識じゃなくて演劇的な表現で、自分を表現するときに何かしらお芝居がかって表現しますよね」

「母の言葉は歌でしたね。天草の出身ですから」「森羅万象と人間とが別々でない」「アニミズムの世界で育ちましたね」「やはり森羅万象を離れては生きていけないんじゃないかって、今もあらためて思いますけど」（〈インタビュー〉「『初期詩篇』の世界」『石牟礼道子全集』第一巻、藤原書店、二〇〇四年）

「古代祭祀社会時代のあの牧歌的アニミズム（物活説。全ての生きものにはそれぞれの心意が宿っているという信仰）などで大らかに支えられているから、たとえば水俣病事件など、産業の発達に伴う必要悪などという異質のモラルにひとたび毒されると、救いがたいことになってしまう。／魚たちが死に、鳥たちが死に、猫たちが死に、ねずみたちも死に、犬も豚も死に、ついには人びとがわかっているだけで四六人も毒死し、残りの人たちがいまも徐々に死につつある地方にいて、私は、死んだあの、天草生まれの漁師のじいさまの言葉をいつもおもい出す」

　石牟礼道子は自分の基層にあるアニミズム世界を隠すことはない。それを「生類《しょうるい》あわれ」という言葉に表すが、それは「草木国土悉皆成仏」という天台本覚思想に、キリスト教的な贖罪思想にもつながる中世的な代受苦思想を接続した石牟礼独自の「痛みのアニミズム」である。

「『魚は、天の呉れらすもんでござす。その天の魚を、我が要ると思うしこ（だけ）採って、その日を暮らす。我が庭とおんなじこの海に舟を出して、その日要ると思うしこの魚を天から頂き申し、その日を暮らす。これより上の栄華が、どこにあろうかい』／じいさまはもっと寡黙に、銀のしたたりのようなことばで語ったが、〈天の呉れるもの〉を失ってしまった現代へ語りつぐには、いささか冗舌にならざるをえないのがかなしい。／〈天の呉れるもの〉をじいさまは沢山持っていた。鳥たち、魚たち、仏さまにあげる野の花、山の花。死んだ孫たち、まだ生きていて、水俣病である孫。なたまめきせるも、竜のうろこのお守りも、網にかかってきた沖の石も、舟も、春の南風《はえのかぜ》も、ほら貝も、自分の命も、ぜんぶ〈天の呉れらすもの〉であった。（中略）／じいさまが、魚どもが花どもが、と目を細めて愛《め》で語っていた魚の精、花の精は、人間や神のために生命を供される魚や花、というより、それは天とともにある〈生類《しょうるい》〉、我と同じ生命を分けあっている生類、というおもむきであった。／花にも石にも、虫にも生命を感じ、自分をも含めて天与の生命を愛で惜しみ、生類あわれ、という日本庶民の清《さや》かな情念が宗教化されたのは、たぶん中世あたりだと思われるが、じいさまや、毒死した漁師たちが抱いていた魂の世界、つまり私の不知火海、およびこの海をふちどっていた世界は、さかしらな現代文明がその魂までは浸蝕しきれなかった〈天のもの〉というよりほかない世界であった。／ここにはまだ、文字化されたことのない古代叙事詩の世界が息づいていたのである」（「天の呉れらすもの」初出一九七〇年、『石牟礼道子全集』第四巻、藤原書店、二〇〇四年）

天与の贈与世界の崩落を目の前にしながら、石牟礼は、「まぼろしの湖の上にひらくひとすじの道をあるいて／まだ息絶えぬ原始を看とりに／わたしは急ぐ」（「木樵り」）。病苦の中にある日本の「泥沼」を「痛苦のアニミズム」として感受してきた点で、遠藤周作と石牟礼道子は対極的な位置から互いの手を取り合うことになる。そしてその二人が指し示している「自然理解」が今後の「東西の自然理解」に必要となる生態智的視点であると私は考える。そしてそうした「自然理解」の根底にある「いのち」と「むすひ」の思想と言葉の希望と可能性を私も辿りたいと思うのである。

第四章　モノと霊性――ものづくりからもののあはれまで

1、仏像展の「モノ」（ものざねから物の怪まで）の死生観

二〇〇六年、東京国立博物館の展覧会「仏像　一木《いちぼく》にこめられた祈り」を見たところから第一章の考察を始めたことは、先に書いたとおりである。

この時に、思った。仏像制作には、仏師とその時代の死生観が刻み込まれている、祈り込まれている、と。

とりわけ、展示を見て強烈に印象に残ったのが、江戸時代後期の仏師・木喰《もくじき》上人の造った木彫仏だった。丸みを帯び、様式化された微笑や光背に特色があり、一目で木喰上人の制作した仏像だとわかった。そのやわらかで力強いヴァイブレーションに魅了された。

この仏像展には、最後の部屋に円空と木喰の作品があった。これまた独自の様式を持つ円空作の仏像は、雷が鳴り響いているような、鋭く激しいエネルギーに満ち溢れていて、仏像であるにもかかわらず、「ちはやぶるカミ」という言葉を想起させた。それは空間を切り裂く仏像であった。

それに対して、木喰仏はどこにも鋭さや激しさがなく、おだやかでまろやかでやわらかなのだが、実に静かな力強さがある。このたおやかなまるまるしさ、ふくふくしさ。木喰仏を前にすると、思わず笑みがこぼれてしまいそうなほど、心と体がゆるゆるとやさしくほどけてゆく。このこまやかでやわらいだ安心波動はどこから来るのか、不思議に思った。

木喰上人の造った仏像を高く評価したのが、白樺派の同人で民藝運動の提唱者・柳宗悦《やなぎむねよし》であった。柳は大正十三年（一九二四）、山梨県で木喰上人が造った地蔵菩薩像を初めて見て、木喰をすぐさま「幕末に於ける最大の彫刻家だ」と高く評価した。そしてその後丸二年間、全国の木喰仏を訪ね歩き、五百体余りの仏像を発見したのである。

柳は木喰仏の微笑に惹かれ、「貴方を眺める時、誰でも同じ微笑みに誘はれてゆく。誰がそれを禁じ得よう。私達が禁じても貴方が禁じないのだ。如何に抵抗しても貴方の笑顔の前には無益なのだ。なぜならその抵抗をも笑顔で受けて了ふからだ。……私は貴方の微笑みから逃げることはどうしても出来ない」と、その「微笑み」の魅力を称えている。

円空も木喰も共に、まったく違った方法で、「一木」が内在させている霊力とも神聖エネルギーともいえる生命力を見事に造形化している。円空は木の中の神性を、木喰は木の中の仏性を彫り出した。そこでは、「木」という「もの（物）」が、単なる物質とは異なる「モノ（霊）」の波動を、激しくあるいはやさしく放射しているのだ。この「もの＝物」から「モノ＝霊」までのグラデーションとその連結回路を、円空も木喰も大胆に創造し得ているのである。

このような、「もの＝物」と「モノ＝霊」の両極を兼ね備えた時、仏像は初めてそこで「魂」あるいは「心・神」の入った霊的救済装置として機能し始めるのだ。

2、わが国最初の仏像と木の霊力

『日本書紀』に不思議な記述がある。欽明天皇十四年（五五三）の夏、河内国の海中に梵鐘のような音が響き渡った。その振動と響きは「雷の声」のようで、その上、その振動物は太陽のように照り輝いていた。太陽の光と雷の音。これは古代におけるもっとも神聖な力の表象である。それが海の中から放射されたのだ。

そこで天皇が家臣を派遣して海中を調べさせたところ、楠が海に浮かんで照り輝いているのがわかった。それを引き揚げ献上すると、天皇は画工に命じて楠から二体の仏像を造らせた。それが今、吉野寺で光を放っている楠の仏像である、と『日本書紀』は記している。

ここには日本のものづくりのもっとも神聖な部分が表現されている。まず何よりも、日本で最初に造られた仏像は木彫仏であった。そして、その素材となる木は、雷鳴のような音響を発し、かつまた太陽のような明るい光を放っている神秘不可思議な楠の流木であった。それはまさに霊験あらたかな神聖樹木だったのだ。そのような霊木から、最初のメイド・イン・ジャパンの仏像が造られたのである。

つまりそれは、神の寄り憑《つ》く樹、魂宿る木から仏が彫り出されたということである。言い換えると、カミからホトケを彫り出したのだ。あるいは、神を仏として二重崇拝したのである。二重崇拝することがさらなる霊力の増殖と感じ取れたのである。日本文化の底流を流れる神仏習合は、このように、仏教伝来のごく初期の段階から日本人のものづくりの中に露出してきたのである。

3、ものづくりと手わざ

「仏作って魂入れず」という言い方は、仏の中に神＝魂＝心が入り込むことによって真の霊力が発揮されるという信仰と技術のありようを物語るものである。

そうした日本の仏像群の中でも、柳宗悦は特に木喰仏の中に深い健康な美を見出した。それは、全国津々浦々の名もない陶工たちが生み出すものづくりの健康な深い美の世界に通じていた。柳はこうした「民衆的工芸」を、「民藝」と名づけ、その美的価値を高く評価し、雑誌『工藝』を創刊して、民衆の生活世界に伝承されてきた手わざの数々を取り上げ、そこに埋もれている力強い健康な「用の美」を評価していったのである。

柳は「雑器の美」の中で、「無学な職人から作られたもの、遠い片田舎から運ばれたもの、当時の民衆の誰もが用ゐしもの、下物と呼ばれて日々の雑具に用ゐられるもの、裏手の暗き室々で使はれるものの、彩りもなく貧しき素朴なもの、数も多く価も廉きもの、この低い器の中に高い美が宿るとは、何の摂理であらうか。あの無心な嬰児の心に、一物をも有たざる心に、知を誇らざる者に、言葉を慎しむ者に、清貧を悦ぶ者達の中に、神が宿るとは如何に不可思議な真理であらう。同じその教へがそれ等の器にも活々と読まれるではないか」と記し、「日本が素晴しい手仕事の国である」(『手仕事の日本』)ことに注意を促した。

昭和十一年（一九三六）、柳は「日本民藝館」を創設し、「民藝」運動を全国展開してゆく。柳によれば、手仕事の中に「民族的な特色」が色濃く現われ、そこに「自由と責任」が保たれる。そうした手仕事には「悦び」が伴い、「新しいものを創る力」が現れてくる。日本とは、そのような創造力のみなぎる「手の国」である。そしてその手仕事は同時に「心の仕事」だと道破し、質の高い美しい特色のあるものを創り出すことが日本人の「誇り」となると主張した。それが、「民藝」なのだと。柳は、「その土地で生れた郷土の品物」「日本のものとして誇ってよい品物、即ち正しくて美しいもの」を訪ね歩き、収集し、整理して、『手仕事の日本』で紹介した。そこには日本のものづくりの核心が実に明晰かつ具体的に示されている。陸奥津軽のこぎん、信濃福島の曲物《まげもの》、飛騨白河の鉈鞘《なたざや》、阿波の藍などなどの「日本の品物」への愛と賞讃。

「民藝」の美を「健康の美・用の美・無心の美・伝統の美」と規定した柳は、「私たちは健康な文化を築かねばなりません。日本を健康な国にせねばなりません。それには国民の生活を健全にさせるような器物を生み育て、かかるものを日々用いるようにせねばなりません」と言う。

　この柳の言う「健康」とは何であろうか。それをスピリチュアリティ（霊性）とも言い換えることができるだろう。もの（物）の中にモノ（霊）が生き生きと宿りはたらくさま、それが真の「健康」なのだと。

　柳はこうした無名の職人の健康な用の美を宿すものづくりの仕事が、地方を深いところから元気づけ活性化することを確信していた。柳は日本を見直せと説いたが、それは「美しい国」などという説教じみた空疎な言説ではなく、「具体的な形のあるものを通して、日本の姿を見守」る手わざの発掘と評価に基づく根拠と確信に満ちた主張であった。柳は、日本のものづくりの技術と精神と霊性の発動を、実に細やかな具体的な実践を通してエンパワーメントしていったのである。そして、その行き着く先、究竟地を、「美の浄土」あるいは「美の法門」として指し示したのだ。

4、「もの」の本義とグラデーションと霊性

日本語の「もの」は実に多義的な意味を内包している。まず考えてみたいのは「物忌み」という語である。これは神事などの前に身を慎み、潔斎することを意味している。具体的には、食べ物の禁忌（肉など生臭いものを食べない）や、人と会わずにお籠り状態に入ることなどを実行するのだが、そもそも「もの」を「忌む」とは、何「モノ」かの到来を念じ、穢れを避け、身を清めて、より清浄で神聖な状態を保とうとする行為である。言うなれば、「神」という神聖エネルギーを迎え入れ、創造力を全開にするために自己浄化に努め、集中力と緊張感を最高度に高めていく行為である。

日本の伝統的「ものづくり」はこのような「物忌み」と無関係ではないどころか、そのような「もの」への対し方の中から創造性を高め、深める不断の努力をしてきたのである。鍛冶場にせよ機織り場にせよ、そこには火の神や蚕の神などの神霊が祀られ、人々の仕事が安全に、つつがなく進むよう見守る。剣道場や柔道場などの伝統武術・武道の道場にも鹿島の神などの武芸の神が祀られることが多いが、それも同様である。そこでは「ものづくり」は、神の力を得て細部にまで神経の行き届いた「もの尽くし」に通じる回路を持っている。武芸や芸能の修行者もまた神霊の加護を得て初めて「物の上手」となる。者を媒介者として、霊（モノ）から物へ、また物から霊への往還運動が起こっているのである。その「もの」のグラデーションと位相に注目したい。

そもそも、日本の最初の「ものづくり」とはどこから始まっているのかといえば、それは天の岩戸の前で行なった神事のための祭具を作ることから始まっている。神代の昔、スサノヲノミコトの乱暴に耐えかね、天の岩戸に籠った天照大神を再び呼び出すために祭りが執り行なわれることになった。

忌部氏の先祖の天太玉命《あめのふとだまのみこと》が神籬《ひもろぎ》を立て、中臣氏の先祖の天児屋命《あめのこやねのみこと》が祝詞を奏上し、猿女氏の先祖の天宇受売命《あめのうずめのみこと》が踊りを踊って神懸りとなり、乳房と女陰《ほと》を露わにした様子に高天原の神々が笑いさざめいたので、不審に思った天照大神が岩屋の外を覗き見て、再びこの世界に光が戻ったというストーリーが『古事記』や『日本書紀』や『古語拾遺』に記されている。

この祭りの場において、神霊を映し出し、またその依り代とする鏡や玉を作ったのが鏡造りの先祖の伊斯許理度売命《いしこりどめのみこと》と玉造りの先祖の玉祖命《たまのやのみこと》であった。これが日本の「ものづくり」の起源を物語る神話である。とすれば、「ものづくり」とは本来神聖エネルギーを呼び出すための神聖サービス（奉仕）だったのである。鏡にせよ、玉にせよ、ほかのどんな道具にせよ、その「物」に「物理」を超えた「霊理」をエンパワーメントする。それが「物」に魂を入れるという行為であった。それは逆に言えば、すべての「物」が霊としての「モノ」を前提として成り立っているということである。あらゆる「物」の中に魂がある、そんな存在感覚から日本の「ものづくり」は始まっているのである。

こうして、初めに「モノ」があった。その「モノ」から「物」や「者」が生まれ、「物事」が生じた。この「物事」の始まりを告げる「モノ」、それが日本人にとっての神聖感覚の源泉であり、日本最古の神社とも言われる奈良県桜井市の三輪山（大神《おおみわ》神社）に鎮まる神・大物主神にまでつながる存在認識なのであろう。

さて、このような日本の「ものづくり」は、実は繊細微妙な「もののあはれ」の感覚とも切り離せない。「もののあはれ」は紫式部の『源氏物語』に頻出するキーワードであるが、本居宣長は『源氏物語玉の小櫛』の中で、「あはれ」という言葉は本来「見るもの聞くもの触るる事に心の感じて出づる嘆息の声」だと言い、『石上私淑言《いそのかみのささめごと》』では、「たとへばめでたき花を見、さやかなる月に向ひて、あはれと情の感《うご》く、すなはちこれ、物のあはれを知るなり」と述べている。すなわち「もののあはれを知る」

とは、「すべて何事にても、事にふれて心のうごく事」であり、「深く心に感ずる事」なのである。

一つ、例を挙げよう。昭和二十年（一九四五）、敗戦直後の日本で大ヒットした曲が松竹歌劇団出身の並木路子が歌った「リンゴの唄」であった。作詞サトウハチロー、作曲万城目正で、松竹映画『そよかぜ』の挿入歌だったこの底抜けに明るい歌の一番の歌詞の中に、「リンゴはなんにもいわないけれど／リンゴの気持ちはよくわかる」という一節がある。確かに、リンゴは何も言わない。人間ではないから物言うことはない。しかし何も言わないリンゴの「気持ちはよくわかる」という。これはいったいどういうことか。

以前、美学者の高階秀爾氏がフランスで行なわれた国際学会でこの歌を引用しながら日本人の心性と日本文化の特質を説明したところ、欧米の学者はみな一様に「どうしてリンゴの気持ちがわかるのか？　物であるリンゴに気持ちなどあるわけないではないか。だから、『リンゴの気持ちがわかる』なんてありえないことだ」と反発したという。しかし、戦後の歌謡曲第一号として爆発的にヒットしたこの曲は、「リンゴの気持ちがわかる」たくさんの人がいたからこそ受け入れられ、愛唱されたのだろう。「リンゴはなんにもいわないけれど／リンゴの気持ちはよくわかる」と多くの人が共感していたのである。これこそが「もののあはれを知る」という感覚の発露ではないか。そしてこのような存在感覚が日本の最新テクノロジーの世界にも息づき、例えば日本独自のロボット技術などを支えている基盤ではないか。

『源氏物語』を英訳したドナルド・キーン氏は、「もののあはれ」を“a sensitivity to things（ものへの敏感さ）”と訳した。これは、「もの」に対する鋭敏さや繊細さをうまく伝えた訳語である。だが「もの」を“things”と訳すだけでは足りない。なぜなら、「もの」は単なる“things”ばかりではなく、大物主神、物部、物狂い、もののけなどの語に見られるように、霊性すなわち“spirituality”の意味をも内包しているからだ。

とすれば、「もののあはれを知る」とは、霊性から物性までを貫くモノ性の真相に触れ、その奥行きと情趣を感受することである。「もの」は単なる「物」ではなく、目に見えない不可思議な作用と現れを持つ「霊（モノ）」にして「者（モノ）」である。このような「もの」のグラデーションと位相が日本の「ものづくり」や「ものがたり」には埋め込まれているのだ。こうした物（モノ）に霊（モノ）が宿り憑く憑霊感覚は、開眼供養や針供養などの像や器物に対する「もの」供養の文化を生み出し、「もののあはれ」や「もののけ」や「ものづくり」までを貫いている。

今日、近代以降の物質消費文明の破局が露わになってきている。こうした中において新しい「もの」の見方が必要とされている。私は上述してきたような「モノ学」を二十一世紀の新たなる感覚論や身体論や存在論として再編し、それを「ものづくり」や「ものがたり」に生かす回路を見出したい。もの、こころ、からだ、いのち、そして自然をつなぐ存在感覚の細部を再検証することから二十一世紀の「もの」と自然と文明と人間との関係を再構築してみたいのである。それが新たなモノ学と感覚価値の構築となるだろう。

終章　言霊と神道——草木言語から人間言語・地域言語への射程

1、根っこ

大胆不敵に宣言する。私はかつて「始祖鳥」であった、と。恐竜から始祖鳥になる変異と進化の痕跡。そんな痕跡がわが身心魂に刻まれている（と、思い込んでいる）。

その時、私は「鳥言語」を発していた。鳥言語はもちろん人間言語のような分節語ではないが、しかし互いに同種間と異世界とのコミュニケーションを可能にする象徴言語であった。「始祖鳥言語」の発掘、それが私の言霊研究の根幹にある。

2、言霊概要

言霊とは何か？　それは、「いのちの宿る言葉」である。「いのちを賦活する言葉」である。単なる意味を超えて、その人の霊性的本心に根ざす知情意のまことの籠った言葉である。それを、「こころの言葉」とも、「たましいの言葉」とも言うことができる。

　からだはうそをつかない。
　が、こころはうそをつく。
　しかし、たましいはうそをつけない。

身体と心と魂（霊性）との関係を私は以上のように捉えている。嘘ではないまことの言葉、言霊はそのような「まことの言葉」である。

わが恩師戸田義雄（一九一八－二〇〇六）は、『宗教と言語』（大明堂、一九七五年）の中で、宗教言語の特質を「言いし事が成る」（同書六八頁）、「言葉の成就」（同七九頁）と規定したが、これは言霊を含む宗教言語の根本特徴といえるだろう。

知られているように、「言霊」という語の初出は『万葉集』（八世紀後半に編纂）においてである。それ以前の古典の中で、「有草木咸能言語（くさき、ことごとくに、よくものいふことあり）」という語句が出てくるのが、日本の古典に確認できる最初期の言霊の観念である。拙著『言霊の思想』（青土社、二〇一七年）で詳しく論じたが、日本の「言霊」の観念は、『日本書紀』（七二〇年編纂）に出てくる前掲の「草木言語」や『常陸国風土記』（七一三－七二一年頃編纂）の「石根《いわね》・木立《きねたち》・草《くさ》の片葉《かきは》も辞語《ことと》ひ」から、『万葉集』（八世紀後半編纂）の「言霊」の語を経て、『古今和歌集』（九〇五年編纂）の仮名序の「生きとし生けるものいづれか歌を詠まざりける」（紀貫之）との表現となり、さらにその後、西行の和歌即陀羅尼説として展開され、近世国学の諸種の言霊学説や近世の大石凝真素美や出口王仁三郎や小笠原孝次らの秘教的な言霊論として発展していく。

小稿では、そのような言霊論の諸説を一つ一つ吟味していく紙幅の余裕はないので、その中の三つの展開を取り上げ、最後にわが神道論を提示することで問題提起としたい。

3、草木言語

『日本書紀』には、昔、日本列島には、たくさんの「螢火《ほたるび》の光《かかや》く神」や「蠅声《さばへな》す邪《あ》しき神」がいて、「草木《くさき》咸《ことごとく》に能《よ》く言語《ものいふこと》有り」という状態であったと記されている。そして、天から降りてきた神々がその地上の光輝き物言う神々や草木を「言向け和し」、平定したと記される。

これを簡潔にまとめれば次のようになる。

①日本列島の最初期には神々も草木も一緒になって言葉を発し、交信し合っていた。

②そこへ、天から（より具体的にはユーラシア大陸ないし朝鮮半島から）新しい神々がやってきて、それらの神々を平定し統合し、言語統一していった。それが「大和言葉」の形成となった。

③その「言葉」は、荒ぶる心や事態を鎮めるための「歌」（大和歌、特に短歌）となった。その「歌」を最初に歌ったのが、出雲系の祖須佐之男命で、その子孫の大国主神はそれをさらに発展させて、日本の「歌」（歌謡や短歌）が始まり、今に至るまで継承されている。

ところが、その最初期の「草木言語」の記憶を忘れることのできない日本列島人は、平安時代に勅撰和歌集の最初の歌集である『古今和歌集』を編む時にスサノヲの歌の始まりを喚起し、その歌の哲学を次のように記した。「やまとうたは、人のこゝろをたねとして、よろづのことの葉ぞとなれりける。（中略）花になくうぐひす、みづにすむかはづのこゑをきけば、いきとしいけるもの、いづれかうたをよまざりける。ちからをもいれずして、あめつちをうごかし、めに見えぬ鬼神をも、あはれとおもはせ、おとこ女のなかをもやはらげ、たけきもの丶ふのこ丶ろをもなぐさむるは哥なり」（『日本古典文学大系8　古今和歌集』佐伯梅友校注、九三頁、岩波書店、一九五八年）

春の花に群がってくる鶯や水辺に生息する蛙の声も含め、いのちあるものすべてが歌を歌っている。歌を歌わないものなどいないのだという、歌の生命哲学を紀貫之が『古今和歌集』仮名序で、漢文ではなく「大和言葉」で宣言したのである。これは言霊の観念を核とした歌の哲学として大きな展開となった。

このようにして、日本は歌の国、詩の国、すなわち「言霊の幸はひ、助くる国」（『万葉集』）となっていったのである。そこには、まぎれもなく、草木や岩の声とスサノヲの声が鳴り響いているのだ。

この「草木の言語」が根本にあるということを決して忘れてはならない。そしてそれは、鳥言語や鹿言語や狼言語や猿言語など、多くの動植物の「声」と「言葉」を内蔵しているのである。

4、和歌即陀羅尼説

日本の宗教文化は多神教文化である。『古事記』や『日本書紀』にはそれを「八百万《やおよろず》の神」、つまり八〇〇万もの神々という表現をしている。その多神教文化は、その根幹に「神神習合」、つまり神々の融合や統合を含んでいる。『古事記』では「大国主神」は五つの名を持ち、『日本書紀』では七つの名を持つと記されているが、そのことは「神神習合」の典型的な事例である。

そのような「神神習合」文化の基盤の上に、仏教が伝来して「神仏習合」という神道と仏教との融合や統合の文化形態が展開したのだ。もともと、日本列島は、ユーラシアプレート（北西）、北米プレート（北東）、太平洋プレート（南東）、フィリピン海プレート（南西）という四つのプレートの「習合」列島であり、四つのプレートの「十字路」である。その地質学的特性が文化的特性としての「神神習合」や「神仏習合」をいっそう強烈に促進したのである。したがって、日本の宗教文化は地球科学的かつ生態学的な諸条件に根ざして発展したのであって、単なる文化複合ではない。自然複合と文化複合の複雑微妙な絡まり合いの中で、古き地球の記憶と記録が諸伝承となって保存されてきたのである。

その日本に、平安末期から鎌倉・室町期にかけて神仏習合思想が広がり、その過程で、和歌が真言密教や天台密教の「真言陀羅尼」と同一であるという思想が展開された。

真言僧として歌を詠みつつ諸国を行脚して歩いた西行法師は、明恵上人に対して歌の心を次のように語ったと伝えられている。

我が歌を詠むは、遥に尋常に異なり。華・郭公・月・雪・都て万物の興に向ひても、凡そ所有相《あらゆる》皆是れ虚妄なること、眼に遮り耳に満てり。又読み出す所の言句は、皆是真言にあらずや。華を詠むとも実に華と思ふことなく、月を詠ずれども実に月とも思はず。只此の如くして、縁に随ひ興に随ひ詠み置く処なり。紅虹たなびけば虚空いろどれるに似たり。白日かゞやけば虚空明かなるに似たり。然れども虚空は本明かなるものにあらず、又色どれるにもあらず。我、此の虚空の如くなる心の上において、種々の風情をいろどると雖も、更に蹤跡なし。此の歌即ち是れ如来の真の形体なり。されば一首詠み出でては、一体の仏像を造る思ひをなし、一句を思ひ続けては、秘密の真言を唱ふるに同じ。我れ此歌によりて法を得ることあり。若しここに至らずして、妄りに此の道を学ばば、邪路に入るべし。

（「宗教文学」『筑土鈴寛著作集』第一巻、八八－八九頁、せりか書房、一九七六年）

歌を一首詠むことは一体の仏像を造ることと同じである。そして、その一首の中の「一句」を詠み思うことは秘密真言を唱えることと同じである。こうして、歌を詠むことは瞑想であり、詠歌は即仏道であるということになる。歌を詠むことが仏道の修行なのである。

鎌倉時代の僧無住の著した『沙石集』には、「和歌ノ一道ヲ思トクニ、散乱麁動《そどう》ノ心ヲヤメ、寂然静閑ナル徳アリ。又言スクナクシテ、心ヲフクメリ。惣持ノ義アルベシ。惣持ト云ハ、即陀羅尼ナリ」とも、「聖人ハ心ナシ。万物ノ心ヲ以テ心トシ、聖人ハ身ナシ。万物ノ身ヲモテ身トス。然バ聖人ハ言ナシ。万物ノ言ヲモテ言トス。聖人ノ言、アニ法語ニアラザランヤ。若法語ナラバ、義理ヲフクムベシ。義理ヲフクマバ、惣持ナルベシ。惣持ナラバ、即陀羅尼ナリ。此心ヲモテ思ニ、神明仏陀ノ和歌ヲ用給事、必ズコレ真言ナルニコソ」（『日本古典文学大系85　沙石集』渡邊綱也校注、二二二・二二五頁、岩波書店、一九六六年）ともある。

和歌には心を鎮め、寂然静閑の境地に導く功徳がある。「陀羅尼」と「惣持」は同義で、陀羅尼とは元来「保持すること、保持するもの」を意味する梵語 dhāraṇī の音写である。悟達に至った「聖人」は、万物の心や万物の身をもって自身の心とし身とする存在で、その「言」は「法語」であり、「真言」であるのだ。そして、神も仏も和歌を用いて歌うと言う。その時の歌は「真言」であるというのだ。

室町前期の歌僧正徹の著した歌論書『正徹物語』には、夢の中に和歌の神である住吉明神が現れて「和歌仏道全二無」と夢告したと記されている（『日本古典文学大系65　歌論集　能楽論集』久松潜一・西尾実校注、一八四頁、岩波書店、一九六一年）。またこの正徹の弟子の心敬は歌論書『ささめごと』の中で、「本より歌道は吾が国の陀羅尼なり」「歌道はひとへに禅定修行の道」「歌道即身直路の修行也」と

述べている（『日本古典文学大系66　連歌論集　俳論集』木藤才蔵・井本農一校注、一八二・一八三頁、岩波書店、一九六一年）。

このような「和歌即陀羅尼説」は中世的言霊思想の展開と見ることができる。歌を詠むことは心を澄ますことであり、真言陀羅尼を唱えて身心を統一する仏道修行と同じものである。神道的に言えば詠歌即鎮魂、仏教的（密教的）に言えば、詠歌即真言陀羅尼で、この観念は、室町時代に世阿弥が大成した「天下の御祈祷」としての能楽に結実する。

5、オノマトペ

さて、その能に、金春禅鳳作の「嵐山」というたいへん興味深い曲がある。

天皇の家臣の勅使（ワキ）が大和国の吉野から嵐山に移植した桜がどうなっているか確認するという命を受けて嵐山に出かける。そこで花守の老夫婦（前ジテ・ツレ）に会うのだが、彼らが桜に礼拝するふるまいを見て不審に思い、なぜそのようにするのかと問いかける。するとシテの老人は、「この嵐山の花は皆神木にて候間、蔭を清め礼をなし渇仰を致し候」と答える（『日本古典文学大系41　謡曲集（下）』横道萬里雄・表章校注、二三一頁、岩波書店、一九六三年）。

前ジテの老人は、蔵王権現の地の吉野の神木である千本桜を嵐山に移植したのだから当然嵐山の桜も神木である、ゆえに礼拝しているのだと言うのである。そして、後ジテは吉野の修験道の神である蔵王権現であり、また同時に木守の神と勝手の神でもあると告げる。その神力をもってこの嵐山で桜の花が美しく咲き誇るのであると謡い、「神遊び」を舞う。

そして、最後に、後ジテが「われ本覚の、都を出でて」と謡うと、続けて地謡が「分段同居の、塵に交じはり、金胎両部の、一足を提げ、悪業の衆生の、苦患を助け、さてまた虚空に、み手を上げては、（シテ）たちまち苦海の、煩悩を払ひ、（地謡）悪魔降伏の、青蓮の眦《まなじり》に、光明を放つて、国土を照らし、衆生を守る、誓ひを現はし、木守勝手、蔵王権現、一体分身、同体異名の、姿を見せて、おのおの嵐の、山に攀ぢ登り、花に戯れ、梢に翔つて、さながらここも、金の峰の、光も輝く、千本の桜、光も輝く、千本の桜の、栄行く春こそ、久しけれ」と謡い舞い閉じるのである。

このようなめでたい、非常に神聖な神木の桜と蔵王権現＝木守・勝手明神の幽玄優美な舞曲の世界が披露される間の中入りの間狂言に、「猿聟《さるむこ》」という小書が挿入される。これが絶妙の「キャッキャッキャ」だけのオノマトペ連発の「猿語」の世界を表現し尽くすのである。猿の仮面を懸けた数名の狂言方が登場して吉野の猿が嵐山の猿のところに聟入りするめでたい祝言を表現する。その祝言の席で酒宴を繰り広げるのだが、その宴席での会話はほぼすべて「キャキャキャキャキャ」とか「キャアキャア」とか「キャッキャッ」などの「猿語」である。

これこそ、「草木言語」の世界の中世的継承と表現にほかならない。鳥言語や鹿言語や狼言語や猿言語の世界が実に愉快に楽しく表現されていて、「生きとし生けるものいづれか歌を詠まざりける」という日本文化の精髄を表現しきっている。この「嵐山」の間狂言である「猿聟」を見るたびに、日本文化の根幹にある「草木言語」の世界を想起させられ、異種間（異類）コミュニケーションの縦横の交叉が保持されていることに喜びを感じるのである。

オノマトペ（擬態語・擬声語）は、自然のふるまいに対する鋭敏な観察と感受なしには生まれてこないし、日常的に発語されることはない。この「キャッキャッ」や「しんしん」や「さらさら」や「るんるん」の中に、日本列島の中に息づいてきた知情意の精髄が籠っている。それこそ、日本の言霊の豊かな発露であり、表現である。

6、神道概要

次に、神道について、自説を述べる。

神道は日本という土地・風土に育まれてきた実に多様性を持った文化である。それは、仏教や儒教やキリスト教やイスラム教のように、「教」すなわち明確な教義や思想を持っているわけではない。釈迦や孔子やイエスのように、人間として教えを説いた開祖や教祖が始めたものではない。それゆえ、開祖や宗祖の考え方や生涯が説かれるということはない。ただし、明治期にできた「教派神道」と呼ばれた黒住教や天理教や金光教は異なる。これらは黒住宗忠、中山みき、川手文治郎などの開祖によって創唱された。

かくして、確かに、神道には表立って誰かによって説かれた明確な教えはない。しかし、潜在的に大切にされてきた伝統的な表現物がある。それを神道の「潜在教義（思想）～神道七則」として提示したい。そこに「神道の霊性」がある。

①「場」の宗教としての神道
②「道」の宗教としての神道
③「美」の宗教としての神道
④「祭」の宗教としての神道
⑤「技」の宗教としての神道
⑥「詩」の宗教としての神道

⑦「生態智」としての神道

第一に、「場」の宗教としての神道。神道にとって最重要なのは「鎮守の杜（森）」と呼ばれるその杜である。そこに神霊は「みあれ（御在れ、顕現）」する。その森（杜）の自然価値・文化価値がある。それを聖なる斎庭《ゆにわ》の空間、場所の記憶と美学、聖性と言うことができる。

第二に、「道」の宗教としての神道。神道は教えではなく、日々の生活の年中行事の中で実践されてきたいのちと暮らしの構えである。そのいのちと暮らしの伝承文化が「道の文化」としての神「道」となる。

第三に、「美」の宗教としての神道。本居宣長が説いたように神道では感覚価値を大切にしてきた。「もののあはれ」や気配の感覚知、例えば清々しさ（清浄）を大切にしてきた。それが神事や祭事の前段儀礼として行なわれる「禊祓《みそぎはらえ》」として現れている。

第四に、「祭」（儀礼）の宗教としての神道。神道では祭祀による生命力の更新を果たす。それが鎮魂（たまふり・たましづめ）である。

第五に、「技」（わざ）の宗教としての神道。神道には、神様に捧げる神饌や祭具・祭器など具体的に表現され伝承されてきた高度な技術がある。神楽もそうしたワザヲギの術の一つである。そうしたワザ（術・業・技）の美がある。

第六に、「詩」（物語性・神話伝承）の宗教としての神道。神道には、経典（教典）はないが、『古事記』や『日本書紀』や『風土記』や『万葉集』などなど、世界やいのちを物語的に捉える物語や詩（和歌）が多様な形で保持されている。そこに「もののあはれを知る」（本居宣長）がある。

最後、第七に、「生態智」（エコソフィア）としての神道。これらを総合すると、いのちのちからと知恵を畏怖・畏敬し伝承する神道の心と霊性（スピリチュアリティ）がある。それは、生命美を感得し、いのちの尊厳とかけがえのなさを感受する宗教文化である。

「生態智」とは、「自然に対する深く慎ましい畏怖・畏敬の念に基づく、暮らしの中での鋭敏な観察と経験によって練り上げられた、自然と人工との持続可能な創造的バランス維持システムの技法（ワザ）と知恵」である。それは、神社として伝承された癒しや浄化の空間としての聖地、祭りとして伝えられた古代からのさまざまな生活文化のワザの中に保持されてきた。

聖地とは、「聖なるモノの示現するヌミノーゼ的な体験が引き起こされる場所」であり、そこには「生態智」と呼ぶことのできる知恵と力が宿っているがゆえに長らく祈りや祭りや籠りや参拝や神事やイニシエーションなどの儀礼や修行（瞑想・滝行・山岳跋渉等）が行なわれてきた。

このような「神道七則」を「神道の潜在教義」あるいは「神道の霊性」と私は考える。「場」や「道」を大切にしてきた神道において、何よりも清々しさ、清浄感やもののあはれや気配の感覚が重視された。多くの神社人や神道家は、神道で一番大事なのは「掃除」だと言う。一にも掃除、二にも掃除、三にも四にも掃除。掃除こそが神道の精神であると言うところには、そこにこそ、生命の原初形態、純粋始源を讃美し慈しむ心と感覚があるということである。

奥吉野山中に鎮座する天河大辨財天社の柿坂神酒之祐宮司は、それを「フトマニ」と言った。ふつう、「太占《ふとまに》」とは、古代の卜占のことを指す。しかし、柿坂宮司はそのような「うらない」のような吉凶判断ではなく、「ふと」「そのままに」、物事が立ち現れてくる、その「ふと・そのまま・に」立ち現れてくる出来事や現象をそのまま受け取って対処していくこと、それが「フトマニ」であり、それは「掃除」をすることによって、立ち現れ、受け取られるという。だからすべてが、「掃除」を基礎とし、基盤としている。それが神道の精神であり、精髄であるというのである。それを、本居宣長はこう歌った。

敷島の大和心を人問はば　朝日に匂ふ山桜花

日本の「心」は、朝日の当たる里山で山桜の花がほのかに慎ましくも清らかに香っている、そのような「自然美」の中にある。それこそ「大和心」と呼ぶことのできる日本人の心だと。これが神道の最重要儀礼の「禊」や「祓」に様式化されていく感覚基盤である。清めの観念と儀礼は、このような「朝日に匂ふ山桜花」に象徴される純粋自然の始源性を本位とする「潜在教義」に裏打ちされている。

　神道とは、こうした「潜在教義」を持った「感覚宗教」であり「芸術・芸能宗教」である。その感覚性や芸術・芸能性が「祭り」という身心変容儀礼のワザとなっていく。

「祭り」の主旨は祭祀という「ワザヲギ」による生命力の更新・復活にある。その神話的起源が天の岩戸の前で行なわれた神々による神事として、『古事記』や『日本書紀』や『古語拾遺』の中に語られている。その神事は天の岩戸に隠れた（象徴的な死を意味する）天照大御神を甦らせ、再顕現させるために行なわれた。そこでは「死と再生（復活）」がメッセージとして表現されている。

　この時、アメノウズメノミコトが手に笹を持って踊りを踊るのであるが、その際、「神懸り」となり、胸乳と女陰（ホト）を露わにして神々が大いに「咲《わら》ふ」。女陰はいのちを宿し、産み出す器官であり、胸乳はいのちに栄養を与え、育む身体部位である。そのような身体部位を露わにすることによって、いのちの出生を表現し、そのいのちの現れ、すなわち「御在《みあ》れ」を待ち望み、寿ぎ、喜ぶ心が神々の「咲《わら》ふ」行為となって現れる。この「わらい」に漢字の「咲」の字を当てていることからも再生への歓喜を読み取ることができる。

「祭り」とは、「いのちの出現＝みあれ」に対する祝宴である。それは、生命力を賦活し、活性化させる「鎮魂（たまふり）」であり、神々や人々の身心を生命的横溢と共鳴状態に変容させる「技《わざ》」である。

その「技」の中核をなすのが「ワザヲギ」である。

「ワザヲギ」とは、アメノウズメノミコトが行なったたましいを呼び出し、付着させたり、活性化させたりするスピリチュアル・アート・パフォーマンスを指す言葉として『日本書紀』に初出する。それはまた、さまざまな妖艶・怪異なシンボリズムと手法も組み込んだエロティシズムの時間と空間の創造でもある。

この非日常的なエロス的な時空は、生活の中に神話的な時間と空間が開基してくる特異点であり「詩」であるが、そうした「詩」によって世界といのちを物語的に捉え、祭りの回路を通して再受肉する。神道はそのような意味での「詩の宗教」であり「物語宗教」である。いのちのちからと知恵を畏怖・畏敬し伝承し、暮らしの中に生かす伝え型の宗教が神道なのだ。教え型の宗教にして悟りの宗教としての仏教に対して、神道は伝え型の宗教にして畏怖の宗教であるといえる。

ラフカディオ・ハーンが「杵築」の中で述べたように、確かに、「神道には哲学はない。体系的な倫理も、抽象的な教理もない」(小泉八雲『神々の国の首都』平川祐弘編、一七三頁、講談社学術文庫、一九九〇年)。ないように見える。だが、その神道の「あらわれ」の中に「場」や「道」や「美」や「祭」や「技」や「詩」を通して神道の「潜在教義」が脈々と脈打っている。そのような神道の生命線を私は「生態智」と呼んでいる。神道という「あらわれ」の総体の中に息づく「生態智」の脈動、それこそが神道の「潜在教義」の核である。神道には、そのような深層的な「生態智」が詰まっている。伊勢の神宮や出雲大社や賀茂神社などで行なわれる「式年遷宮」はそうした「生態智」の具体的な表現でもある。

このように、神道の特性を、感覚宗教、芸術宗教、物語宗教(詩的宗教)、生態智宗教とし、伝え型の伝承宗教、畏怖の宗教と位置づけることができよう。

7、神道と仏教との対比とその融合

神道は日本列島におのずと形成されてきた「神」信仰に基づく民族宗教であるが、仏教は悟りを開いて「仏」になる（成仏・成道）世界宗教である。その神道の世界観の根幹にある思想が「むすひ」（神秘的で神聖な自然生成力）で、仏教の世界観の根幹にある思想が「無常」（あらゆる事象は変化してやむことがない）である。この「むすひ」が生成の起点（生まれてくること）に焦点を当てた概念といえるのに対して、「無常」は生成の終点や収束（壊れていくこと、終わっていくこと）に焦点を当てた概念と対置できるだろう。とすれば、「むすひ（産霊）」と「むじょう（無常）」はコインの裏表であり、正反対の概念ではない。

だが、仏教は、本来、このような神道的特性とは真逆の特性を持って登場してきた。それはまず、感覚を相対化する（五蘊皆空）。芸術を遠ざける（官能を刺激する歌舞音曲の禁止や抑制）。物語に酔い痴れるのではなく、世界の理法（ダルマ）に目覚める。あえて戒律を設けることによって、輪廻転生という生態智的な連鎖を断ち切る。バラモン教のような伝承の体系を否定ないし相対化し、畏怖するまなざしから、ありのままに物事を見つめ、認識する（正見）、識（覚・悟）の実践である。

この仏教の原基を仏教の本義とするならば、どこにも神道との接合点はない。その神道と仏教の原理的な差異を神と仏の三異として上図のように対照化したい。

神と仏の原理的差異（神仏三異）

神は在るモノ／仏は成る者	在神／成仏
神は来るモノ／仏は往く者	来神／往仏
神は立つモノ／仏は座る者	立神／座仏

「仏」とは悟りを開いた「人」、すなわち「覚者」を意味する。「仏」は、何よりも、世界と自己の苦の姿のありのままの姿とその拠ってくる由縁を正しく見抜いた人（「正見」した人、「無上正等覚」）である。その時に洞察された真理が、無常、無我、縁起、無自性、空といった、この世界を成り立たせている真正のありようである。

そのありよう・成り立ちを知ること（真理認識＝悟り）によって、自己を通して現れ出る苦の現実、すなわち、煩悩、苦しみ、迷いを切断し、解脱していく叡知的存在（智慧ある人間）と成ること、すなわち、「成仏」を目指すのが「仏教」であり、「仏道」修行（実践）である。

このようにして、煩悩と迷いを脱した真理認識者は解脱者とか覚者とかブッダと呼ばれ、悟りを得た人としてリスペクトされ、人生の模範とも「帰依」の対象ともなる。

ブッダは煩悩の消滅した苦しみのない状態（涅槃寂静・絶対平静・安心）に達し、苦と迷いの世界である此岸（俗世間）から彼岸（涅槃）に渡った成就者である。この苦からの解脱者であるブッダのまたの名を「医王」と呼び、その指し示すワザと道は、「抜苦与楽」の道である。

このように、「ブッダ（仏陀）」とは生存世界を形づくる「生態智」からあえて距離を取り、それが生み出す輪廻の鎖から抜け出す道を指し示し、自らその道を成就した知恵ある人間であり、「ちはやぶるカミ」と呼ばれる力ある諸存在（自然・動植物・英雄・先祖など）とはまったく異なる存在である。

ところが、日本では、死者のことも「ホトケ（仏）」と言ったり、死ぬこと自体を「お陀仏」と言ったりもする。そこでは、「ホトケ（仏）」の指示領域が、決して悟りを得たわけではない死者をも指すまでに無際限に拡張されていく。これは、本来のブッダ観からすれば、完全な逸脱、逆転ともいえる転倒である。本来、「カミ」と「ホトケ」はまったく異なる存在形態だからだ。

それが日本で、「反対物の一致」を引き起こした。「草木国土悉皆成仏」という天台本覚思想として。これは、「生態智」思想からあえて離れたブッダの実践がさらなる洗練された「生態智」思想に回帰した日本仏教の変成した姿である。

だが、「神」と「仏」の原理的差異とは、第一に、「神は在るモノ／仏は成る者」という差異であった。神は例えばイカヅチ（火雷）・ミヅチ（水霊）などさまざまな自然現象として「在るモノ」だが、仏は修行して悟りを開くことによって「成仏」する「成る者」＝人間である。神は存在世界として、自然現象として「在る」「現れる＝御在《みあ》れする」のに対して、仏とはそのままの存在ではなく、ある修行や体験を通して覚者という意識段階（識位）に到達した「成る者」である。

第二に、「神は来るモノ／仏は往く者」という差異。神はどこからか「マレビト」や台風のように来訪する威力ある諸存在であるのに対して、仏は彼岸に渡り煩悩なき悟りの世界すなわち涅槃寂静の世界に到達した人間である。ゆえに、神は来るモノ（来訪するモノ）、仏は彼岸に往く者（渡る者）とその違いの対照性を示すことができる。

第三に、「神は立つモノ／仏は座る者」という差異。神は「一柱、二柱…」などと「柱」という数詞で呼ばれ、諏訪大社の御柱祭における「御柱」のように立ち現れる威力あるモノであるのに対して、仏は坐り座禅をして、深い瞑想の中で「正見・正定」し、解脱する者である。神は柱を数詞とするのに対して、仏は座や体を数詞とする。神は立ち、仏は座る。神の垂直性と仏の水平性が現れている。ちはやぶる神の断裂性に対して、慈悲深き仏の縁起的関係性。注力（エンパワーメント）する神と脱力（ディスエンパワーメント）する仏。神の異形性と仏の柔和性。祟る神と鎮める仏。

このように分析してみると、神と仏は一八〇度異なる存在である。そのまったく異なる原理や志向性を持つ二つの神聖概念が、いろいろな物事をメルトダウンしてきた日本列島の中で、「神仏習合」思想ないし文化という接合形態が生まれ、増殖し続けた。これを仏教の神道化とも、神道の仏教化とも言うこともできるが、いずれにしてもはなはだしい仏教の「日本化」が起こった。「一仏成道観見法界、草木国土悉皆成仏」と命題化された天台本覚思想はその極致である。

日本という「自然風土」の中で形成されてきた「神道」と、その影響もしくは濾過作用によって変容し続けてきた「日本仏教」。そして、その両者の習合形態としての「修験道」。日本の宗教文化は賑やかで豊かで面白い。その日本の宗教文化の根幹に「言霊」の感受とはたらきと思想があるのである。

初出一覧

序章　安部公房と三島由紀夫の比較から始める
「『こころの練り方』探究事始め　その五　安部公房と三島由紀夫を中心に」『モノ学・感覚価値研究』第九号、京都大学こころの未来研究センター、二〇一五年三月

第一章　「霊」あるいは「霊性」の宗教思想史
1～12、14「『霊』あるいは『霊性』の宗教思想史」『思想の身体〈霊〉の巻』春秋社、二〇〇七年、13「はじめに」「スピリチュアルケアと日本の風土」『講座スピリチュアル学第一巻　スピリチュアルケア』ビイング・ネット・プレス、二〇一四年（改稿）

第二章　うたといのりと聖地の死生観
「うたといのり――万葉集と聖地の宗教学」『万葉古代学研究年報』第六号、万葉古代学研究所、二〇〇八年三月

第三章　いのちをめぐる東西の自然理解と死生観――環境・生命・倫理～神道の立場から
「東西の自然理解――環境・生命・倫理～神道の立場から」『東西宗教研究』第十八号、南山宗教文化研究所、二〇一九年九月

第四章　モノと霊性―ものづくりからもののあはれまで
「柳宗悦――モノの霊性の発見」『Voice』二〇〇七年五月号、ＰＨＰ研究所

終章　言霊と神道――草木言語から人間言語・地域言語への射程
「言霊と神道」（"Kotodama and Shinto: Nature, the Divine, and the Magical Power of Language"）『The Aesthetics of Japan』シリーズ第四巻「言語」一般社団法人雅藝日本文化協会企画、新潮社、二〇二五年（予定）

参考文献

『安部公房全集』全三十巻、新潮社、一九九七－二〇〇九年
安部ヨリミ『スフィンクスは笑う』講談社文芸文庫、二〇一二年（初版『スフィンクスは笑ふ』異端社、一九二四年）
コーチ・ジャンルーカ『安部公房スタジオと欧米の実験演劇』彩流社、二〇〇五年
宮西忠正『安部公房・荒野の人』菁柿堂、二〇〇九年
安部ねり『安部公房伝』新潮社、二〇一一年
木村陽子『安部公房とはだれか』笠間書院、二〇一三年
山口果林『安部公房とわたし』講談社、二〇一三年
『決定版　三島由紀夫全集』全四十二巻、新潮社、二〇〇〇－〇六年
鎌田東二「『英霊の聲』と霊学シャーマニズム」『三島由紀夫研究』第八号、鼎書房、二〇〇九年八月
花田清輝・武井昭夫『新劇評判記』勁草書房、一九六一年
梅原猛『百人一語』朝日新聞出版、一九九三年
『梅原猛著作集19　美と倫理の矛盾』集英社、一九八三年
岡本太郎『美の世界旅行』新潮社、一九八二年
岡本太郎『日本の伝統』光文社、一九五六年
牟禮仁『中世神道説形成論考』皇學館大学出版部、二〇〇〇年
『古事記』倉野憲司校注、岩波文庫、一九六三年
『日本書紀』坂本太郎他校注、岩波文庫、一九九四年
『本居宣長全集』全二十巻、筑摩書房、一九六八－七五年

『日本古典文学大系70　日本霊異記』岩波書店、一九六七年
『日本古典文学大系14　源氏物語（一）』岩波書店、一九五八年
『日本古典文学大系19　枕草子　紫式部日記』岩波書店、一九五八年
『日本古典文学大系86　愚管抄』岩波書店、一九六七年
世阿弥『風姿花伝』野上豊一郎・西尾実校訂、岩波文庫、一九五八年
『古語拾遺』西宮一民校注、岩波文庫、一九八五年
『日本古典文学大系71　三教指帰　性霊集』岩波書店、一九六五年
道元『正法眼蔵』水野弥穂子校注、岩波文庫、一九九〇年
吉田兼倶『唯一神道名法要集』（『吉田叢書』第二編、内外書籍、一九四二年）
『日本古典文学大系56　上田秋成集』岩波書店、一九五九年
『新修　平田篤胤全集』全二十一巻、名著出版、一九七七－八一年
平田篤胤『仙境異聞・勝五郎再生記聞』子安宣邦校注、岩波文庫、二〇〇〇年
『折口信夫全集』全三十一巻、中央公論社、一九五四－五七年
『出口王仁三郎全集』全八巻、万有社、天声社、一九三四－三五年
『出口王仁三郎著作集』全五巻、読売新聞社、一九七二－七三年
J・W・T・メーソン『神ながらの道』今岡信一良訳、冨山房、一九三三年
鈴木大拙『日本的霊性』岩波文庫、一九七二年
鈴木大拙『霊性的日本の建設』（『鈴木大拙全集』第九巻、岩波書店、一九六八年）
島薗進『精神世界のゆくえ――現代世界と新霊性運動』東京堂出版、一九九六年
シャーリー・マクレーン『オール・イン・ザ・プレイング――私への目覚め』山川紘矢・亜希子訳、地湧社、一九八八年

美輪明宏『霊ナァンテコワクナイヨー』ＰＡＲＣＯ出版、二〇〇四年
美輪明宏『ああ正負の法則』ＰＡＲＣＯ出版、二〇〇二年
美輪明宏『人生ノート』ＰＡＲＣＯ出版、一九九八年
湯浅泰雄他監修『科学とスピリチュアリティの時代――身体・気・スピリチュアリティ』ビイング・ネット・プレス、二〇〇五年
井上ウィマラ『呼吸による気づきの教え――パーリ原典「アーナーパーナサティ・スッタ」詳解』佼成出版社、二〇〇五年
ジョアン・ハリファックス『死にゆく人と共にあること――マインドフルネスによる終末期ケア』井上ウィマラ監訳、春秋社、二〇一五年
ジョン・カバット・ジン『マインドフルネスストレス低減法』春木豊訳、北大路書房、二〇〇七年
エリザベス・キューブラー・ロス『死ぬ瞬間――死にゆく人々との対話』川口正吉、読売新聞社、一九七一年（『死ぬ瞬間――死とその過程について』鈴木晶訳、中公文庫、二〇〇一年）
『校本宮澤賢治全集』全十四巻、筑摩書房、一九七三－七七年
『古今和歌集』佐伯梅友校注、岩波文庫、一九八一年
『キケロー選集』11、山下太郎他訳、岩波書店、二〇〇〇年
和辻哲郎『風土――人間学的考察』岩波書店、一九三五年
ライアル・ワトソン『アースワークス――大地のいとなみ』内田美恵訳、ちくま文庫、一九八九年
『南方熊楠全集』全十巻、平凡社、一九七一年－七三年
『日本古典文学大系１　古事記　祝詞』岩波書店、一九五八年
『日本古典文学大系２　風土記』岩波書店、一九五八年
『日本古典文学大系４－７　万葉集』岩波書店、一九五七－六二年

小野祖教『神道の基礎知識と基礎問題』神社新報社、一九六三年
堀一郎『聖と俗との葛藤』平凡社、一九七五年
『弘法大師空海全集』全八巻、弘法大師空海全集編輯委員会編、筑摩書房、一九八三–八六年
『日本古典文学大系85　沙石集』岩波書店、一九六六年
『日本古典文学大系65　歌論集　能楽論集』岩波書店、一九六一年
『日本古典文学大系66　連歌論集　俳論集』岩波書店、一九六一年
遠藤周作『宗教と文学』南北社、一九六三年
遠藤周作『沈黙』新潮社、一九六六年
遠藤周作『深い河』講談社、一九九三年
『石牟礼道子全集』全十七巻、藤原書店、二〇〇四–一四年
『柳宗悦全集』全二十二巻、筑摩書房、一九八〇–九二年
戸田義雄『宗教と言語』大明堂、一九七五年
『筑土鈴寛著作集』第一巻、せりか書房、一九七六年
『日本古典文学大系41　謡曲集（下）』岩波書店、一九六三年
小泉八雲『神々の国の首都』平川祐弘編、講談社学術文庫、一九九〇年
鎌田東二『神界のフィールドワーク』創林社、一九八五年（増補版、青弓社、一九八七年、後にちくま学芸文庫、一九九九年）
鎌田東二『翁童論——子どもと老人の精神誌』新曜社、一九八八年
鎌田東二『老いと死のフォークロア—翁童論Ⅱ』新曜社、一九九〇年
鎌田東二『聖トポロジー——意識と場所Ⅰ』河出書房新社、一九九〇年
鎌田東二『異界のフォノロジー——意識と場所Ⅱ』河出書房新社、一九九〇年

鎌田東二『記号と言霊』青弓社、一九九〇年
鎌田東二『場所の記憶――日本という身体』岩波書店、一九九〇年（『聖なる場所の記憶』講談社学術文庫、一九九六年）
中上健次＋鎌田東二『言霊の天地――宇宙・神話・魂を語る』主婦の友社、一九九三年
鎌田東二『身体の宇宙誌』講談社学術文庫、一九九四年
鎌田東二『宗教と霊性』角川選書、一九九五年
鎌田東二『聖地への旅――精神地理学事始』青弓社、一九九九年
喜納昌吉＋鎌田東二『霊性のネットワーク』青弓社、一九九九年
鎌田東二『神と仏の精神史――神神習合論序説』春秋社、二〇〇〇年
鎌田東二『神道とは何か――自然の霊性を感じて生きる』ＰＨＰ新書、二〇〇〇年
鎌田東二『エッジの思想――翁童論Ⅲ』新曜社、二〇〇〇年
鎌田東二『翁童のコスモロジー――翁童論Ⅳ』新曜社、二〇〇〇年
鎌田東二『ウズメとサルタヒコの神話学』大和書房、二〇〇〇年
加藤清＋鎌田東二『霊性の時代――これからの精神のかたち』春秋社、二〇〇一年
鎌田東二『元始音霊　縄文の響き』（ＣＤブック）春秋社、二〇〇一年
鎌田東二『宮沢賢治「銀河鉄道の夜」精読』岩波現代文庫、二〇〇一年
鎌田東二『平田篤胤の神界フィールドワーク』作品社、二〇〇二年
鎌田東二『平山省斎と明治の神道』春秋社、二〇〇二年
鎌田東二『神道のスピリチュアリティ』作品社、二〇〇三年
鎌田東二『呪殺・魔境論』集英社、二〇〇四年（『「呪い」を解く』文春文庫、二〇一三年）
鎌田東二『霊性の文学誌』作品社、二〇〇五年（『霊性の文学　言霊の力』角川ソフィア文庫、二〇一〇年）

鎌田東二『霊的人間――魂のアルケオロジー』作品社、二〇〇六年（『霊性の文学　霊的人間』角川ソフィア文庫、二〇一〇年）
五木寛之＋鎌田東二『霊の発見』平凡社、二〇〇六年（後に学研M文庫、二〇一三年、徳間文庫カレッジ、二〇一六年）
鎌田東二『聖地感覚』角川学芸出版、二〇〇八年（後に角川ソフィア文庫、二〇一三年）
鎌田東二『超訳　古事記』ミシマ社、二〇〇九年
鎌田東二『神と仏の出逢う国』角川選書、二〇〇九年
鎌田東二『現代神道論――霊性と生態智の探究』春秋社、二〇一一年
鎌田東二『古事記ワンダーランド』角川選書、二〇一二年
鎌田東二『歌と宗教――歌うこと。そして祈ること。』ポプラ新書、二〇一四年
鎌田東二企画・編著『講座スピリチュアル学』全七巻、ビイング・ネット・プレス、二〇一四－一六年
鎌田東二『世直しの思想』春秋社、二〇一六年
鎌田東二『世阿弥――身心変容技法の思想』青土社、二〇一六年
鎌田東二『日本人は死んだらどこへ行くのか』ＰＨＰ新書、二〇一七年
鎌田東二『言霊の思想』青土社、二〇一七年
鎌田東二『南方熊楠と宮沢賢治――日本的スピリチュアリティの系譜』平凡社新書、二〇二〇年
鎌田東二『ケアの時代「負の感情」とのつき合い方』淡交社、二〇二一年
鎌田東二『教科書で教えない世界神話の中の『古事記』『日本書紀』入門』ビジネス社、二〇二二年
鎌田東二『悲嘆とケアの神話論――須佐之男と大国主』春秋社、二〇二三年
鎌田東二『予言と言霊　田中智学と出口王仁三郎――大正十年の言語革命と世直し運動』平凡社、二〇二四年

あとがき──出雲系死生観

『日本人の死生観』というテーマを大上段に振りかざすことは極めて難しいし、危なっかしいことだ。おそらく、「学術的根拠、資料的根拠はどこにある?」と、まっとうな(?)学者・研究者なら言い募るであろう。間違いないことだ。それがまっとうな(?)学術であるからには。

しかし、学問には、道としての学問、方法としての学問、表現としての学問、という三種の道があることは、若い頃からのわが持論である。

その持論を証明するためにも、本書『日本人の死生観Ⅰ・Ⅱ』を、あえて、二冊本として世に問う。おそらく、これがわが最期の著作、いわゆる「遺作」になるだろう。

だから、破れかぶれでいい、というわけではないが、もともと、無鉄砲で、破れかぶれで、「犬も歩けば棒に当たる」にして「捕らぬ狸の皮算用」人生を歩んできたわが身であってみれば、こんな著作が最期になるのも悪くない。

本書は、作品社の髙木有氏の誘いによって成立した。

一九八〇年代の終わり、髙木有氏が河出書房新社発行の『文藝』編集長であった時代に原稿を依頼された何本か間に合わせた。以来、三十五年ほどのお付き合い、ということになる。

髙木さんか同じ『文藝』編集部の長田さんに連れられて、一九八九年十一月二十五日の憂国忌、新宿の文芸酒場に行った時のこと。

先客に、「文豪」中上健次がいた。

たしか、当時『海燕』（福武書店刊）編集長だった寺田博と和気藹々とした感じで、語り会い、盃を交わしていたはずの中上が突然暴れだした。大声で「おまえが日本の文学をダメにしたんだ！」とかなんとか、罵詈雑言している感じだった。

三十五年も前のことなので、記憶ははっきりしないが、その豹変ぶりに驚きはしなかったが、中上の痛みと哀しみを「スサノヲみたいなヤツだな」と思ったことを鮮明におぼえている。

その中上もほどなくして、がんで死んだ。

タイのバンコクにいる時に、その訃報を知った。

その少し前に、私は中上健次と対談をしていた。その対談は、中上の没後、夫人の作家・紀和鏡のチェックが入った上で、中上没後の一九九三年に主婦の友社から『言霊の天地《あめつち》』と題して出版された。

破天荒な、「おもろい」対談だったが、私も、その時、中上の「暴風」にさらされた。

「おまえが日本の神道をダメにしたんだ！」とはっきりと言われはしなかったが、「おまえの神道論にはサルタヒコも天皇もいない」と言われたような気がした。

そのとおりだ。

国つ神の神道論を研究することを出雲の神と大本の神に誓ってから神道研究の道に入った私には、サルタヒコも天皇もいなかった。たしかに。

もちろん、スサノヲや大国主や大物主など、出雲（系）の神々はわんさかいたが。

その出雲の神々の系譜が、縄文から出雲神話や出雲大社や出雲系および三輪山系神社をとおして、また、平田篤胤の「幽世《かくりよ》」神学の探究をとおして、隠退した神「うしとらのこんじん」を主神とあおぐ大本にまでつながり、本書『日本人の死生観Ⅰ・Ⅱ』にまで連綿たるいのちといぶきをふき貫いていることは、確信をもって記しておきたい。

最初、髙木有さんとの話し合いのなかでは、本書は次のような構成のはずだった。

『日本人の死生観』目次

だが、ステージⅣのがんの進展により、当初のもくろみの目次どおりの論述を達成することはできなかった。

ここに、作品社の名うての編集者髙木有氏に心からおわび申し上げる。ごめんなさい。

たしかに、髙木有氏と約束した論述どおりにはいかなかったが、本書『日本人の死生観Ⅰ・Ⅱ』が今できるせめてもの約束の果たし方である。これがせいいっぱい。

心残りでいっぱいだが、あきらめる。さらば、この世よ。

わがみちを　どこまでいけども　はてしなく
とほうにくれても　みちなきみちをゆく

二〇二四年十一月二十五日　憂国忌に

鎌田東二拝

補記　出雲魂ルネサンス

本書『日本人の死生観Ⅰ　霊性の思想史』の「あとがき――出雲系死生観」を「憂国忌」（二〇二四年十一月二十五日）の日の比叡山登拝後（東山修験道九四六 https://youtu.be/dm6Lg9GWiok）に書き上げて一ヶ月半が経過し、この年末年始にいろいろと考えることもあり、本書の初校ゲラを返す段階になって、どうしても書き残しておきたいことが出てきたので、「あとがき」の「あとがき」のような、屋上屋を重ねる類いの記事ではあるが、「補記」として、「大和心」や「大和魂」「日本精神」に対置されるべき「出雲心」と「出雲魂」について述べておきたい。

この二年ほど、ということは、ステージⅣの大腸がん（上行結腸がん）の手術をして以来、自分の神道研究の最後の段階になってようやっと「神道神学者」を名乗るフンギリがついた。これまで、「ガン遊詩人」とか「神道ソングライター」とか「神仏習合諸宗協働フリーランス神主」とか「現代の縁の行者」とかといろいろ自称してきた。そのいずれもそのとおりで間違いではないが、ちょっと世間体からずれたずっこけた色を出していた。

しかし、「神道神学」を名乗るにはそれなりの決意と勇気がいる。

というのも、わが恩師、修士論文の主査である小野祖教が日本史上最初に「神道神学者」を名乗った人物だからである。今となっては周りを気にせず正直に言うことができるが、小野祖教は哲学科出身の最後の弟子である私に「神道神学」の後継者となることを願っていた。そのことを幾度か聞いたが、当時の私は國學院大學とか神社本庁によってオーソライズされるような「神道神学」を担っていくつもりはまったくなかった。

昭和五十年（一九七五）四月一日、國學院大學文学部哲学科を卒業後ほどなくして國學院大學大学院文学研究科神道学専攻修士課程に入学した。主査は神道神学者の小野祖教、副査は宗教学者の戸田義雄。小野祖教には「神道神学」の名を冠した著書『神社神道神学入門』（神社新報社、一九五一年）があり、これは長年階位検定試験の参考書に指定されていた（今はどうなっているか知らない）。

私は哲学科四年の時にたまたま覗いた戸田義雄の「世界宗教史」と「宗教学」のあまりの面白さとそのキャラクターのとてつもない不思議さに強い魅力とインスピレーションを感じ、戸田義雄の指導を受けたいと迷わず大学院に進んだのだった。

そして、入学前の三月二十日前後、つまり私の二十四歳の誕生日の前後に、一人で出雲大社と京都府綾部の大本のみろく殿を参拝し、神前でいつも持参していた雅楽の龍笛を奏して、「これから国つ神の神道を生涯かけて探究していきます」と誓ったのである。

その意味で、私の神道研究は「出雲の神」と「大本の神」への誓いからスタートしたことになる。

それからちょうど五十年、半世紀が経った。この間著しく体調を崩し、手術前には六十五キロあった体重が五十一キロに減った。「余命一年」持つかどうかも危うくなった。そのような事態に直面して、ガ～ッと火がつくものがあった。燃え盛るものがあった。
それが、「スサノヲの子分」としての「雄叫《おたけ》び」だった。その雄叫びは私に「いづもごころといづもだましい」の復活を命じた。
そこで、大変ラフであるが、「国つ神」の「神道神学」をこの五十年の鎌田東二の結論として、「いづもごころ・いづもだましい」の復活と「やまとごころ・やまとだましい」との統合・再結合、すなわち、「国譲り」から「国合わせ」と「国祈り」の道、これが「新（真）まほろばの道」であることを荒削りであることを承知の上で示しておきたい。

まず、「出雲魂」の浮上は、『古事記』における伊邪那美命《いざなみのみこと》の弔い場の記事として現れる。「故《かれ》、その神避《かむさ》りし伊邪那美神は出雲国と伯伎国《ははきの》との堺の比婆《ひば》の山に葬《はふ》りき」（『古事記』倉野憲司校注、二六頁、岩波文庫、一九六三年）

この「比婆山」は島根県の安来市と鳥取県の米子市の県境近くにあるとされる。これまで二度この地に立ったが、そこがイザナミの葬送地という感覚は起こらなかった。むしろ、島根県松江市鹿島町佐陀宮にある出雲国二宮の佐太神社の奥宮的な奥津城めいた処に幽遠なものを感じたものである。

イザナミの葬送地について、『日本書紀』神代上第五段第五の「一書曰」では、「伊弉冉尊《いざなみのみこと》、火神を生む時に、灼《や》かれて神退去《かむさ》りましぬ。故、紀伊国の熊野の有馬村に葬《はぶ》りまつる。土俗《くにひと》、此の神の魂《みたま》を祭るには、花の時には亦花を以て祭る。又鼓吹幡旗《つづみふえはた》を用《も》て、歌ひ舞ひて祭る」（『日本書紀』坂本太郎他校注、四〇頁、岩波文庫、一九九四年）

国生み・神生みを終え、火神カグツチを産み終えて「神避（退去）り」したイザナミは出雲と伯耆《ほうき》の国境か、紀伊国の太平洋の荒波が打ち寄せる熊野の有馬村に葬送されたという。

この時の悲哀、悲嘆、悲傷が「出雲魂」の通奏低音として鳴り響いている。スサノヲはその声と響きに反応して「啼《な》きいさちり」、荒くれ、暴れまくったのである。

こうして、「僕《あ》は妣《はは》の国根《ね》の堅州国《かたすくに》に罷《まか》らむ」（前掲『古事記』三四頁）と、「妣」を恋い慕って「啼きいさちるスサノヲ」の思慕と移動の向かう最終地は、「妣の国根の堅州国」であった。『日本書紀』では、「素戔嗚尊《すさのをのみこと》、熊成峯《くまなりのたけ》に居《ま》しまして、遂に根国《ねのくに》に入りましき」（前掲一〇二頁）とあって、「クマナリノタケ」から「根国」に至ったと伝える。

こうして、「出雲魂」は当初から「死」および葬送儀礼と悲嘆と「啼き」をはらんでいた。そこへ、啼きいさちったスサノヲの後継者としてオオクニヌシが登場したのだ（『古事記』では「六世の孫」、『日本書紀』本文ではスサノヲの子神とされる）。

この大国主神の事蹟は、次のようなもので、これがいわゆる「国作り」のコンテンツである。

①因幡国の八上姫への求婚の成功と因幡の白兎の救出と治療〜治療神・医療神としてのオホナムヂ

②高志（越）国の奴《ぬ》奈《な》川姫《かわひめ》への求婚（『古事記』『出雲国風土記』、出雲国のヤチホコが高志国〈現在の福井県から新潟県〉の沼河比売に求婚）。『出雲国風土記』では「天の下造らしし大神（大国主）」が「奴奈宜波比売」と結婚して「御穂須須美命《みほすすみのみこと》」を生んだとある。ミホススミは美保に鎮座。ヌナカハヒメを祀る神社は糸魚川流域に多い。同地は縄文時代からの「翡翠《ヒスイ》」の名産地で、列島各地に運ばれた。『万葉集』巻十三・三二四七には、「沼名川の底なる玉求めて得し玉かも拾ひて得し玉かもあたらしき君が老ゆらく惜しも」（沼名河之底奈流玉求而得之玉可毛拾而得之玉可毛安多良思吉君之老落惜毛）とあり、その翡翠の「玉」の神秘と霊力・呪力が詠われている。

ところで、私が考える「神道神学」の根本問題は、

①起〜国生み神話〜イザナミ神話
②承〜国作り神話〜スサノヲ—大国主神話
③転〜国譲り神話〜大国主—建御雷《たけみかづち》神話
④結〜天孫降臨・国治め神話〜邇邇芸命《ににぎのみこと》—猿田彦大神—ナガスネヒコ—八咫烏《やたがらす》神話

と展開していくストーリーの中での大転換となる「国譲り」と呼ばれてきた神話構造とその神学的意味と思想性の問題である。

それをここでは「いづもごころ（出雲心）ないしいづもだましい（出雲魂）」の再発掘・再布置化と位置づけ、「やまとごころ（大和心）ないしやまとだましい（大和魂）」と対置させる。

一般によく知られる「やまとごころ（大和心）」の表出としては本居宣長の次の歌が取り上げられることが多い。

敷島の大和心を人問はば　朝日に匂ふ山桜花

これは、王朝的な雅や繊細なる自然的美的感性の表出で、「もののあはれを知る」歌事例としても位置づけられてきた。

だが、それに対して、「いづもごころ（出雲心）・いづもだましい（出雲魂）」とは何であろうか？

もちろん、最初の「出雲心」の発露はスサノヲの次の歌にある。

八雲立つ　出雲八重垣　妻籠みに　八重垣作る　その八重垣を

これは、愛の讃歌であり、土地褒め祝婚歌でもある。これを、「歌心と恋心」として位置づけておく。それに関連して、スサノヲの所有せる「出雲三種の神器」（①生太刀《いくたち》、②生弓矢《いくゆみや》、③天詔琴《あめののりごと》）がスサノヲから大国主に委譲される。

「生太刀・生弓矢」は、殺害の武器が再生の祭具・呪具となっている点に注意したい。いわゆる「活人剣」の思想の淵源は「出雲心と出雲魂」に帰着するということである。そして、それなしに連合的・友愛的・祝婚的連合国作りはできなかったということである。

こうして、大国主の子沢山（『古事記』では一八〇神、『日本書紀』では一八一神の御子神の存在が記されている）、この御子神の多さは、国作りが求婚であり、愛の歌の交換・交歓であったことを余すところなく示すものだ。

つまり、「国作り」とは端的に「縁結び」「愛の八重垣作り」なのである。そしてそのような愛といのちの讃歌を生み出す祭具が歌の言霊を呼び込んでくる神聖祭具「天詔琴」である。

このようにして、詩人正津《しょうづ》勉《べん》が『裏日本的』（作品社、二〇二三年）と悲憤をもって訴求した日本海国作りとは、大国主・奴奈川姫翡翠連合ネットワークであり、縄文時代からの文化的連合を保持しており、その象徴的な神社が延喜式内社の「命主社《いのちぬし》」である。

正津勉は告発する。

> ことはいうたら黒船以来このかたずっと、もとよりそれは「表」のためであるが、とかくこれまで明かにされなかった。というより「裏」軽視策をとること、それが日本帝国づくりであった。はっきりとそのような歴史があったからであると。
> 『裏日本的』。ついてはじめにこの表題にこめるところを述べることにする。ここで俎上にのせ

るのは、「裏」の心の所産たる詩と文、それを感受することだ。すればひめたその真底にいかほどかでも迫りうるのではないかと。

ではこれから「裏」の山と海をたどってゆく。ついては、わがガキ時分のことや、われらが爺婆なんぞを、まじえて。できるかぎり「裏」を深く広くいきいきと。

　裏日本ふきぶりはげし素寒貧　　勉

（『裏日本的』、九―一〇頁）

本書『日本人の死生観Ⅰ　霊性の思想史』の結語的補論として、私は正津勉の主張を全面的に支持する。

いや、それ以上に、正津が「黒船以来このかたずっと」とか、「日本帝国づくり」とかと「明治維新」の近代日本からのタイムスパンで見ている事態を、「神世・神代」や「古代律令体制」以来の長期にわたる大和中心主義に対する「裏国づくり＝イザナミ〜スサノヲ〜オホクニヌシ」系の血と汗と涙とその複雑性悲嘆のありようにまで接続し、上書きし、その怨嗟・怨恨・怨念・怨霊も含めて、鎮魂供養が必要だと考えていると強く訴えたい。二〇二四年一月一日に起こった能登地震後の政治のていたらくも含めて。

明治三年（一八七〇）一月、「惟神の道を宣揚」することをミッションとした「大教宣布」の詔が発布され、「大教院」が設置された。そしてこの神殿に「造化三神（天之御中主神《あめのみなかぬしのかみ》・高御産巣日神《たかみむすひのかみ》・神産《かみむ》巣《す》日神《ひのかみ》）と天照大神の四神が祭神として祀られた。その後、明治七年（一八七四）に「神道事務局」として再編され、祭神に「八百万神」を加えた。

明治十三年（一八八〇）の神道事務局神殿建設の折、「大国主神」の合祀をめぐり、神道界は真っ二つに割れた。この時巻き起こった教学論争や議論が後世、「祭神論争」と呼ばれる神学論争コンテンツである。第八十代出雲国造で出雲大社大宮司でもあった千家尊福《せんげたかとみ》（一八四五―一九一八）は、「幽顕一如」を掲げ、幽界の主宰神である大国主と顕界の主神である天照大神を共に祀るべきだと主張した。千家尊福の提言に、元薩摩藩士で当時伊勢神宮大宮司であった田中頼庸《よりつね》（一八三六―九七年）が真っ向から反対した。

その結果、結局この論争では収集がつかず、「勅裁」を仰いで解決を図った。明治十四年（一八八一）、祭神は、宮中三殿の天神地祇・賢所（天照大神の御霊代）・皇霊とされ、天照大神は祀られたが、大国主神が祀られることはなかった。

今となっては、この論争の行方と結末には大きな疑問が残る。むしろ、千家尊福の主張に深い理と明確な伝統を踏まえた理があった。議論は、平田篤胤の神学から、後期水戸学の尊皇思想の方に引きずられたといえる。そして、その「勅裁」の仰ぎ方は、後期水戸学の影響の強い「万世一系・神聖不可侵」という「大日本帝国憲法」に規定される絶対天皇制に行き着いたのである。

この結論と結末の結果が、三島由紀夫が『憂国』や『英霊の聲』で嘆きに嘆いた戦後の体制であり、今の風潮であり、三島由紀夫とは正反対な正津勉の嘆き節のエレジー『裏日本的』の訴求となってきたのだ。

さて、この「イノチヌシ（命主）ネットワーク」は、出雲大社を基軸に、能登半島の入り口に当たる石川県白山市の能登国一宮・氣多大社に対馬暖流に乗って「大己貴神《オホナムチ》（大国主）」が出向き、能登半島の最北の珠洲市に鎮座する須須神社には、「高倉彦神《たかくらひこのかみ》」と山伏山山頂の奥宮に祀られている「美穂《みほ》須須美命《すすみのみこと》」が出向いた。

「みほすすみ」とは、言うまでもなく、『出雲国風土記』に、「天の下造らしし大神（大国主）」が「奴奈宜波比売」と結婚して「御穂須須美命」を生んだと記載される出雲国美保に鎮座する「ミホススミ」と同神であり、出雲神族である。

また、青森県津軽半島の付け根にある津軽国一宮・岩木山神社の祭神は、「顕国魂神《うつしくにたまのかみ》」、つまりスサノヲが授与した大国主神の神名の一つである。

こうして「大国主連合体」が、亀山城跡（かつて明智光秀が城主であった）の大本本部・宣教センター天恩郷がある京都府亀岡市の丹波国一宮・出雲大神宮や大本の隠退神「艮《うしとら》の金神《こんじん》」まできっちりと切り結んでいるのである。

このような日本海スサノヲ〜大国主連合国の心と魂をまずは「スサノヲの子分」である鎌田東二が神道神学的に位置づけ直す必要がある。そして、それを未来の日本再生、第三の「岩戸開き」、すなわち「新（真）まほろば国作り」に結びつけるには、『古事記』や『日本書紀』や『先代旧事本紀』に記されてきた「天つ神」と「国つ神」の再結合・再構築、「神合わせ・国合わせ」が不可欠の条件となる。

そしてその基幹に、愛といのちの讃歌の歌心と出雲三種の神器の「命主」の息吹が、また、能登の真脇遺跡（ウッドサークル）や青森の三内丸山遺跡（巨木建立）のスピリチュアリティ（霊性・深い精神性）が甦らなければならない。

そのような息吹の生成を取り戻してこそ、『超少子・超高齢社会の日本が未来を開く――医療と宗教のパラダイムシフト』（長谷川敏彦・鎌田東二対談集、集英社、二〇二四年十二月二十日刊）が可能となり、J・W・T・メーソンが『神道神話の精神』（高橋ゆかり新訳、鎌田東二監修・解説、作品社、二〇二五年一月二十五日刊、原著一九三九年）で次のように指摘していることも可能となる。

『日本書紀』が伝えるオオクニヌシに与えられた最高の栄誉は、タカミムスビノカミがオオクニヌシに述べた次の言葉に包括されている。「夫《そ》れ汝が治《しら》す顕露《あらは》の事は、是吾孫《すめみま》治すべし。汝は以て神事《かみのこと》を治すべし（あなたが治めている現世のことは、皇孫がいたしましょう。あなたは幽界の神事を受け持ってください）」

ここに、出雲遠征の霊的な意味の神道的極致がある。オオクニヌシは以前に、自己の個性を神霊として認識した。また、自然界そのものの神霊も認識していた。オオクニヌシに神事を治めるよう任じたことで、天は、個性と結びついた神霊の普遍性をオオクニヌシが神性の究極的な理解として捉えたことを認めたのである。オオクニヌシの任務は、個性化しながらも普遍的全体を理解する地上の神霊に関わることであった。しかし、オオクニヌシが神事を治めることは、こうした神道の信条を人々に強いる権能があることを意味したのではない。なぜなら、天そのものがオオクニヌシにそれを強制することができなかったからである。普遍性と個性という神道の意味を自己の内で認識することは、自然発生的に起こらなければならない。

オオクニヌシを神事の統治者としたことは、自然界と自己の神性、および普遍的霊性を理解した最初の人間であることを称えるものである。そして、オオクニヌシが理解したことは、ほかのすべての人も同様に理解することができる。この意味での統治というのは、オオクニヌシが個人の霊性と、普遍的神霊の一体性に対する個人の責任を認識したことを人々が想起し、導きを受けることである。

タカミムスビノカミが個性と統合を一人格の中に体現する天上における神道の代表であるとすれば、オオクニヌシは同じ原理の地上における代表である。オオクニヌシのために建てられた神社〔出雲大社〕は、この二重の意味を有する。それは個性的な努力と同時に、個々の存在が普遍的神霊の一部であることも象徴している。出雲大社は伊勢神宮とは異なる。伊勢神宮が天照大神を通じて、すべての個人とすべての力が結びついた全体性を象徴するのに対し、出雲大社は、地上において各個人は自己でありながら、その個性は普遍的全体性の中に融合していることを思い起こさせる場所である。

（『新訳　神道神話の精神』、二〇五―二〇六頁）

メーソンは、伊勢神宮―天照大神を「普遍的全体性」、出雲大社―大国主神を「個性そのもの」とし、この「個人の創造的活動」がムスビの発展性を続けていく必要があるとして、神道が「普遍性」と「個性」の「調和」をはかっていることを熱く論じている。

『古事記』と『日本書紀』は共に、デフォルトとして、天つ神と国つ神、天上世界と地上世界の二元性・両極性を設定している。それによって、それが対立や分断に向かうのか、統合や調和や補完に向かうのかのタスク（課題）を与えていた。そのタスクを大国主は二人のわが子に“Yes”（兄コトシロヌシ）と“No”（弟タケミナカタ）の両極で示し、常陸国一宮・鹿島神宮の建御雷神《たけみかづちのかみ》と信濃国一宮・諏訪大社の建御名方神《たけみなかたのかみ》との一騎打ちで解の方向性を覚悟し、みずからは中道的和解（顕幽／顕露―神事棲み分け的補完）という形で紛争解決・課題解決のひとまずの答えを出した。

だが、この「課題解決」が、今日に至る日本史において先行事例として参照され、第二の国譲りとしての大政奉還や江戸城無血開城、第三の国譲りとしてのポツダム宣言受諾＝無条件降伏―昭和天皇のいわゆる「人間宣言」や日本国憲法や日米安保条約や日米地位協定にまで影響を及ぼし、負のスパイラルを生み出しているとするならば、ここで明確に接続と再結合を、つまり死と再生をやり直さなければならないであろう。
「スサノヲの子分」たる私が背負ってきたのは、この「啼きいさちる神スサノヲ」のデフォルト設定とワンダリング（流浪）の行方を矛盾なき明晰（道理）と修復的正義と和解に接続する「神道神学的命題」を提示することにほかならない。それこそが「スサノヲの冒険〜八俣大蛇《やまたのをろち》退治」の道行きの成就となるであろう。

（二〇二五年一月十日）

参考文献
長谷川敏彦・鎌田東二対談集『超少子・超高齢社会の日本が未来を開く――医療と宗教のパラダイムシフト』集英社、二〇二四年十二月二十日刊
正津勉『裏日本的』作品社、二〇二三年五月二十日刊
J・W・T・メーソン『新訳　神道神話の精神』高橋ゆかり訳、鎌田東二監修・解説、作品社、二〇二五年一月二十五日刊
日本臨床宗教師会編『スピリチュアルケア――インターフェイスな臨床宗教師』作品社、二〇二五年三月十五日刊
江原啓之・鎌田東二対談集『未来が視えない！　どうしてこんなに通じ合わないんだろう？』集英社、二〇二五年三月二十五日刊

著者略歴

鎌田東二（かまた・とうじ）

1951年、徳島県生まれ。國學院大學文学部哲学科卒業。同大学大学院文学研究科神道学専攻博士課程単位取得中途退学。岡山大学大学院医歯学総合研究科博士課程社会環境生命科学専攻単位取得中途退学。博士（文学、筑波大学）。現在、京都大学名誉教授、武蔵丘短期大学名誉教授、天理大学客員教授。宗教哲学、民俗学、日本思想史、グリーフケアなど多様な学問を包括的に渉猟する現代日本思想界の先駆的泰斗。京都伝統文化の森推進協議会会長。一般社団法人日本臨床宗教師会前会長。災害学・災害社会支援者研修センター長。防災士。著書に『翁童論』四部作（新曜社）、『神界のフィールドワーク――霊学と民俗学の生成』（青弓社、ちくま学芸文庫）、『霊性の文学誌』『平田篤胤の神界フィールドワーク』（作品社）、『悲嘆とケアの神話論――須佐之男と大国主』（春秋社）など多数。神道ソングライター・ガン遊詩人としても活動。

日本人の死生観Ⅰ
――霊性の思想史

二〇二五年三月一五日第一刷印刷
二〇二五年三月二〇日第一刷発行

著者 鎌田東二
校閲 高橋由香里
装幀 小川惟久
発行者 福田隆雄
発行所 株式会社 作品社

〒一〇二-〇〇七二
東京都千代田区飯田橋二ノ七ノ四
電話 (〇三)三二六二-九七五三
FAX (〇三)三二六二-九七五七
https://www.sakuhinsha.com
振替 〇〇一六〇-三-二七一八三

印刷・製本 シナノ印刷㈱
本文組版 ㈲マーリンクレイン

ISBN978-4-86793-076-2 C0014